# 法官释明
## 从独白走向沟通

陈 琳 ◎著

The Judge's Elucidation
From Monologue to Communication

中国法治出版社
CHINA LEGAL PUBLISHING HOUSE

# 法官权力与法庭沟通：释明的艺术

正如强大的AI（人工智能）无法写出有温度有灵魂的文字，再缜密的民事诉讼程序也无法成为一台出产正义的机器，离开法官在诉讼中发挥能动作用，就无法发现案件事实，也难以实现正义。法官需要根据自己的经验和良知求索案件真相，中立评价案件事实，但是，法官在司法程序中，仍然需要通过询问、疏导乃至释明等行为促进案件的审理。这是辩论主义的必要补充，也是对当事人平等原则的保障。

法官释明权，在大陆法系属于实质上的诉讼指挥权。辩论主义的发展历程中，释明权的出现与之相得益彰。法官释明权的功能已从救济弱势当事人演进到促进法官与当事人之间的沟通、避免突袭裁判的不意打击，发展到现代成为连接法官与当事人的沟通桥梁，以促进共识，达致正义。

2024年12月，最高人民法院发布《人民法院第六个五年改革纲要（2024—2028年）》，提出"完善全流程释法明理机制，加强裁判文书说理，提高司法裁判的说服力和认同度"的改革任务，在强调裁判文书说理重要性的基础上，将释法说理扩展到诉讼全流程，彰显出中国司法构建开放高效法治环境的不懈追求。法官不仅应当加强裁判文书的释法说理，也应当提升当庭释法说理的能力，通过运用法官释明权，提示当事人对疏忽、误解的事实主张及法律观点予以足够重视，促使其知法明理，作出理智选择。

法官释明有助于保障当事人行使辩论权和处分权。民事程序法尊重当事人意思自治，而当事人如何合法合理地行使权利，直接关系到最终裁判结果。在诉讼过程中，当事人与法官公开讨论事实和法律问题，法官探明当事人的诉讼本意，对于不明确、不充分、不恰当的予以提醒、晓谕，当事人可以作出补正，也可以坚持己见；当事人探明法官的心证和法律见解，预判自己的诉讼风险，有机会调整己方的声明主张及攻击防御措施，对裁判结果产生实质性影响。

法官释明有助于保障当事人免受突袭裁判的不意打击。无论是事实认定还是法律适用，法官均拥有最终的裁判权，而法官的良苦用心，并不一定都能赢得当事人的理解和认同。事实证明，即使是正确妥当的裁判结果，若缺少当事人事先的全面知情和积极参与，也往往容易引发当事人寻求上诉、申请再审和信访等救济途径，不利于提升司法公信力。法官释明权制度为当事人创造平等交流信息的平台，当事人在充分知悉、尽力而为之后，无论是胜诉方还是败诉方，对于裁判结果的接受度和认同感均会有所提高。

法官释明权制度可以起到让当事人"从对抗走向沟通"的效果，避免当事人双方在法庭上"无的放矢"，具有弥补当事人主义不足的作用。传统的对抗性司法将民事诉讼预设为对抗竞技的场景，诉讼双方被置于对立抗争的地位上，试图通过平等的力量抗衡来推动事实发现和正义实现，法官处于被动接受信息的位置。实际上，由于缺乏对当事人实质不平等和法院社会责任的现实关注，容易产生偏离正义、诉讼迟延、突袭裁判等问题。法官释明权制度以沟通代替对抗，强化了当事人之间的信息沟通。一方面，法官释明权能约束当事人的策略性行为，促使双方理性沟通，共同寻求纠纷解决的出路；另一方面，法官释明权能弥补当事人之间的诉讼能力悬殊，促使双方的沟通更有实效。

法官释明权制度重视法官与当事人的双向沟通。德沃金主张法官主体性的独白视角，构造出全能的"赫拉克勒斯法官"，拥有超人的智慧和学识，能凭借一己之力找到令所有人接受的"唯一正确答案"。诚然，现实中没有无所不能的法官，法官也不可能仅凭专业共同体视角就能完美把握法律原则，将当事人提供的主张作为法官的信息来源之一，追求工具理性，也难以令当事人信服。哈贝马斯主张主体间性的交往视角，追求交往理性，交往行为涉及至少两个主体的交互活动，且主体具有反思能力，能在沟通基础上达成共识。现代法官释明权制度亦具有交往理性特质，随着释明范围的扩展，法官不限于以"独白式告知"方式晓谕当事人，而是与当事人就事实和法律问题共同沟通。判决结果的确定性来自程序原则的确定性，现代法官释明权制度注重的是为当事人提供一个权衡利益的机会，使其动态调整攻击防御手段的运用，以充分而有针对性的辩论参与到程序中，从而促成各方达成共识，最终达到内心有效认可裁判。

法官释明权制度研究，一直是民事诉讼法学理论的重要研究课题，具有深远的理论和实践意义。《法官释明：从独白走向沟通》一书，是陈琳博士在其博士论文基础上，经过修改完善而成的学术专著。我作为她的硕士和博士研究生阶段的导师，受其邀请作序，非常欣喜地看到她取得今天的研究成果。翻阅书稿内容之后，我印象最深的主要有三个方面。

其一，研究视野开阔。作者突破规则解读和比较法考察的传统研究模式，将民事诉讼基本理论灵活运用于法官释明权制度研究中，提出了不少很有见地的观点，为读者理解法官释明权制度提供了全新视角。比如：以诉讼标的理论作为切入点，提出"诉讼标的识别+诉的合并审理+强化程序保障"的纠纷一次性解决实现路径，建议采取"旧实体法说"作为完善权利主张释明的核心内容，辅之以必要的合并审理，有限度地承认预备之诉合并的释明，从而缓和既判力对当事人实体权利的冲击。又如：以证据法理论作为切入点，提出将法律要件事实作为完善事实释明的核心内容，围绕要件事实的证明，将举证释明的重心放在举证责任转移上。此外，作者立足于我国立案登记制改革背景，将诉讼主体释明作为单独研究对象，敏锐地抓住共同诉讼的制度变化，运用当事人理论对于诉讼主体释明问题进行深入细致探讨，根据可分之诉与不可分之诉，划分应当释明、可以释明和不得释明的界限。

其二，论证逻辑严谨。作者紧紧围绕"为何释明""如何释明""释明什么"三个基本命题展开论述，系统阐发了法官释明权制度及其配套程

**法官释明：**
**从独白走向沟通**

序保障机制。作者提出，法官释明权制度既便于法官探明当事人的诉讼本意，也便于当事人知晓法官的临时心证和法律观点，促进双方的相互理解和理性交往，从而更加接近事实真相和实质正义。作者指出，缺乏内在统一逻辑基础和制度的非约束性是制约制度进步的根本原因。为此，本书紧扣法官释明的沟通特质，以建立内在逻辑统一的释明目的体系为总体目标，以规范出发型裁判思路为具体向导，遵循"固定诉讼请求—识别诉讼标的—找寻请求权基础规范—拆解法律要件事实—公开临时心证—开示法律观点"的释明路径，从权利主张、事实及证据主张、诉讼主体和法律观点等四个方面，提出了具有可操作性的对策建议。这些观点对于完善我国民事诉讼中的法官释明权制度具有重要的参考价值。

其三，实证研究扎实。作者很早开始关注法官释明权制度研究，当时的研究资料非常有限，理论界主要聚焦于介绍域外制度，实务界尚未引起足够重视。我们曾共同发表《法官释明权之理论阐释与立法完善》一文，在学界首次提出法官释明具有交往理性的特质和双向沟通的功能。近年来，关于法官释明权研究的文章很多，但聚焦实证研究的研究成果并不多见，以此为题著书的更是少见。我鼓励她发挥在法院工作的优势，持续关注这个话题，在实证研究上有所建树。本书系统梳理了我国现有法官释明规则及主要裁判观点的发展脉络，融入作者的观察与思考，初步勾勒出法官释明权制度的本土化现状，为相关领域的研究提供了丰富的文献资料。

是为序。

北京航空航天大学法学院教授
2025 年 3 月 15 日

# 前　言

相信不少法官都经历过当事人说不清楚、说不到重点、诉请有理但诉由不当等情况，也面临过"帮与不帮"的两难境地。如果帮助指点一二，担心当事人质疑法官的中立性；如果不管不问，又担心会出现案结事未了甚至偏离正义的结果。司法实践中，由于审理中的信息不对称，有的当事人因为不懂法律而遗漏重要的权利和事实主张，在拿到判决书的那一刻，容易产生"早知如此，何必当初"的遗憾；有的当事人辗转于多家法院，经历一审、二审、再审等多次诉讼程序，仍未能彻底解决纠纷。这都不利于有效保障当事人的合法权益，也不利于树立公正高效权威的司法形象。

近年来，为了努力让人民群众在每一个司法案件中感受到公平正义，帮助当事人既解法结又解心结，人民法院在加强释法说理上进行了积极的探索。2024年12月发布的《人民法院第六个五年改革纲要（2024—2028年）》提出，"完善全流程释法明理机制，加强裁判文书说理，提高司法裁判的说服力和认同度"。

法官释明，是当庭释法说理的重要表现形式，法官当庭对事实认定、证据采信等问题进行释明，引导当事人将事实之争、法理之辩完整、清晰地呈现在法庭上，同时，也让当事人对于裁判结果知其然又能知其所以然。"释明"一词逐渐成为司法解释、司法文件、裁判文书中的高频词，人民法院案例库也有相关案例。

笔者最初关注法官释明，源于刚入职时参与办理的一起人身损害赔偿案件。原告是一位七旬老人，在法庭上陈述的事实与诉状所列事实不尽相同，被告当即表示原告撒谎，否认自身行为与损害后果之间的因果关系。主审法官没有急于打断原告，而是在组织质证阶段耐心引导，以证据为指引，帮助当事人明确事实陈述，还原事实真相。庭后，我向师父说出自己的疑惑："在当事人陈述前后不一致的情况下，为何不直接选择不予采信？主动引导，不担心当事人质疑法官的中立性吗？"师父告诉我："法官应当做正义的引路人，我们多说一句，多问一句，老百姓就离正义更进一步。"最终，案件以原告胜诉审结。我在工作日记中记录下自己的感受："一名合格的法官，应当具备敏锐的洞察力，审理案件审查的不仅是诉辩状上的白纸黑字，更是法庭上的人情冷暖。"

法官释明权制度是现代民事诉讼从对抗走向沟通的产物，为法官与当事人搭建良好的沟通平台，对于促进实质正义和程序正义的实现具有不可或缺的作用。本书以法官释明权制度为研究对象，紧扣"为何释明""如何释明""释明什么"三个基本命题展开阐述和论证，在比较法研究和实证研究的基础上，尝试为我国进一步探索和完善法官释明权规范体系提出具体的对策建议。为了兼顾本书内容的专业性、准确性、简洁性及可读性，对于大陆法系代表性国家的民事诉讼法律统一表述为《德国民事诉讼法》《日本民事诉讼法》《法国民事诉讼法》。

## 一、为何释明

在宏观层面上，法官释明权的制度功能与现代民事诉讼的特性相契合，换言之，现代民事诉讼从自由型诉讼观向社会型诉讼观转变的过程中，客观上需要法官释明权制度。传统民事诉讼追求平等对抗基础上的事实发现和正义实现，忽视当事人之间的实质不平等。现代民事诉讼承载着维护社会公平正义的价值，法官有责任为社会输出看得见的实质正义。法官释明权制度，要求法官与当事人围绕事实和法律问题进行沟通，既便于法官探明当事人的诉讼本意，也便于当事人探知法官的心证及法律见解，最终达成实现实质正义的共识。本书第一章"法官释明权的理论阐述"、

第二章第一节及第二节从法学、法哲学、历史学的角度进行深入阐述,第三章"法官释明权的制度沿革与制度内容"从比较法研究的角度进一步印证这一结论。

在微观层面上,法官释明权制度对于实现实质正义和程序正义具有独立价值。第二章第三节从"接近事实真相""平衡证据失权的不利影响""实现法律价值""避免突袭性裁判""促进纠纷一次性解决"等多个维度,系统论证不同的诉讼场景中为何要释明。第三章围绕大陆法系的法官释明权制度演进历程展开,借助实例进一步具象化地印证上述观点。

为何要释明,也是当今中国司法改革要回答的问题。法之必行,在于民心所向。在审判理念层面,坚持以人民为中心的发展思想,就要全力满足人民群众在民主、法治、公平、正义、安全、环境等方面更高水平的需求,努力让人民群众在每一个司法案件中感受到公平正义。在办理具体案件的过程中,法官办案不是心理独白的"独角戏",而是与当事人双向沟通的"舞台剧",良好的沟通能够帮助法官更加准确地把握当事人的情感,更加精准地辨析当事人的诉求。

在诉讼制度层面,我国民事诉讼体制转型更加尊重当事人程序主体地位,在主张权利、提供证据等方面赋予当事人自主处分的权利,在授权的同时有必要给予程序保障,避免权利落空或跑偏。法官释明权的运用,能够帮助当事人认清形势,厘清思路,作出理智选择。本书第四章"我国法官释明权规范的实证分析"第一节探讨法官释明与证据制度、当事人制度、诉的合并等诉讼制度的有机衔接;第二节是关于制度现状的介绍,进一步阐释我国法官释明权规则逐渐覆盖权利主张、事实及证据、法律观点、诉讼主体等方面。为何要释明,从法官自发自愿的行为上升为依法进行的规定动作。

前述提及的案例,焦点在于法官应当如何审查当事人前后不一致的陈述。在诉讼制度发生改变的情况下,法官释明的必要性也随之凸显。在我们办理那个案件时，法官的释明引导是强化心证的自发行为，当时的证据规则对于当事人陈述变更的审查重点在于变更结果的证明力判断。时至今日，2019年修正的《最高人民法院关于民事诉讼证据的若干规定》（以下简称2019年《民事诉讼证据规定》）及2022年修正的《最高人民法院关于适用〈中华人民共和国民事诉讼法〉的解释》（以下简称《民事诉讼法司法解释》）确立了"程序说明—实体审查—结果认定"的递进式审查模式，为当事人合理变更陈述提供了更完备的程序保障，也更加符合案件事实的认知规律。因此，法官释明成为实体审查的前置流程，实现与禁反言规则的深度融合。

**二、如何释明**

在理论层面上，法官释明不是"解释说明"的简称，而是具有谦抑性、回应性和约束性的特殊属性。因此，如何释明应当符合一定条件。

其一，法官释明权具有特定的适用范围和适用方式。法官释明以尊重当事人程序主体地位为限，法官的适当介入，旨在帮助当事人获取有效信息，最终决定权仍在当事人。法官释明权的适用范围，应遵循三项基本原则，即"有线索可寻"、"不得重构诉讼"和"具有释明必要性"。法官释明权的适用方式，是商谈性质的，倡导法官与当事人就事实和法律问题充分讨论，当事人可以作出改变，也可以坚持己见。只有厘清法官释明权的适用范围，把握法官释明权的适用分寸，才能确保正当行权。本书第三章、第四章、第五章有相关论述。

其二，法官释明权具有特定的适用阶段。法官释明赋予当事人动态调整的机会，从而富有意义地影响最终裁判结果，提高当事人对裁判的认同度。因此，法官释明权区别于诉讼风险告知、文书说理和判后答疑，适用于法官作出终局决定之前，涵盖立案、审判、执行各个阶段，一审、二审、再审各个程序，因审查重点不同，释明的具体内容有所差异。本书第一章有相关论述。

其三，法官释明权具有特定的约束机制。法官释明是有限度的释明，具体而言，法官释明不能超出当事人意愿，不能替代当事人作出选择，在当事人经释明拒绝作出改变时，应以其主张内容作为裁判依据。因此，法官释明的约束机制表现为：法官应释明未释明或者过度越位释明，当事人有权提出异议或者上诉；对于不当释明构成程序违法的，上级法院经审查应作出否定性评价。本书第一章、第三章、第五章对此有论述。

在制度层面上，本书第三章介绍大陆法系国家是如何释明的，第四章系统梳理我国的相关认识和做法，进而提出，我国现行法官释明权规定缺乏内在逻辑统一性和约束性是制约制度进步的主要因素。第五章"我国法官释明权规范的制度完善"开篇谈到，我国法官释明权的规范行使，应当建立内在统一的逻辑基础，与当事人制度、证据制度等诉讼制度密切配合，并辅之以丰富的判例作为统一裁判尺度的智库，以期更好地发挥其作用。为此，本书提出建立法官释明的三级目的体系，甄别不同情境中的释明目的，决定应当如何释明。

具体而言，法官释明权的首要目的是"实现当事人构建案件事实基础上的实质正义"，第二顺位目的是"以保障当事人听审请求权为核心，衍生出避免突袭裁判、保障平等程序参与权"，第三顺位目的是"以既判力适度扩张为核心，实现纠纷一次性解决"。在构建统一的释明目的体系基础上，进一步探讨如何释明的焦点问题，比如：应当释明、可以释明及不得释明的适用场景，律师参与的案件、公益诉讼案件是否应当释明等。

本书还重点探讨了2001年《最高人民法院关于民事诉讼证据的若干规定》（以下简称2001年《民事诉讼证据规定》）"告知当事人可以变更诉讼请求"和2019年《民事诉讼证据规定》"作为焦点问题进行审理"的前后变化，认为前者是法官明确告知原告"是什么"，为当事人做的是权利主张的填空题；后者是法官与当事人探讨"还有什么"，向当事人呈现的是法律观点的选择题。

### 三、释明什么

释明什么，讨论的是法官释明包括哪些具体事项。随着法官释明权功能的扩展，释明的事项逐渐增多，也体现出法官释明从"独白式告知"到"双向沟通"的转变。本书第一章开宗明义地阐述法官释明权具有双重含义，第三章系统梳理大陆法系国家的法官释明事项，具体包括：权利主张、事实证据和法律观点领域的释明。从比较法的角度看，法官释明权制度发展经历了根本性转型。

在产生之初，法官释明旨在弥补纯粹辩论主义和处分权主义带来的偏离实质正义和诉讼拖延的缺陷，通过法官必要的提示救济弱势一方当事人。释明事项聚焦于澄清不明确的声明主张和事实陈述、除去不当的主张内容、补充不完整的陈述。这一阶段，法官更多是以自己的独白式观点单向提示影响当事人，以弥补当事人诉讼能力不足为目的。

随着社会型诉讼观的转型，法官释明权功能扩展到避免突袭裁判、促进纠纷一次性解决等方面。法官释明旨在促进双向沟通交流，释明事项从事实领域扩展到法律领域，从消极释明延伸到积极释明。这一阶段，法官释明倡导法官探明当事人诉讼本意，当事人探明法官见解，双方在互相影响、互相调整的基础上达成诉讼共识。

本书第四章系统梳理近年来我国民事诉讼法律及司法解释关于法官释明的规定，对人民法院案例库建库一年以来截至 2025 年 2 月 26 日的 48 件涉及法官释明案例进行全样本分析，并对近年来各级法院涉及法官释明的裁判文书进行抽样分析，从权利主张、事实证据、法律观点、诉讼主体等多个维度总结提炼不同释明事项的裁判观点。

本书第五章聚焦法官释明权规范的制度完善。围绕"释明什么"这一命题，在制度理念层面建议建立统一的释明目的体系，在具体制度层面提出实操性建议。在权利主张释明领域，将"旧实体法说"诉讼标的识别标准作为核心内容，辅之以必要的合并审理，有限度地承认预备之诉合并的释明。在事实释明领域,将法律要件事实作为核心内容,释明事项以确认和修复当事人事实陈述与法律要件的匹配为前提。在举证释明领域,将法官临时心证公开作为核心内容,释明事项围绕举证责任是否发生转移具体展开。在法律观点释明领域,将释明事项界定在有当事人事实陈述基础和可能作为裁判依据的范围内,不以当事人有事实和诉求的新变化为限。在诉讼主体释明领域,以可分之诉与不可分之诉作为核心内容,将追加固有必要共同诉讼人、类似必要共同诉讼人、辅助参加的第三人设定为应当释明事项,将追加普通共同诉讼人、有独立请求权第三人、被告的被告,以及变更当事人设定为可以释明事项。

我国法官释明权制度运行的理想愿景是法官愿释明、能释明、会释明,当事人有所参与、有所获益。要实现这一理想愿景,在推进制度体系化,提升法官的群众工作能力及"共情"能力,统一裁判尺度等方面还有很长的路要走,有赖于更多的人关注、研究和实践。期待本书的研究能为司法研究者、司法实践者、诉讼参与者提供些许思考与参考,更期待本书的观点能得到更多同行的实践印证与发展。因个人经历和能力水平有限,本书以民商事审判作为研究样本,在法官释明权制度方面做一些抛砖引玉的实证研究,不当之处,恳请读者指正。

# 目录

## 第一章 法官释明权的理论阐述

第一节 法官释明权的含义 / 003
 一、法官释明权的概念 / 003
 二、法官释明权的特征 / 009

第二节 法官释明权的性质 / 011
 一、权力说与义务说之争 / 011
 二、法官释明权的性质分层 / 014

第三节 法官释明权的基本类型 / 015
 一、消极释明和积极释明 / 015
 二、事实释明和法律观点释明 / 016
 三、辩论主义领域的释明和处分权主义领域的释明 / 017
 四、不同事项的释明 / 018
 五、不同诉讼阶段的释明 / 019

## 第二章 法官释明权的正当性基础

第一节 制度基础：当事人主义诉讼模式 / 023
 一、当事人主义诉讼模式概述 / 024

二、法官释明权的弥合作用 / 027

第二节　法哲学基础：法律商谈理论 / 032
　　一、交往行为理论基础上的法律商谈理论 / 032
　　二、法官释明权的商谈内核解读 / 035

第三节　价值基础：实质正义与程序正义 / 042
　　一、以实现实质正义为终极目标 / 042
　　二、以实现程序正义为基本准则 / 050

# 第三章　法官释明权的制度沿革与制度内容

第一节　大陆法系国家的法官释明权制度沿革 / 058
　　一、德国法官释明权制度的历史沿革 / 058
　　二、日本法官释明权制度的历史沿革 / 061
　　三、法国法官释明权制度的历史沿革 / 063

第二节　法官释明权的适用范围 / 065
　　一、适用范围遵循的基本原则 / 066
　　二、适用范围的具体适用情形 / 069

第三节　法官释明权的适用方式 / 085
　　一、适用方式的基本特征 / 085
　　二、适用方式的主要类型 / 087

第四节　法官释明权的程序保障机制 / 088
　　一、法官释明权的约束机制 / 088
　　二、法官释明权的配套机制 / 092

# 第四章　我国法官释明权规范的实证分析

## 第一节　我国初步具备释明的正当性基础 / 097

一、民事诉讼体制转型尊重当事人程序主体地位 / 097

二、诉讼真实观回归案件真实 / 099

三、区分程序当事人与适格当事人 / 100

四、防止法官突袭裁判开始受到重视 / 101

五、实质性化解矛盾纠纷逐渐成为主流 / 102

## 第二节　我国法官释明权规范的运行现状 / 104

一、我国法官释明权适用的制度现状 / 104

二、我国法官释明权适用的主要裁判观点 / 139

## 第三节　我国法官释明权适用的问题分析 / 165

一、释明规则之间逻辑基础不统一 / 166

二、法官释明权规范的非约束性 / 170

三、举证释明的形式化 / 173

四、诉讼主体改变的单向性 / 176

五、法官法律观点的单向输出 / 178

# 第五章　我国法官释明权规范的制度完善

## 第一节　我国法官释明权规范的逻辑基础 / 185

一、建立法官释明的目的体系 / 185

二、确立法官释明权规范的基本原则 / 189

## 第二节　我国权利主张释明的制度完善 / 195

一、诉讼标的理论的发展演进 / 196

二、权利主张释明的适用规范 / 198

第三节　我国事实证据释明的制度完善 / 211
　　一、法律要件事实的核心地位 / 211
　　二、事实证据释明的适用规范 / 213

第四节　我国诉讼主体释明的制度完善 / 221
　　一、诉讼主体释明的基本内涵 / 221
　　二、诉讼主体释明的适用规范 / 223

第五节　我国法律观点释明的制度完善 / 232
　　一、法律观点释明的立法根据 / 232
　　二、法律观点释明的适用规范 / 234

第六节　我国法官释明权规范的程序保障机制 / 240
　　一、法官释明权规范的约束机制 / 240
　　二、法官释明权规范的配套机制 / 245

**主要参考文献** / 247

# 第一章
# 法官释明权的理论阐述

# 第一节 法官释明权的含义

## 一、法官释明权的概念

### （一）释明的概念

释明是外来辞源，在大陆法系国家的民事诉讼理论中主要有两种含义，即法官释明权理论中的"释明"和证据法理论中的"释明"，其行为主体分别是法官和当事人。

法官释明权的"释明"，最早出现在1877年《德国民事诉讼法》，源于德语"Aufklärung"，其含义是阐明、说明、解释、启发、开导或教导，根据适用事项具体区分为"Aufklärungspflicht"（释明义务）和"Aufklärungsrecht"（释明权），后者不构成上诉审理由。[①] 法语中表示说明、阐明、解释原因、说明理由、表达思想和看法。[②] 日语中表示解释、说明。[③] 我国民事诉讼理论界通常是在大陆法系的法律语境下论述释明，将其作为一种具

---

[①] 《德汉词典》，王昭仁编译，商务印书馆2000年版，第72页。
[②] 《罗贝尔法汉词典》，商务印书馆辞书研究中心编译，商务印书馆2003年版，第487页。
[③] 《现代日汉大词典》，宋文军主编，商务印书馆1987年版，第773页。

有特定法律后果的制度研究。① 有学者对阐明和释明的表述进行细致区分，认为"阐明"是一方单一的解释说明行为，"释明"则是具有双方联系和互动的行为结构模式，更符合释明权制度本意。② 司法实务界往往将"释明"理解为解释说明，将诉讼风险告知、判后释法等也称为释明，在非诉讼场景下亦使用"释明"一词，表示法官开展普法、延伸审判职能等工作中的解释说明。因此，有必要通过厘清认识，统一适用场景。鉴于释明具有双向性，赋予当事人知晓法官观点的权利，其是否回应释明事项将对裁判结果产生不同影响，本书也采用"释明"一词。

证据法理论中的"释明"，又称为"疏明"，通常是指当事人对程序性事项或因程序衍生事项的证明程度，不需要达到让法官产生内心确信的心证，只需要大致上形成确切的推测，或者法官可以通过要求当事人提供担保的方式补强释明。比如：在财产保全程序中，当事人只需要初步说明存在将来无法执行的风险，就可以申请财产保全，法官根据案情判断是否需要提供一定的担保。

### （二）法官释明权的概念

法官释明权，是大陆法系在当事人主义诉讼模式下扩张法官职权的产物，属于实质上的诉讼指挥权。1877年《德国民事诉讼法》首先规定了法官释明权的内容，这也是关于法官释明权的最早规定。法官释明权制度在大陆法系经历了一百余年的发展历程，其规范体系日臻完善，经历了从

---

① 最有代表性的文献有：张卫平：《民事诉讼"释明"概念的展开》，载《中外法学》2006年第2期；蔡虹：《释明权：基础透视与制度构建》，载《法学评论》2005年第1期；肖建华、陈琳：《法官释明权之理论阐释与立法完善》，载《北方法学》2007年第2期；任重：《我国民事诉讼释明边界问题研究》，载《中国法学》2018年第6期；熊跃敏：《民事诉讼中法院释明的实证分析——以释明范围为中心的考察》，载《中国法学》2010年第5期；熊跃敏：《民事诉讼中法院的释明：法理、规则与判例——以日本民事诉讼为中心的考察》，载《比较法研究》2004年第6期；严仁群：《释明的理论逻辑》，载《法学研究》2012年第4期。（参考中国知网同类文章被引排名，https://www.cnki.net/，最后访问时间：2025年2月21日。）

② 张卫平：《民事诉讼"释明"概念的展开》，载《中外法学》2006年第2期。

# 第一章
## 法官释明权的理论阐述

法官单方发问到法官与当事人共同讨论的过程。英美法系在审前准备阶段借鉴法官释明权的做法，要求法官对当事人之间不明确的主张或陈述，可以行使职权，促使当事人补充说明，进一步给出与争议事项有关的信息。然而，英美法系中法官"公断人"角色在法律文化中已根深蒂固，[①] 且缺乏职权进行主义作为法官释明权贯穿整个诉讼程序的机制保证，故英美法系尚不具备典型意义上的法官释明权制度。本书在大陆法系语境下探讨法官释明权的含义。

在产生之初，法官释明权是为了弥补纯粹辩论主义和处分权主义带来的偏离实质正义和拖延诉讼的缺陷，旨在通过法官必要的提示救济弱势一方当事人，从而实现当事人双方实质平等条件下的纠纷妥当解决。这一时期，法官释明权聚焦于协助当事人接近事实真相，法官通过发问当事人的方式引导和协助当事人澄清主张的事实，就案件事实和相关证据进行充分辩论。对于权利声明，法官主要针对当事人模糊难以辨认或未能以法律语言准确表达的声明进行释明。

随着大陆法系国家从自由型诉讼观向社会型诉讼观转型，民事诉讼不再仅是维护私益的工具，还是承载着维护社会公平正义价值的社会公共装置。法官释明权不再局限于弥补当事人诉讼能力不足，而是作为法官与当事人之间的沟通平台，在法院作出裁判前充分保障当事人的程序主体地位，避免突袭裁判，也能一定程度上缓解失权的不利后果。大陆法系国家开始反思法官释明权对处分权主义的弥补作用，适度允许法官通过释明询问当事人是否追加、变更诉讼请求，也产生了新诉讼资料的释明，为当事人权衡程序利益和实体利益提供选择机会，平衡纠纷一次性解决和妥当解决的关系。

德国学者将法官释明权理解为"法官通过适切和及时的指示，可以帮

---

[①] ［美］约翰·莱兹：《为什么美国可能无法接受德国民事程序中的优点》，傅郁林译，载陈光中、江伟主编：《诉讼法论丛》（第三卷），法律出版社1999年版，第521—547页。

助真理获胜，并证明自己是双方当事人中立的帮助人"。① 日本学者将法官释明权界定为"法官在听取辩论时，从法律和事实的角度向当事人发问并指出其陈述自相矛盾、不完全和不明确的地方，并且给予当事人订正和补充的机会，还对所争执的事实促使当事人提出证据的职权"。②

综上所述，法官释明权在其历史演进中扩展为两层含义。第一层含义是：法官通过向当事人有针对性地发问的权能，旨在提示当事人作出充分完整的陈述及主张，提醒当事人提供足以支持其主张的诉讼资料。这种释明从本质上看，是法官以自己的独白式观点单向提示影响当事人，但并不越俎代庖，以弥补当事人诉讼能力不足为目的，引导当事人充分运用攻防手段去接近事实发现的真相和纠纷解决的实质正义。第二层含义是：法官向当事人开示法官在审理中形成的临时心证及法律见解的权能，旨在促进当事人围绕焦点问题充分辩论，法官与当事人之间形成互动沟通，当事人可以根据法官开示内容实施有针对性的防御措施，也可以就有关事实及法律问题与法官展开讨论，从而影响最终裁判结果的作出，避免突袭裁判。

## （三）释明与其他概念的比较

法官释明产生于大陆法系，有其特殊的制度含义。我国司法实践中通常将"释明"一词等同于"解释说明"，泛指法官对法律规定作出解释说明，③ 有的将裁判文书中的说理内容视为释明，④ 还有的将法官判后释法、

---

① ［德］奥特马·尧厄尼希：《民事诉讼法》，周翠译，法律出版社2003年版，第129页。
② ［日］兼子一、竹下守夫：《民事诉讼法》，白绿铉译，法律出版社1995年版，第73页。
③ 最高人民法院《关于深入推进社会主义核心价值观融入裁判文书释法说理的指导意见》（法〔2021〕21号）第5条规定，有规范性法律文件作为裁判依据的，法官应当结合案情，先行释明规范性法律文件的相关规定，再结合法律原意，运用社会主义核心价值观进一步明晰法律内涵、阐明立法目的、论述裁判理由。
④ 最高人民法院（2020）最高法民申6141号民事裁定书载明，"二审判决亦已向其释明如有相应证据"，将判决书中相关告知内容视为释明内容。该说法在各级法院的文书中均有表述，属于普遍性认识，而这种告知内容与释明强调当事人的回应性并不相同。本书案例如无另行说明，均来源于人民法院案例库及中国裁判文书网，最后访问时间：2025年2月26日。

# 第一章 法官释明权的理论阐述

信访接待等内容理解为释明。① 这些都不是法理意义上具有互动性和补正性的释明。以下将对释明及其相似概念进行对比分析。

1. 释明与告知

我国法律及司法解释中，"释明"和"告知"的表述并存，通常被认为是释明规则。实际上，除个别告知内容具有释明内涵，大部分的告知内容与释明有本质区别。释明与告知概念的区别主要体现在以下四个方面。

一是目的不同。释明旨在赋予当事人围绕争议焦点充分辩论和发表意见的机会，当事人根据对裁判结果的预判调整攻击防御方法，从而实现实质正义和纠纷一次性解决，避免突袭裁判。告知旨在告诉当事人相关法律权利义务，可能面临的诉讼风险，法官只是单方告知，无须当事人作出回应。

二是内容不同。释明通常是法官提示当事人就声明主张、事实及证据作出补正，释明内容与个案关系紧密。告知通常是法官一般性告知法律规定及程序性事项，与个案关系不大。比如：我国司法改革中探索形成的诉讼风险告知，是法官对所有当事人的概括性、一般性告知。

三是方式不同。释明通常以商谈形式提出，法官在审理过程中结合对案情的了解提出，当事人有权选择采纳或不采纳。告知通常以书面格式文

---

① 各地法院开展判后阶段的"释明"改革探索，比如：上海市浦东新区法院 2008 年在上海首创"判后释明窗口"，专门针对已经生效的裁判和当事人尚未提出上诉的裁判，由资深法官负责审判后的答疑解惑工作，旨在增强当事人对法院的信任，减轻审判一线法官的信访工作压力，参见《浦东法院在沪首创"判后释明"窗口》，载中国法院网，https://www.chinacourt.org/article/detail/2008/02/id/290210.shtml，最后访问时间：2024 年 6 月 29 日；广东省高院 2014 年发布《广东法院涉诉信访工作规程（试行）》，要求对于信访人依法享有诉权但不符合立案条件的，及时释明、引导，对于识别为"诉"的来访，其要求向信访人释明相关法律规定，引导信访人按照司法程序依法表达诉求，载广东法院网，https://www.gdcourts.gov.cn/gsxx/quanweifabu/guifanwenjian/content/post_1044951.html，最后访问时间：2024 年 6 月 29 日；吉林省高院 2023 年发布《吉林省高级人民法院关于判后释明工作的规定》，其指出判后释明主要适用于一审、二审普通程序作出裁判的刑事、民事、行政和国家赔偿案件，法官或合议庭应当主动就证据采信、事实认定、法律适用、审判程序等方面事项向诉讼当事人予以说明，解释支持或不予支持的理由和法律依据，释明内容总体上应当与裁判文书内容一致，参见《主动释法明理 息诉息访止争 吉林法院全力打造判后答疑"升级版"》，载吉林法院网，http://jl-fy.e-court.gov.cn/article/detail/2023/08/id/7487340.shtml，最后访问时间：2024 年 6 月 29 日。

本或口头告知模板形式,属于法官推进诉讼进程的方式,当事人应当遵守。

四是效力不同。当事人经法官释明,可以选择就相关问题提出新的诉辩意见,也可以选择坚持原有观点。告知的事项通常是当事人必须遵守的法定事项,当事人具有推进诉讼进程的义务。比如:我国关于告知原告提起行政诉讼,按照申诉处理等规定,曾被认为是释明权的最初规定,[①] 究其法律效力而言,应属于法官告知义务,贯穿于当事人起诉到结案的诉讼始终,是法官基于审判职责对事关程序进程的事项作出的指示。

2. 释明与释法

释明与释法均包含法官对法律观点的说明,在实践中容易混用,经常出现"释明相关法律规定"的字眼。二者的区别主要体现在以下三个方面:

一是性质不同。释明是法官的实质诉讼指挥权,是法官与当事人就事实及法律问题进行双向沟通的方式,法官开示的是根据案情形成的过程性法律观点认知。对于足以影响裁判结果的事项,法官有释明义务,应释明未释明构成程序违法,当事人有权申请救济。释法是法官履行"谁执法,谁普法"职责,也是法官帮助当事人理解和接受裁判结果所做的解释说明工作,法官有权根据案情需要决定是否释法。

二是目的不同。释明是法官开示自身的法律观点和对事实的内心确信,旨在探明当事人的声明、事实主张及法律观点,引导当事人围绕焦点问题发表意见,避免突袭裁判。释法是法官解读法律规定,帮助当事人更加准确地理解裁判结果。

三是适用阶段不同。释明是在诉讼系属后至裁判作出前,法官就当事人忽略的事项作出提示启发,当事人可以对攻击防御方法作出足以影响裁判结果的调整。释法通常在裁判作出后,为帮助当事人理解和接受裁判结

---

[①] 孙永全、成晓明:《论释明权》,载《人民司法》2002年第8期。

# 第一章
## 法官释明权的理论阐述

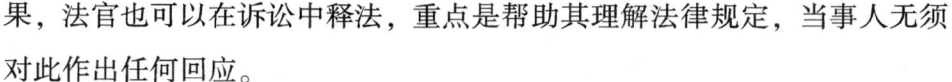

果，法官也可以在诉讼中释法，重点是帮助其理解法律规定，当事人无须对此作出任何回应。

## 二、法官释明权的特征

### （一）行使主体是法官

证据法理论中的证据释明行使主体是当事人，而法官释明权的行使主体是法官，产生之初仅指一审审理程序中的审判法官，后来逐步扩展到准备程序法官和不同审级法官。法官释明权属于实质诉讼指挥权范畴，区别于实体领域的法官自由裁量权，主要是法官义务，个别情况下有权酌情释明。法官有义务开示其临时心证及法律观点，启发当事人充分辩论，没有释明则构成程序违法，当事人有权以此作为上诉理由，只有存在诉的追加、变更等积极释明情形时，法官才有权根据案情选择是否释明。立案法官对于可能影响主管、管辖判断，是否存在明确被告等情形，有义务释明当事人补正诉讼资料予以证明。

### （二）相对人是当事人及其代理人

法官释明权是民事诉讼中平衡当事人和法官作用分担的制度设置，以尊重当事人辩论权和处分权为限，旨在保障当事人的程序权利，通过法官与当事人的充分沟通，探明当事人的诉讼本意，使当事人知晓法官的临时心证和法律观点，从而接近事实真相和结果的实质正义。法官释明有其特定的法律含义，其法律后果是提醒当事人就调整权利主张及攻击防御方法予以足够注意，作出符合其诉讼本意的选择。当事人的代理人受其委托参与到诉讼中，代为行使诉讼权利，履行提供诉讼资料的义务，其诉讼行为如果不妥，将给当事人带来败诉或失权风险，故法官有义务通过释明代人向当事人开示临时心证与法律观点。我国审判实务中将法官向证人、鉴定人等其他诉讼参与人提示诉讼风险，向社会公众普及法律知识等内容视为释明，与释明强调的当事人辩论权和处分权无关，应当作为法官向特定或不特定主体释法的内容。

### （三）具有谦抑性

与实践中宽泛使用"释明"一词相区别，法官释明权是一项谨慎适用的特有法律制度，以尊重当事人的程序主体地位为限，通过法官的适度介入搭建了当事人与法官之间的沟通平台，法官的提醒、晓谕有利于更好地保障当事人行使处分权和辩论权，最终决定权仍在当事人，法官仍保持中立立场。其制度的谦抑性集中体现在适用范围和行使方式的有限性上。法官释明权最早仅适用于当事人的声明主张、诉讼资料不明确、不充分的情形，旨在弥补古典辩论主义的不足，发展到后期，处分权主义领域的当事人追加、变更诉求部分被纳入释明范围，但也存在较大争议。同时，释明的事项从事实领域扩展到法律适用领域。无论是哪种形式的释明，都是建立在当事人构建的事实基础上，法官不能重构诉讼。为避免突袭裁判，法官开示自身观点，提示当事人更充分地辩论，引导诉讼尽可能接近实质正义。从释明的行使方式来看，法官释明权也具有谦抑性，法官的释明以不代替当事人作出决定为限度，是根据现有线索进行发问、晓谕、提醒或公开临时心证、法律观点等，从而保证法官的客观中立。

### （四）具有双向沟通色彩

法官释明权是诉讼走向合作的表现之一，法官与当事人之间增进双向沟通，努力追求接近事实真相和实质正义的结果。法官释明权从法官单向引导转为法官与当事人就事实和法律问题共同讨论，以避免突袭裁判。这种双向沟通体现在，法官为了帮助当事人更好地行使实体和程序处分权而释明，当事人根据法官释明内容作出相应决定，即调整或者不予调整其声明主张及攻防方法的决定，从而推进诉讼的顺利进行。由此可见，释明发生在裁判结果作出前，当事人有机会通过法官释明的信息作出调整，从而起到影响裁判结果的效果。判后释法发生在裁判结果作出后，是对裁判理由进行解释说明，不属于法官释明权的范畴。同理，法官对当事人普适性地告知诉讼风险，不涉及针对具体个案的当事人处分权，不会直接产生影响实体权益及相关程序事项的法律后果，也不属于法官释明权的范畴。

### （五）具有约束性

法官释明权的约束性体现在：释明内容应限制在当事人意愿范围内，法官不能超出当事人意思表示重构诉讼；除具有公益色彩的极个别情况外，裁判结果仍受当事人处分权和辩论权约束，当事人经释明未改变主张或举证的，法官不得自认自判。法官应释明而怠于释明的，当事人有权请求法官发问或提起上诉，法官过度释明的，当事人有权申请回避、申请异议或提起上诉。二审法官有责任判断一审法官是否构成不当释明，即怠于释明或过度释明，从而决定是否发回重审或作出改判。

## 第二节 法官释明权的性质

### 一、权力说与义务说之争

1877年《德国民事诉讼法》首先规定了法官释明权的内容，这也是

**法官释明：**
从独白走向沟通

法官释明权的最早规定。但当时对法官释明权应是法官的权力还是法官的义务存在争议。《德国民事诉讼法草案》将法官释明界定为救济当事人的权能，第126条第1项规定，审判长可以向当事人发问，释明不明确的主张，促使当事人补充陈述不充分的事实，提出证据，进行其他与确定事实关系有必要联系的陈述，德国立法委员会将"可以"改为"应当"，强调发问和要求当事人注意是法官义务。1877年《德国民事诉讼法》第130条纳入这一内容，体现了这一立法精神。1909年《德国民事诉讼法》同样将释明定位为法官义务，首次赋予初级法院就案件事实和争议的法律关系与当事人讨论的权力，强调法官与当事人在辩论中应就事实和争执的法律关系相互沟通。1924年改革将讨论义务扩展到州法院程序中，法官应要求当事人对所有重要事实进行完整说明，提出有益申请，补充说明事实和提供证据，必要时可与当事人讨论事实和法律问题并进行询问。[①] 1976年《简化修订法》将法官与当事人关于法律问题的讨论纳入释明范围，作为法官义务，但并未突破辩论主义，原则上不允许法官依职权将新事实引入诉讼。2001年，《德国民事诉讼改革法》吸收判例和学说成果，更加强调法院的"实质的诉讼领导"，扩充释明内容，赋予法官引导当事人更丰富、更有针对性进行诉讼活动的任务。[②] 在德国，经过多年探索形成共识，法官释明权既是法官权力又是法官义务。

从日本的法官释明权规范发展脉络来看，经历了职权主义积极释明模式、古典的辩论主义消极释明模式和程序保障指向型积极释明模式三个历史时期。1890年《日本民事诉讼法》以1877年《德国民事诉讼法》为蓝本，强调法官释明权是基于审判职权产生的，与查明案件事实真相的职责紧密关联，法官未行使释明权，日本最高裁判所倾向于视判决为违法，废

---

① ［德］鲁道夫·瓦瑟尔曼：《从辩论主义到合作主义》，载［德］米夏埃尔·施蒂尔纳编：《德国民事诉讼法学文萃》，赵秀举译，中国政法大学出版社2005年版，第363页。

② 参见李大雪：《二战后德国民事诉讼法之改革研究》，西南政法大学2007年博士学位论文，第48页。

弃原判决。1926年，日本将法官释明的义务性规定改为裁量性规定，而由于当时立法新设证据职权调查规定，法官查明案件真相的职责惯性仍得以延续，学说和判例崇尚"胜诉者当然胜诉、败诉者当然败诉"的正义理念，仍持义务说观点，大审院仍以下级法院未行使释明权为由撤销原判发回重审。战后，日本深受英美法系当事人主义的影响，走向辩论主义的极端，完全将法官置于消极中立的地位，以当事人双方对抗辩论为核心，视法官释明为辩论主义的例外。在日本最高裁判所的判例中，几乎见不到以法官未尽释明义务（特别是法官未履行积极释明义务）而撤销原判决的判例。① 日本学者认为，这一时期消极对待释明的原因有三：一是美国当事人主义司法竞技理念的导入；二是回归传统的自由主义诉讼观；三是"二战"后法官数量不足及民事诉讼案件激增使得积极释明客观不太可能。② 20世纪50年代后期，日本最高裁判所改变了战后初期的立场，强调实质性的程序保障，围绕当事人主导原则，要求法官适时地向当事人提供建议和意见，否则案件有可能被驳回。日本最高裁判所通过判例确立法官具有释明义务，1996年修订后的《日本民事诉讼法》更强调释明的义务属性。

2007年《法国民事诉讼法》规定，法官可以要求当事人作出与裁判相关的必要的事实上和法律上说明，具体说明尚不清楚的问题。③ 法官释明不当，未给予当事人事实上和法律上陈述的机会而径行裁判的，构成违反对审原则的程序瑕疵，因此，法国的法官释明权同样具有义务色彩。仔细考察法国的民事诉讼法体制，我们不难发现对审原则的核心地位，法官在诉讼中作出任何涉及当事人利益的主动行为都不得违反对审原则，而是应当赋予当事人陈述的机会，否则构成程序瑕疵。对审原则鼓励法官与当

---

① ［日］新堂幸司：《新民事诉讼法》，林剑锋译，法律出版社2008年版，第315—316页。
② ［日］三月章：《民事诉讼法研究》，有斐阁1981年版，第82页。转引自熊跃敏：《民事诉讼中法院的释明：法理、规则与判例——以日本民事诉讼为中心的考察》，载《比较法研究》2004年第6期。
③ 详见2007年《法国民事诉讼法》第3条、第8条、第13条、第442条。参见《法国新民事诉讼法典——附判例解释》（上册），罗结珍译，法律出版社2008年版。

事人之间的沟通,保障当事人的程序参与权。比如:辩论中当事人已援用的事实,法官有可能作出新的法律定性,而当事人未注意到这种法律观点,法官在作为裁判依据前应赋予当事人充分陈述的机会。法国最高司法法院以判例形式确立了推定遵守对审原则的情形,即口头程序中,适用于某一事实的法律理由若没有人提出它未经辩论,推定该理由已经过对审辩论。[①] 这也从一个侧面印证了法官作出裁判前应当经过当事人对审辩论,不得径行作出突袭裁判。

## 二、法官释明权的性质分层

针对法官释明权的性质分层,擅长严密逻辑思维的德国学者根据释明权的适用事项细分为释明权力和释明义务。对于要求当事人明确原本不明确的陈述,补充原本不充分的诉讼资料,是释明的最初本意,也是对法官释明的基本要求,属于释明义务(Aufklärungspflicht)。对于当事人的事实陈述有瑕疵,或证据材料不足,法官也有义务释明。法官违反释明义务,当事人有权提起上诉或提出异议。当事人不当声明,如陈述毫无意义或带有诈欺性,法官有权酌情释明,属于法官释明权(Aufklärungsrecht),不构成上诉审理由。

针对法官释明权的性质分层,日本学界并未达成共识。有学者认为,法院进行释明在某一程序内是义务,在该程序以上就成为权限,再超过一定限度就是违法(违反辩论原则)。[②] 有学者认为,法官行使释明权到何种程度或是否必须行使,与规定行使国家权力界限的国家观紧密相关,他回答了法官释明权的行使应当以辩论主义为底线,经释明当事人不服的,法

---

[①] [法]让·文森、塞尔日·金沙尔:《法国民事诉讼法要义》(上),罗结珍译,中国法制出版社2001年版,第617—621页。

[②] [日]谷口安平:《程序的正义与诉讼》,刘荣军、王亚新译,中国政法大学出版社2002年版,第116页。

院也不能依职权独自调查。① 《日本民事诉讼法》规定，当事人可在诉讼进行中对法官行使释明权提出异议，还可以主动请求法官发问行使释明权，日本最高裁判所在20世纪50年代以后的判例中将法官违反释明义务作为上诉理由。

综上所述，随着大陆法系代表性国家的社会背景变革，诉讼理念随之发生变化，法官和当事人之间的诉讼关系趋于衡平，不一味强调法官职权，也不一味强调当事人诉权，倾向于认为法官释明权是法官从独白式审判走向沟通式审判的重要平台，应被界定为义务，法官应当释明，未释明将造成一定法律后果，但在特定场景下是法官职权，法官有权根据案情和审理需要决定是否释明。

## 第三节　法官释明权的基本类型

### 一、消极释明和积极释明

消极释明和积极释明，以释明是否突破当事人提供内容作为分类标准，旨在区分法官是否尽到释明义务，由此产生不同的法律后果。

消极释明是法官释明权产生之初就具备的释明形态，法官在辩论主义和处分权主义范围内释明，体现了释明的谦抑性特征。具体包括：1. 澄清不明了的释明，即当事人的声明主张和事实内容不明确时，法官释明促使

---

① ［日］中村英郎：《新民事诉讼法讲义》，陈刚译，法律出版社2001年版，第178页。

当事人将不明确的明确化；2. 除去不当的释明，即当事人的声明主张存在不当之处，法官提示其去除不当内容，并进行相应的修正、补充；3. 补充诉讼资料的释明，即当事人为支持其声明主张提出了部分诉讼资料，法官经初步审查发现诉讼资料存在明显缺陷，法官释明提示其围绕焦点问题补充完善诉讼资料。消极释明是法官释明权的基本形态，涵盖了法官释明的大多数内容，当出现上述情形时，法官有义务进行释明，如果没有释明则构成怠于释明的程序瑕疵，当事人有权通过提出异议或提起上诉进行救济，上诉审法院亦有权主动审查，可以应释明未释明为由发回重审。

积极释明是法官释明权发展到承载程序保障功能的产物，通常是指法官根据现有线索启发当事人提出此前未提出的新诉讼资料，旨在一次性解决纠纷，也避免突袭裁判。是否需要积极释明，更多由法官根据案情平衡多种因素后自由裁量。大陆法系学界对于积极释明是否必要，是否突破了辩论主义和处分权主义，尚存争议，实际上二者也没有明确界限，很难精确区分。

## 二、事实释明和法律观点释明

事实释明和法律观点释明，以释明的具体内容作为分类标准，其分类意义在于明确不同的法律后果。

事实释明是指当事人所提主张与证据不充分、不适当或前后矛盾时，法院通过释明加以化解，涵盖有关诉讼请求的释明、有关事实主张的释明、有关证据的释明。[①] 这是法官释明权制度发展的初始形态，在整个诉讼活动中占据主要地位。

法律观点释明是指法官在形成初步法律观点中认为当事人忽略或误会

---

① 熊跃敏：《民事诉讼中法院的释明：法理、规则与判例——以日本民事诉讼为中心的考察》，载《比较法研究》2004 年第 6 期。

了某些将作为裁判基础的法律观点，通过开示自己的法律观点，给予当事人充分陈述意见的机会。这是法官释明权制度发展的高级形态，是当事人协同发现法，影响法官法律判断权的手段，具有协同沟通的色彩。法律观点释明也被称为法律观点开示义务，德国、日本、法国立法中均有明确规定。

事实释明和法律观点释明的共同点在于，均是就具体案情作出的释明，贯穿于整个诉讼过程，是对请求权基础、要件事实或法律观点进行拆解，其发生前提是有必要敦促当事人引起注意，从而作出是否调整攻防方法的决定。这区别于概括式的风险告知、法律知识解读，后者只是法官的单向输出，无须当事人作出回应。二者的区别在于，当事人对于事实释明选择不予采纳，坚持己见，不补充相应材料，法院裁判受限于当事人的主张，而当事人不采纳法律观点释明，则不影响法院适用法律的最终决定权。

## 三、辩论主义领域的释明和处分权主义领域的释明

辩论主义领域的释明和处分权主义领域的释明，以是否会导致诉的变更作为分类标准，其分类意义在于明确法官职权与当事人权利之间的划分，对处分权主义领域的释明作出更具体的限制，避免法官对当事人诉讼权利的不当干预。

辩论主义领域的释明是主要释明形态，以当事人提出的事实和证据为边界，当事人根据法官释明作出补正，不会发生诉的变更。处分权主义领域的释明，则可能发生诉的变更。处分权主义领域的释明，仍以尊重当事人的选择为限，起到辅助作用，当事人的处分权对法院裁判具有约束力。因此，为避免处分权主义领域的释明超出当事人意思自治范围，有必要在具体事项适用和释明方式上作出更具体的规定。

我国 2019 年《民事诉讼证据规定》改变了原规定第 35 条告知当事人变更诉讼请求的规定，修订为作为焦点问题启示当事人充分讨论。变更诉讼请求，既包含诉的变更和增加，也包含同一诉之内补充相关内容，包含了处分权主义领域的释明内容，而宽泛地要求法官释明当事人变更诉讼请求，并未作出必要的限定，难免超出当事人意思自治范畴。本次修正，对处分权主义领域的释明作出了限定，法官不再主动介入诉求的变更，而是将容易忽视的问题作为焦点问题提出，敦促当事人充分辩论。

## 四、不同事项的释明

大陆法系根据法官提示当事人注意的内容将释明分为澄清不明确声明的释明、消除不妥当陈述的释明、补充诉讼资料的释明、新提出诉讼资料的释明、举证方面的释明五种释明形态。[1] 我国民事诉讼学理一般将释明区分为：当事人的声明有不明确的，应予明确；当事人的诉讼资料不充分时，可通过释明令其补充；当事人不当的声明，法院应通过释明加以消除；通过释明促使当事人提出新的诉讼资料。[2] 其分类意义在于从请求权和事实、证据主张角度明确各自的释明内容及边界。

本书以法官裁判思路为线索，将释明事项区分为权利主张层面的释明，事实证据层面的释明，法律观点释明和诉讼主体的释明。权利主张层面的释明，以民事权利的发生、消灭为线索，包含对原告的声明主张、被告的实体抗辩、反诉等与权利主张相关内容，要求当事人明确、补充之，必要时予以追加或变更。事实证据层面的释明，主要是指对与请求权基础密切相关的法律要件事实、证据的释明，启发当事人充分辩论，与法官在事实上展开讨论，努力接近事实真相。法律观点释明，主要是指对与请求

---

[1] ［日］高桥宏志：《民事诉讼法：制度与理论的深层分析》，林剑锋译，法律出版社 2003 年版，第 357 页。

[2] 张卫平主编：《民事诉讼法》（第五版），法律出版社 2019 年版，第 88—89 页。

权基础密切相关的法律观点的释明，启发当事人充分陈述法律意见，要求法官就法律观点与当事人进行讨论。诉讼主体的释明，通常被作为诉讼请求释明的组成部分，认为诉求变化带来当事人变化。① 本书将其作为单独的研究对象，旨在厘清法官与当事人在确定当事人诉讼地位、追加或变更当事人等方面的作用分担，后文将展开阐述。

## 五、不同诉讼阶段的释明

根据法官释明权行使的不同诉讼阶段，可以分为立案阶段释明、庭前准备阶段释明、审判阶段释明、执行阶段释明，按照审判程序又可以区分为一审程序释明、二审程序释明和再审程序释明。其分类意义在于不同诉讼阶段的释明侧重点不同，法律后果也有所不同。

立案登记制改革背景下，虽然立案法官对原告起诉不作实质性审查，但关系到是否符合主管、管辖条件，是否存在明确被告等情形，法官有义务释明当事人补正诉讼资料予以佐证。2016 年北京市第四中级人民法院发布的《登记立案释明规则》，围绕起诉条件明确规定释明范围。据 2016 年6 月 23 日北京市第四中级人民法院新闻通报会介绍，自 2016 年 1 月《登记立案释明规则》实施以来，截至 5 月，通过立案释明，民商事案件一次立案成功率达到 90% 以上，30 余件案件当事人经立案释明决定不起诉并撤回起诉材料。② 2015 年发布的《最高人民法院关于人民法院登记立案若干问题的规定》第 2 条第 3 款要求，对不符合法律规定的起诉、自诉，法院应当予以释明。

---

① 任重：《释明变更诉讼请求的标准——兼论"证据规定"第 35 条第 1 款的规范目的》，载《法学研究》2019 年第 4 期。

② 石东弘、邹慧、张伟：《北京四中院在全市率先推出〈登记立案释明规则〉》，载中国法院网，https://www.chinacourt.org/article/detail/2016/06/id/1998180.shtml，最后访问时间：2024 年 5 月 29 日。

庭前准备阶段是在法官主持下交换证据、固定争议焦点的关键阶段，为保证审理集中化，法官释明从口头辩论阶段延伸到庭前准备阶段。庭前准备阶段释明的主要内容是，法官提示当事人补充不完整的权利主张，与当事人共同就请求内容、事实与法律问题进行广泛讨论，促使当事人提出相关证据。

审判阶段释明是最典型的释明，包含法官就事实与法律问题的释明。按照审判程序可细分为一审程序的释明、上诉审程序的释明和再审程序的释明，其释明内容及界限因不同审级承载的程序功能不同而不同。一审法院是初审法院，全面审查诉辩主张，负责认定事实和适用法律，释明内容包含事实和法律问题，特别是事实及证据方面内容。上诉审法院以上诉请求为主，更多关注一审裁判在实体及程序方面是否存在瑕疵或错误，释明内容侧重于法律问题，对于诉求或事实主张不明确的也会释明，但鉴于保护当事人的审级利益，对于不完备的诉求或要件事实主张则不宜释明当事人补充，而是以主要事实不清发回重审。再审程序是针对生效裁判的纠错程序，释明内容很有限，侧重于明确申请人的主张，不得就关系到诉讼标的的不同法律观点释明。

执行阶段释明，与当事人行使处分权密切相关，通知阶段宽泛的诉讼风险和权利义务告知不属于释明范畴，进入执行异议裁决阶段或执行转破产阶段的案件，因涉及当事人对实体权益的处分，执行法官必要时对可能影响裁决结果的事实和法律问题进行释明。以执行转破产程序为例，自2015年建立执行转破产制度以来，执行法院应当经申请执行人或被执行人同意移送审查。"征得当事人同意"区别于法官单向告知当事人移送破产审查事项，是法官在尊重当事人意思自治基础上行使释明权，提示其"执转破"的法律后果、被执行人处境等，帮助当事人了解更全面的信息，启发当事人在知晓法律后果的情况下作出是否同意的理性判断。

# 第二章
## 法官释明权的正当性基础

# 第二章
## 法官释明权的正当性基础

法官释明权是法官向当事人启发性发问，当事人对此作出是否澄清、补充的选择，体现了审判权与诉权的交互性。法官释明权根源于当事人主义诉讼模式，尊重当事人意思自治的制度背景下才会产生法官适度发问的客观需要。法官职权干预占主导地位的诉讼体制下，当事人的陈述只是查明事实的来源之一，法官审理具有很大的自主权和自由度，当事人不予补充，法官也能依职权查明。因此，法官释明权并不是诉讼的必需品，更不是赶时髦，其理论正当性有必要经过严格的逻辑推理。对制度逻辑的证成，有利于我们正视当今中国是否真正需要法官释明权，敦促我们检视是否具备适用法官释明权的现实土壤，法官释明权的未来发展方向何在。

## 第一节　制度基础：当事人主义诉讼模式

民事诉讼模式是对特定或某一类民事诉讼体制基本特征的揭示，用以阐明不同民事诉讼体制的主要异同，分析同类模式民事诉讼体制的形成中各外部因素的影响和作用。[①] 民事诉讼模式体现了法院与当事人之间的诉讼权限配置，被划分为当事人主义诉讼模式与职权主义诉讼模式：法院的判断对象和裁判依据来自当事人主张的，是当事人主义诉讼模式；法院依职权决定实体审理内容的，是职权主义诉讼模式。在民事诉讼中，当事人有无决定审判对象及争点的权利，成为区分当事人主义与职权主义的最实质性标志。[②] 法官释明权制度起源于对抗竞技式的纯粹当事人主义诉讼模式，在尊重当事人主体地位和处分权的范围内引入法官的必要干预。

---

[①] 张卫平：《民事诉讼基本模式：转换与选择之根据》，载《现代法学》1996 年第 6 期。
[②] 白绿铉：《论现代民事诉讼的基本法理——对我国民事诉讼制度改革的浅见》，载《中外法学》1999 年第 1 期。

## 一、当事人主义诉讼模式概述

### (一) 当事人主义诉讼模式的逻辑基础

在奴隶制和封建制下，司法权和行政权界限模糊，司法审判是实现集权统治的工具手段，裁判者在执行君主统治意志的过程中拥有绝对至高无上的审判权力，当事人是社会管理的客体，不具有诉讼主体地位。这个时期的私力救济虽然在一定程度上体现了纠纷解决的主体性，但一旦纳入诉讼解决体系，当事人不具有启动程序的自主性，其陈述也仅是裁判者获取信息的渠道之一，谈不上当事人诉权保障。罗马法时代的法定诉讼，其程式化诉讼规则限定诉的形式和种类，但并未作为实质诉权赋予权利人何种地位。[①] 英国封建制度下受封建诉讼形式的限制，当事人不具有主体地位，衡平法诉讼程序中更是充满职权主义色彩，"大法官在某种程度上是根据自己认为合适的方式处理案件，裁决的结果具有很强烈的个人倾向性"。[②] 因此，在整个封建制度背景下，无法产生当事人主导的诉讼体制，裁判官执行君主意志，具有至高无上的审判权。

随着商品经济的发展，自然经济条件下的人身依附关系被打破，平等自主的交易主体关系逐步形成，新的经济基础需要建立新的法律体系。当事人主义诉讼模式正是应时代发展需要而产生的，其核心逻辑基础在于承认当事人的主体地位。大陆法系国家法律体系的建立，通过对罗马法的复兴来实现，罗马法的私法自治和私域独立理念被承袭。[③] 人的主体地位在

---

① [日] 谷口安平：《程序的正义与诉讼》，刘荣军、王亚新译，中国政法大学出版社2002年版，第98页。

② [德] 克·茨威格特、H. 克茨：《比较法总论》，潘汉典等译，贵州人民出版社1992年版，第343—344页。

③ 参见张卫平：《民事诉讼模式的历史分析——以外国民事诉讼模式为素材》，载《河南省政法管理干部学院学报》2000年第4期。

实体法和诉讼法中都得到充分承认，表现为当事人的权利自治性和对纠纷解决的主导性。英国封建社会后期，资本主义商品经济萌芽，陪审制带来的诉答制度和陪审团居中认定事实，进一步促进了当事人主导地位的形成，当事人意思自治和契约自由理念在法律中得到确立。① 当事人在诉讼中形成对抗，由于法律规则的通则化，个案裁判结果具有可预期性，当事人能根据对诉讼风险和结果的预判，作出恰当的诉讼行为选择和权利处分决定。

### （二）当事人主义诉讼模式的基本特征

1. 当事人的自主性

19世纪上半期，所有欧洲国家都将民事诉讼看作私事，当事人有实体处分权，也主导诉讼过程，有权发动诉讼，进行抗辩，为判决设定限制，提起上诉或攻击判决，在程序进展、程序行为形式等技术事项上有决定权，甚至能就某证据达成协议约束法官将判决建立在某个明显不真实的事实上。② 当事人的自主性源于对其实体法和程序法主体地位的承认。民事主体可以自由处分其民事权利，当事人可以自主决定是否将纠纷诉诸法院，决定审理对象和主张的事实及证据。辩论主义和处分权主义"如同当事人诉讼体制运行中的两个车轮"，③ 当事人有权主导诉讼程序，有权自主提出主张，充分进行攻击防御，当事人主张及攻防方法是法院裁判的基础。大陆法系加强法官的诉讼指挥权，也并未撼动当事人主义的根基，仍然在辩论主义和处分权主义框架内配置审判权和诉权的相互地位和作用。

2. 司法的被动性

与当事人的自主性相对应，法院裁判范围及审判活动受到当事人实体

---

① 参见张卫平：《民事诉讼模式的历史分析——以外国民事诉讼模式为素材》，载《河南省政法管理干部学院学报》2000年第4期。
② 参见肖建国：《民事诉讼程序价值论》，中国人民大学出版社2000年版，第225页。
③ 张卫平：《民事诉讼：关键词展开》，中国人民大学出版社2005年版，第13页。

和程序处分权的制约。诚如托克维尔所言,"从性质上说,司法权自身不是主动的。要想使它行动,就得推动它","如果它主动出面,以法律的检查者自居,那它就有越权之嫌"。① 当事人主义诉讼模式中,司法的被动性集中体现在:一是司法程序启动的被动性,程序启动以当事人申请为原则,法院依职权为例外,法院裁判范围以当事人申请事项为限,遵循不告不理原则,受处分权主义约束;二是法院审理范围以当事人提交的诉讼资料为限,受辩论主义约束;三是法官在诉讼中保持中立,不发表倾向于一方的意见。司法的被动并非排斥法官的一切职权行为,法官也不可能完全置身事外。当事人主义诉讼模式的核心要义在于,法官在确定审理对象和探知事实的过程中不具有支配控制地位,应当尊重当事人的意愿,受当事人主张事项的约束。从这个角度看,大陆法系和英美法系均属于当事人决定诉讼实体内容的当事人主义,英美法系将程序控制权更多交由当事人支配,大陆法系赋予法官诉讼指挥权。

3. 当事人的对抗性和竞技性

无论是英美法系还是大陆法系,当事人主义诉讼模式都是围绕当事人对抗进行的。当事人双方处于相互对立和抗争的地位上,展开对裁判结果具有影响力的攻击防御活动。人们假定,民事司法制度的对抗制程序是解决纠纷的最佳方式,认为民事诉讼是复仇在文明社会的替代物。在竞技式的诉讼观下,法院被当作非暴力决斗场,法官合法性守护人的职责被遗忘。为了保证竞技的公平,法官根据当事人提供的证据和承认的事实形成裁判,"甚至能在多大程度上把自己与辩护律师提出的法律观点不同的法律知识引入判决,都是值得怀疑的"。② 利益和立场对立的双方当事人提出各自的权利及事实主张、证据,并反驳对方,说服法官采信自己的说法,

---

① [法]托克维尔:《论美国的民主》(上卷),董国良译,商务印书馆2004年版,第110—111页。
② [英]J. A. 乔罗威茨:《民事诉讼程序研究》,吴泽勇译,中国政法大学出版社2008年版,第4页。

法官居中审理裁判。

整体而言，当事人主义诉讼模式尊重当事人的意思自治，将提出权利请求和提供事实证据的权利与责任交给当事人，当事人主导推进诉讼进程，法官应尊重当事人意志，在其主张的范围内作出裁判。从发现事实的角度看，当事人主义的对抗色彩，能够促使当事人为说服法官而更积极地辩论和举证，最大限度促进案件真相得以被发现。

## 二、法官释明权的弥合作用

### （一）纯粹当事人主义诉讼模式的不足

纯粹当事人主义诉讼模式建立在古典自由主义哲学基础上，具有极端个人主义色彩，极度推崇个人自由和私人财产，主张个人私权不应受到任何公权限制，希望通过当事人之间平等的力量抗衡来推动事实的发现和实质正义的实现，因此要求法院消极裁判，不依职权主动介入。"自由主义的民事诉讼作为（被假定的）平等主体之间的竞争规则，虚构了当事人机会平等和武器平等……不仅没有根除不正义、不自由、不人道和不平等，相反却在一定条件下增加了这些现象。"[①] 纯粹当事人主义诉讼模式过分强调当事人主导权，法官的调查权和裁判权受到抑制，不仅容易造成当事人滥用诉权和策略性诉讼技巧，容易导致当事人故意虚假陈述，串通侵害第三人合法权益或公共利益等情形，偏离实质正义目标，也阻隔了法官与当事人之间的交流，法官不公开心证及法律观点，当事人诉讼能力及经验成为决定胜败的关键因素。

---

① ［德］鲁道夫·瓦瑟尔曼：《社会的民事诉讼——社会法治国家的民事诉讼理论与实践》，载［德］米夏埃尔·施蒂尔纳编：《德国民事诉讼法学文萃》，赵秀举译，中国政法大学出版社2005年版，第86—88页。

## （二）法官释明权具有双向沟通色彩

在反思纯粹当事人主义诉讼模式的过程中，大陆法系产生了加强法官职权参与的客观需求，法官释明权制度应运而生，其具有平衡当事人与法官之间诉讼地位及作用的功能，是带有职权色彩的诉讼指挥权。法官释明权是在当事人主义诉讼模式框架内发问和晓谕，当事人仍具有自主选择权，决定是否围绕释明内容开展攻防辩论，辩论内容对裁判具有约束力。因此，当事人主义诉讼模式是法官释明权得以适用的制度土壤。

1. 辩论主义与法官释明权

辩论主义是指当事人双方应当提出判决的事实基础（包括证据手段），法院的裁判只能以当事人在诉讼中提出的事实为基础。① 古典辩论主义以当事人私权自治为基础，当事人对实体权益的自由处分权在诉讼中体现为当事人自由处分诉讼标的，自由决定提出作为裁判基础的事实和证据。当事人对事实状态最熟知，对裁判结果最关切，负有主张事实和证据的责任也最为适当。

古典辩论主义通常包含三层含义：（1）判断权利发生或消灭的法律效果所必要的要件事实，必须在当事人的辩论中出现，未经当事人主张的事实不能作为裁判基础；（2）当事人之间无争议的事实，法院应当作为裁判的事实依据，不仅没必要以证据确认，也不能作出相反认定；（3）法院认定事实依据的证据资料，必须是当事人提出的证据方法中获得的，法院不能主动依职权调查证据。② 大陆法系国家的民事诉讼以辩论主义为原则，在人事诉讼和非讼事件程序中，则以职权探知主义为原则。

然而，古典辩论主义的理念无限放大当事人自由意志作用，在当事人自身能力不足或滥用诉权的情况下，将形成对发现真实和实现实质正义的

---

① ［德］汉斯-约阿希姆·穆泽拉克：《德国民事诉讼法基础教程》，周翠译，中国政法大学出版社 2005 年版，第 64 页。

② ［日］兼子一、竹下守夫：《民事诉讼法》，白绿铉译，法律出版社 1995 年版，第 71—72 页的

# 第二章
## 法官释明权的正当性基础

阻碍。一方面，当事人因缺乏法律知识与诉讼经验，忽视应当提出的诉讼资料，自由处分权落空；另一方面，当事人为追求不当利益，故意作虚假陈述，侵害对方、第三人合法权益或公共利益。法官释明权制度要求法官应当通过发问提醒启发当事人补充相关事实及证据材料。比如：原告主张侵权损害赔偿，如果对请求权的要件事实主张不充分，或证明要件事实的证据不充分，法官释明权可以弥补辩论主义的不足，敦促当事人予以补充和明确。

基于对古典辩论主义的理论依据认识不同，大陆法系传统理论主要分为两派。一是例外说，基于辩论主义本质说提出，认为辩论主义反映自由主义诉讼观，法官消极中立，应最大限度尊重当事人的自主决定权，法院根据当事人提出的事实主张裁判是民事诉讼的本质要求。法官释明权是对辩论主义的限制，是辩论主义的例外。[①] 二是补充说，基于辩论主义手段说提出，认为辩论主义是利用当事人的利己之心发现真实的有效手段，当事人承担诉讼资料提出责任，法官释明权是对辩论主义的补充。[②] 例外说消极对待法官释明权，主张尽可能限缩其适用范围；补充说积极对待法官释明权，主张逐步扩展其适用范围。

受英美法系正当程序思想的影响，大陆法系发展出以程序权保障为中心的诸多学说。如：以新堂幸司为代表的防止意外打击说认为，如果不承认当事人对事实和证据的支配权，就会在适用法律和提出资料的当事人之间产生分歧，对当事人产生意外打击，法官释明权也相应地具有避免突袭裁判的功能。[③] 以小林秀之为代表的程序保障说认为，辩论主义包含本来意义和功能意义的辩论主义，前者要求当事人收集提供裁判基础事实，也

---

① ［日］兼子一等：《条解民事诉讼法》，弘文堂1986年版，第310页。转引自张卫平：《诉讼构架与程式——民事诉讼的法理分析》，清华大学出版社2000年版，第191—195页。
② ［日］中村英郎：《新民事诉讼法讲义》，陈刚译，法律出版社2001年版，第178—180页；［日］高桥宏志：《民事诉讼法：制度与理论的深层分析》，林剑锋译，法律出版社2003年版，第333页。
③ ［日］新堂幸司：《新民事诉讼法》，林剑锋译，法律出版社2008年版，第216页。

同样对法官释明权的范围作出了限定，后者要求法院不得认定当事人未提出的事实，保障当事人平等权。①

机械地适用古典辩论主义，日益暴露出自由主义和个人主义的局限性，为平衡诉权与审判权，协同主义理念产生。德国著名法官鲁道夫·瓦瑟尔曼提出"社会的民事诉讼模式"概念，意指德国战后的民事诉讼模式，主张诉讼由以当事人双方和法院构成的共同体来协作运作，在法院和双方当事人之间设立对话的桥梁。② 协同主义对传统辩论主义作出修正，法院职权不断加强和扩充。在协同主义理念的影响下，通常认为辩论主义是当事人在预测法院临时心证及法律见解的前提下，在一定范围内自行决定事实或证据范围，释明权制度的建构应平衡满足发现真实及促进诉讼。日本学者在辩论主义原则下论述法官释明权，认为能够调和"当事人对有关事实的支配权与认可法院的法解释适用权的矛盾"，"当事人提供证据责任与法官自由心证隐秘性的矛盾"，并弥补"当事人形式平等的内在缺陷"。③

2. 处分权主义与法官释明权

处分权主义是私权自治在请求权层面的体现，指当事人对诉讼进程和审理对象有决定权，严格的处分权主义要求法官不得对当事人在诉讼中未明确提出的声明作出判决，否则视为诉外判决。具体包含三项内容：（1）诉讼程序依当事人申请开始，法院不能依职权启动；（2）当事人决定审理对象的内容和范围，对诉讼标的的变更，当事人有决定权，法院无权审理原告未提及的内容；（3）诉讼可以基于当事人意思而终结。民事诉讼的处分权主义是民事实体权利处分的衍生，"在诉讼程序中的私法自由

---

① 参见刘学在：《民事诉讼辩论原则研究》，武汉大学出版社 2007 年版，第 46 页。
② 参见江伟、刘荣军：《民事诉讼中当事人与法院的作用分担——兼论民事诉讼模式》，载《法学家》1999 年第 3 期。
③ ［日］山本和彦：《民事诉讼中关于法律问题的审理构造》（4），载《法学论丛》120 卷第 1 号（1997 年）。转引自熊跃敏：《民事诉讼中法院的释明：法理、规则与判例——以日本民事诉讼为中心的考察》，载《比较法研究》2004 年第 6 期。

处分，与在诉讼程序外权利人拥有的自由处分并无两样"。① 只有在公益性较强的案件中或者诉讼要件等领域，大陆法系国家对处分权主义作出一定限制，法院才可依职权主动调查。

纯粹的处分权主义依托实体领域的当事人意思自治，在诉讼中赋予当事人处分权，强调当事人主导审理对象和诉讼进程，将当事人平等、通晓权利的法律要件等要素作为假设前提，忽视了当事人缺乏在法律话语体系下清晰准确表达的能力。当出现权利主张含混不清或者主张的事实与权利主张不一致时，法官根据现有诉讼资料明明倾向于形成更有利于权利人的判断，但碍于处分权主义要求不能作出诉外裁判，只能针对其含混不清的主张作出不利裁判，有违实质正义。

随着大陆法系国家对处分权主义的深入反思，各国民事诉讼法对变更、追加诉求的限制逐步放宽。以德国为例，1877年《德国民事诉讼法》仅将被告同意作为原告在一审追加、变更诉讼请求的条件，1898年《德国民事诉讼法》增加允许原告追加、变更诉讼请求的条件，即法院认为不至于对被告防御造成本质上的困难，1933年修订为只要法院从程序上认为适当，能促进当事人之间纷争终局性解决，不至招致被告防御困难就可以。② 与之相适应，法官释明权也从辩论主义领域的释明权扩展到处分权主义领域的释明权，不再局限于同一诉讼标的内部明确声明主张，而是允许法官根据案件事实启发当事人是否追加、变更诉求，追求纠纷一次性解决。法官释明权敦促当事人补正声明主张，有补充处分权主义缺点的作用。鉴于处分权主义直接关系到诉讼标的和审理对象，大陆法系对于处分权主义领域的法官释明通常持谨慎态度，新诉讼标的理论观点认为，诉讼标的仍是同一的，法官的释明是为当事人提供了补正法律陈述或就法律观点与法官辩论的机会。

---

① ［德］拉德布鲁赫：《法学导论》，米健、朱林译，中国大百科全书出版社2003年版，第126页。
② 参见丁启明：《德国民事诉讼法百年发展述评》，载齐树洁主编：《东南司法评论》（2015年卷），厦门大学出版社2015年版，第467—480页。

## 第二节 法哲学基础：法律商谈理论

### 一、交往行为理论基础上的法律商谈理论

#### （一）交往行为理论的特质

合法性问题贯穿不同历史阶段的不同社会形态，历史上任何一种政治统治和重大社会管理形式，无一不是孜孜不倦地谋求合法性。统治的合法性，对于统治者而言，是统治的正当性问题，对于服从者而言，是对统治认同的问题，二者构成了统治的合法性。当二者发生冲突，尤其是认同冲突积累到一定程度，合法性危机就爆发了。①

传统理论家认为，国家统治的合法性建立在法律的合法性基础上，而法哲学和政治哲学研究在论证法律合法性问题中发生了事实与规范问题的分野，或偏向事实，或依赖规范，失去规范的事实是不正当的，失去事实的规范是不牢固的。为此，哈贝马斯提出了交往行为理论和法律商谈理论，尝试创建以理解共识和论辩商谈为目标的程序，缓解法律上的事实性与有效性之间的张力。

交往行为是人们社会生活的理想行为模式，"是主体间遵循着有效性规范，以语言符号为媒介而发生的交互性行为，其目的是达到主体间的理

---

① 郑永流：《经由民主商谈的合法性——〈哈贝马斯《在事实与规范之间》导读〉的导言》，载郑永流主编：《法哲学与法社会学论丛》，北京大学出版社2010年版，第255—271页。

解和一致"。① 哈贝马斯以语言为媒介构建交往行为理论，将经验语义学向普遍语用学转变，通过"至少是两个具有语言能力和行为能力的主体的交互活动"，②以商谈的方式研究共同的状况规定，达成理解和共识，从而实现交往理性。相对于工具理性视野下的"目的—工具"行为单个主体对应客观世界模式，交往主体处于客观世界、社会世界和主观世界，各交往主体之间通过平等对话和协商沟通，借助语言的符号意义实现行为的协调。

达成共识是交往行为的目标，只有交往双方对行为的意义达成共识，交往行为的意义才能够被理解。③ 哈贝马斯指出，共识必须得到接受者的有效认可，不能被转嫁到工具行为或策略行为中，共识的基础是相互信服。④ 因此，交往主体经过语言沟通达成的共识，经历了各方积极参与交流过程，彼此补充、校正，才能真正达到内心有效认可。与之相反，策略性行为以个人为中心，以达成个人"成功"为目的，不考虑与他人达成理解基础上的协商共识，他人只能被动承受不利结果；工具行为则是以一方主体为中心，将相对方视为行为客体，扮演信息来源等工具性角色，被动地承受行为结果。正是认识到交往行为对改造世界的伟大价值，哈贝马斯在交往行为理论的基础上提出了建构商谈理论，以商谈论的视角对权利体系和法治国原则进行理论重构，构建程序主义法律范式，进而提出程序主义法律商谈理论。

### （二）法律商谈理论的基本命题

法律上的事实性与有效性之间的外在张力，表现为法律有效性的理想内容和市场经济、科层行政的功能相互冲突。哈贝马斯从商谈论的角度重

---

① ［德］哈贝马斯：《协商对话的法律》，任岳鹏译，黑龙江大学出版社 2009 年版，第 53 页。
② ［德］哈贝马斯：《交往行动理论——行动的合理性和社会合理化》（第一卷），洪佩郁等译，重庆出版社 1994 年版，第 135 页。
③ 傅永军：《交往行为的意义及其解释》，载《武汉大学学报（人文科学版）》2011 年第 2 期。
④ ［德］哈贝马斯：《交往行为理论：行为合理性与社会合理化（第一卷）》，曹卫东译，世纪出版集团、上海人民出版社 2004 年版，第 281 页。

构权力理论,将政治权力的合法性建立在商谈基础上,将法律的合法性归于一种开放的商谈性法律程序,公民作为商谈主体享有交往自由,可以发表意见和表达意志,借助法律的媒介将交往权力转化为行政机构的行政权力,并且商谈的过程具有合法性。因此,"法律的合法性根据既不是因为它是主权者的命令(强力与服从),也不是抽象的自然法精神(理性与信仰),而是论辩和商谈,即得出实证性的合理性立法程序本身"。[1]

法律的事实性和有效性的内在张力,表现为法律的确定性与判决的合理性之间的张力,即法官所做裁判如何才能做到既是内部自洽的又是可以合理接受的,以保证法律的确定性和正确性,[2] 这就是哈贝马斯提出的司法合理性问题。与德沃金主张的法官独白式思路不同的是,法律商谈理论要求法官必须在商谈中将所有公民的视角纳入其中,但又不能因此而消解司法判决的专业性质,必须通过法律论辩理论在法律商谈中对程序规则和司法判决的有效性提供论证。[3]

法律商谈具有两大基本命题。首先,法律商谈不能在一个现行规范的封闭领域中自足进行,而是必须将使用的、伦理的和道德的理由纳入其中。其次,法律判决的正确性标准,从根本上看是判决过程中对交往性论辩条件的满足程度,这些条件使得公平判断成为可能。因此,单个实质理由说服力的有条件性与"唯一正确"判决的无条件性之间存在合理性缺口,通过"合作地寻求真理"的论辩过程来闭合。[4]

然而,当法律商谈内置于法庭的程序规则时,一方面,判决的作出取决于法律商谈的内在论辩逻辑;另一方面,论辩过程不再是无限度地寻求

---

[1] 蒋德明:《法律因何合法、怎样合理?——法律商谈理论语境中的考察》,载《法制与社会发展》2006年第2期。
[2] [德]哈贝马斯:《在事实与规范之间——关于法律和民主法治国的商谈理论》,童世骏译,生活·读书·新知三联书店2003年版,第287页。
[3] 郑永流:《商谈的再思——哈贝马斯〈在事实与规范之间〉导读》,法律出版社2010年版,第169页。
[4] [德]哈贝马斯:《在事实与规范之间——关于法律和民主法治国的商谈理论》,童世骏译,生活·读书·新知三联书店2003年版,第280页。

真理，而是受到时间限制、社会限制和实质性限制。审理程序并不具有合作地追求真理那种充分的商谈结果，但程序设置仍使各方尽可能地说出与查明案情相关的事实，法官据此作出判决。法庭上的法律商谈应当保证"法官为确保其判决具有可接受性，在参与者和公众面前说明和论证其判决，包括案件的事实和判决的理由"，"法官对每个案件的判决必须保持整个法律秩序的融贯性"。①

## 二、法官释明权的商谈内核解读

哈贝马斯的交往行为理论及法律商谈理论，对于理解法官释明权的理性沟通具有重要的理论意义，换言之，在法律商谈理论框架内能够为法官释明权制度找到法哲学上的正当性依据。

### （一）主体间性

交往行为理论强调至少具有两个具有反思能力的交往主体，采用"主体—主体"的本体论进路，所有交往主体都是论辩的参与者。在法律商谈中，法律言语不再仅是作为主体的人对作为客体的法律生活认识的描述，而是法律生活中各主体间交往行动有效性的驱动力。②

从民事诉讼程序的大背景来看，民事诉讼作为实现社会正义的特殊社会活动，理应是法官与当事人在一定时间和空间范围内以自己的行动进行相互交往及相互作用的过程，最终对争议作出确定的裁判。然而，在职权探知模式下，法官是查明事实、解决纠纷的唯一主体，以追求客观真实为终极目标，采取赫拉克勒斯式独断方式，当事人的事实及证据主张仅是法官获取信息的来源之一，对裁判结果不产生约束力。我国在很长一段时间

---

① ［德］哈贝马斯：《在事实与规范之间——关于法律和民主法治国的商谈理论》，童世骏译，生活·读书·新知三联书店2003年版，第287—290页。
② 孙桂林：《哈贝马斯的法律商谈理论及其中国化的意义》，载《法学杂志》2010年第3期。

内，法院作为整个诉讼程序的主宰者和管理者，可以将当事人未主张的事实作为裁判基础，可以在当事人主张之外调查证据，学者将其称为"非约束性辩论原则"，当事人的辩论内容对法官的裁判不形成约束。①

主体间性的交往模式，在法庭程序中考虑法官视角和公民视角，强调双方的商谈和论辩，与当事人主义诉讼模式强调当事人的主体地位具有契合性，"双方当事人彼此之间以及和法官之间围绕主张和证据展开信息交流和反应的相互作用过程"，"这三方面信息交换和意识疏通的数量和质量决定了当事人主义诉讼本身的质量"。② 当事人是程序参与主体，有知情权和参与权，富有意义地参与程序并能够实质性地影响裁判结果。因此，当事人主义诉讼模式强调当事人的程序主体地位，基本符合交往行为和商谈理论描述的情景。

法官释明权是法官与当事人之间交往的媒介，一方面法官通过释明探明当事人的诉讼本意，以当事人声明主张和事实主张作为裁判依据，不做越俎代庖的扩大解释；另一方面法官通过释明开示自身的临时心证和法律观点，启发当事人在事实和法律范围内进行更加充分的论辩，当事人不再是被动接受审理和裁判结果的客体和工具，而是与法官共同积极参与程序，影响裁判结果的程序参与者。

### （二）互动沟通和交往理性

交往行为是多个主体借助语言的媒介通过行为互动达成相互理解和共识的行为，交往理性建立在充分的商谈和论辩基础上。交往行为主体间性特征决定了主体对自身行为过程具有独立的反思能力，在交往行为中不是首先以自我的成就为取向，而是试图相互理解彼此的行动状况，"能够在

---

① 张卫平：《我国民事诉讼辩论原则重述》，载《法学研究》1996年第6期。
② ［日］谷口安平：《程序的正义与诉讼》，刘荣军、王亚新译，中国政法大学出版社2002年版，第78页。

共同状况规定的基础上相互协调他们的行为计划",① 从而达成充分沟通和相互理解基础上的共识。不同于追求客观世界的真理性——工具理性，交往行为通过重建交往合理性，用价值理性来平衡工具理性，以真理性、正确性和真诚性作为实现的前提条件。如前所述，当事人主义诉讼模式为交往行为和商谈创造了环境条件，然而，纯粹当事人主义诉讼模式希望通过对抗格局发现真相，将法官定位在绝对消极中立的"裁判员"角色上，一定程度上阻隔了法官与当事人之间的必要交往沟通。

我国20世纪80年代末开始的民事审判方式改革强化当事人的主体地位，缩减了法院依职权调取证据的职权。然而，当事人主义并非将当事人与法官放在彼此对立、隔绝的位置上，否则就会从法官单向主宰诉讼的极端走向当事人单向主导诉讼的极端。以我国证据失权制度的发展历程为例，2001年《民事诉讼证据规定》在证据适时提出主义理念下规定了严格的证据失权制度，要求当事人在举证期限内提交证据，法院不再主动调查，当事人如果逾期举证将产生证据失权的不利后果。然而，由于缺少必要的沟通性程序设置，当事人可能并不知道自己忽略了证明案件主要事实的关键证据。法官的超然处之，证据的骤然关门，有可能使得部分当事人孤立无助，不仅让缺乏诉讼经验和法律常识的当事人无所适从，也容易产生偏离实质正义的结果。承担证明责任的一方当事人因举证不及时、不充分而承担败诉后果，当事人不得不诉诸上诉、再审，或者通过信访、投诉、举报等非诉方式主张权利救济。实践中，法院基于发现真相和实现实质正义的考虑，将逾期举证的证据也作为裁判基础，证据失权的适用空间大大缩减。为适应形势要求，2017年《民事诉讼法》对证据提出要求作出调整，当事人逾期提供证据的，人民法院应当责令其说明理由，拒不说明理由或者理由不成立的，人民法院根据不同情形可以不予采纳该证据，

---

① 包亚明主编：《现代性的地平线——哈贝马斯访谈录》，李安东、段怀清译，上海人民出版社1997年版，第137页。

或者采纳该证据但予以训诫、罚款，2023年《民事诉讼法》亦作此规定。2019年《民事诉讼证据规定》将当事人按期举证确有困难界定为"存在举证能力等客观障碍"，进一步强调不能排除非主观逾期举证。

现代法官释明权制度不再局限于以由法官单向引导当事人，以弥补当事人诉讼能力不足为目的，而是改变了当事人纯粹竞技和对抗的格局，强调沟通和交流，法官在当事人辩论权和处分权范围内作出必要启发，为当事人提供一个权衡程序利益与实体利益的机会，教促当事人在预判裁判结果的基础上进行充分而有针对性的论辩。与竞技行为模式下以实现自我目的为中心的工具理性相比，法官释明权具有交往理性色彩，强调沟通与共识，在当事人之间、法官与当事人之间搭建了沟通平台，法官与当事人就事实和法律问题共同讨论交流，促进相互理解与真诚理性交往，更加接近事实发现的真相和纠纷解决的实质正义，是诉讼各方最终追求的共识。

其一，法官释明权便于法官探明当事人的真实意图，避免纠纷解决偏离当事人诉讼本意。由于法律生活的复杂化，当事人可能无法明确地提出特定的权利主张事项，或者无法判断要件事实的重要性，无法及时地提出要件事实及证据资料。我国过去严格的证据失权制度难以在司法实践中落地，一个很重要的原因就是当事人并不具备审时度势提出必要证据的能力。法官释明权制度要求法官在发生上述情形时，应当以当事人陈述事实为基础，以当事人提供证据为线索，及时向当事人探明真意，包括提醒和启发当事人把不明确的予以澄清，把不充分的予以补充，把不当的予以排除，必要时允许其提出新的诉讼资料。

其二，法官释明权便于当事人探知法官的心证及法律见解，避免突袭裁判。纯粹当事人主义诉讼模式下，当事人单方输出信息，法官被动接受信息，法官释明权则是强化法官与当事人之间的信息沟通，双方可以就事实和法律问题展开讨论。具体来说有两层含义：一是当事人对法官的法律见解的探知，避免法律适用的突袭。事实与法牵连难分，如果当事人与法院所理解的法律依据存在差异，当事人难以预料法院的法律见解，无法对事实与法律问题进行充分辩论，"当事人对有关事实的支配权与认可法院的法解释适用权限的矛盾需要释明权加以缓和"。① 二是当事人对法官认定事实的推理过程的探知，避免推理过程的突袭。尽管当事人负有证明责任，但误解了法官的心证就有不能充分举证的危险，"当事人举证的责任与法官自由心证的隐秘性的矛盾需要释明权加以调整"。②

### （三）商谈的语境

理想的商谈语境包括肯定性命题主张的有效性，言谈者的主观真诚性，言语的清晰性和可理解性等。哈贝马斯认为，行为者在交往时必须预设理想化的语用学前提，"只有语言交往对行动者的目的行为作出一定限制"，才能化解事实性与有效性之间的张力。③ 商谈最为重要的是商谈主体能够平等地交流见解，在相互理解的基础上达成共识。所有参与者相互合作地按照所有人的平等利益协调行为，不采取工具性和策略性态度。④

诚然，当事人主义诉讼模式为交往行为创造了制度空间，当事人实质性参与诉讼程序并形成观点交锋，法官的裁判建立在当事人的事实及证据材料基础上。它区别于职权探知主义模式下法官单一主体发现客观世界真相的诉讼格局，既保障双方当事人的互动参与，也形成法官与当事人之间的互动与制约。然而，纯粹当事人主义诉讼模式过分强调当事人主导权，其对抗格局对当事人的言语行为并未作出必要限制，当事人为追求个体利益的最大化，将语言的功能予以工具化和片面化，背离交往行为表达真诚

---

① ［日］山本和彦：《民事诉讼中关于法律问题的审理构造》（4），载《法学论丛》120卷第1号（1997年）。转引自熊跃敏：《民事诉讼中法院的释明：法理、规则与判例——以日本民事诉讼为中心的考察》，载《比较法研究》2004年第6期。
② ［日］山本和彦：《民事诉讼中关于法律问题的审理构造》（4），载《法学论丛》120卷第1号（1997年）。转引自熊跃敏：《民事诉讼中法院的释明：法理、规则与判例——以日本民事诉讼为中心的考察》，载《比较法研究》2004年第6期。
③ ［德］哈贝马斯：《后形而上学思想》，曹卫东、付德根译，译林出版社2001年版，第53页。
④ 汪行福：《通向话语民主之路：与哈贝马斯对话》，四川人民出版社2002年版，第192页。

性的要求，通过迟延举证、虚假陈述等策略性手段侥幸取胜，在金钱与技术胜于真理的道路上渐行渐远。法官被定位在绝对消极中立的"裁判员"角色上，反而阻隔了法官与当事人之间的交往沟通，具体表现在两个方面，即当事人对诉讼资料或法官对心证有所保留，当事人因法律知识欠缺导致处分权受限。

20世纪70年代以来，"协同主义"理念对法官与当事人之间的权限分配格局产生影响，兼顾当事人诉讼权利保障和法官对诉讼程序的一定控制权，民事诉讼不再是当事人之间的对立抗争关系，而是法官与当事人、当事人之间的协同关系。1972年，德国学者贝特曼首先提出"协同主义"概念。1978年，德国著名法官鲁道夫·瓦瑟尔曼进而提出"自由主义诉讼模式"和"社会的民事诉讼模式"。前者是指19世纪的民事诉讼模式，以辩论主义为思想基础；后者是指德国战后的民事诉讼模式，以协同主义为思想基础。传统辩论主义强调，当事人负有主张责任和举证责任，法官恪守不干预的原则。协同主义对传统辩论主义作出修正，法院职权不断加强，法院和当事人之间的权利义务发生重大调整，不再是一方完全支配诉讼，而是加强当事人之间、当事人与法官之间的沟通交流，以达成共识、妥当解决纷争为目的。

法官释明权正是促进法官与当事人交往沟通的平台，一方面，通过救济弱势当事人，起到制约策略性行为的作用；另一方面，通过探明当事人真意及开示法官心证和法律见解，起到促进法官与当事人之间沟通的作用。因此，只有在信息对称的前提下，法官与当事人才能具有平等沟通、彼此理解的良好基础，只有在当事人双方能力相当的条件下，才能达成相互理解与合作基础上的共识。此外，彼此真诚的商谈源自程序有效性，交往各方的言语不具有单方的强迫性，而是在平等交流和相互理解的基础上不断修正自身。法官释明权强调法官的释明只是启发、晓谕和提示当事人对某些事实和法律问题予以足够注意，但并非越俎代庖代替当事人作出选

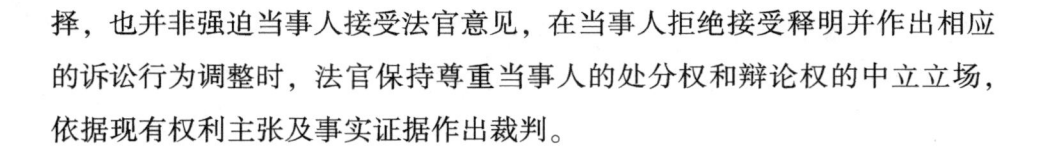

择，也并非强迫当事人接受法官意见，在当事人拒绝接受释明并作出相应的诉讼行为调整时，法官保持尊重当事人的处分权和辩论权的中立立场，依据现有权利主张及事实证据作出裁判。

### （四）共识的可接受性

交往行为理论及商谈理论之所以能解决合法性危机，关键在于程序的有效性促成了共识的可接受性。交往主体之间彼此的沟通和理解，弥合了法律的事实性与有效性之间的张力，使得法律的约束力不是外在强加，而是基于各方参与和相互影响，使得结果更可接受，法律具有合法性和合法律性。①

现代法官释明权已不局限于法官单向救济弱势当事人，而是法官与当事人共同就事实和法律问题进行讨论，符合法庭上的法律商谈特征，即"法官为确保裁判的可接受度，在参与者和公众面前说明论证案件事实及判决理由"。② 学界通常将现代法官释明权的功能延展解读为赋予当事人知情权，避免突袭裁判。从商谈理论角度来看，法官释明权制度正是为法官与当事人提供了沟通平台，以沟通代替对抗，以达成共识为宗旨，从而使得裁判结果更加具有可预期性和可接受性。当事人有机会知晓法官对案件的初步判断，从而反思自身攻防措施是否需要补充或调整，法官也有机会知晓当事人的诉讼意图，从而反思裁判内容是否符合请求范围。正是在一次次的信息交互中，法官与当事人在充分阐述自身观点和倾听对方观点的基础上不断修正自身观点，最终达成事实发现接近真相和纠纷解决接近实质正义的理想共识，而裁判内容的可接受性正是源自充分沟通基础上的共识。

---

① 参见孙国东：《哈贝马斯的商谈合法化理论》，载《学术探索》2024年第11期。
② ［德］哈贝马斯：《在事实与规范之间——关于法律和民主法治国的商谈理论》，童世骏译，生活·读书·新知三联书店2003年版，第287—290页。

## 第三节 价值基础：实质正义与程序正义

### 一、以实现实质正义为终极目标

约翰·马歇尔·哈兰法官曾说，如果正当程序仅仅是程序的守护者，那么在生命、自由或者财产被立法剥夺的情况下，程序保障对此将无能为力，即使在将来立法甚至可能给予最公正合理的程序……但尽管如此，也已经破坏了人们对生命、自由或财产三者所享有的乐趣。① 由此可见，实质正义是正义的本源，离开了实质正义，程序正义的独立价值将成为无本之木、无源之水，二者是辩证统一关系。因此，实现实质正义是终极目标，程序设置应当有助于发现事实真相，实现法律价值。在诉讼程序的正当性与纠纷解决的妥当性发生冲突的情况下，法官释明权具有矫正正当程序原理内在局限性的功能，旨在保障程序规则下实质正义的实现。

#### （一）接近事实真相

诉讼真实观关注究竟是否要追求事实真相，直接关系到证据规则和程序规范的设置，客观真实说和法律真实说，对此有不同的思考。

客观真实是指"在诉讼中司法人员运用证据所认定的案件事实符合客观发生的案件实际情况，也就是我们通常所说的查明（判明）案件事实真

---

① ［美］约翰·V. 奥尔特：《正当法律程序简史》，杨明成、陈霜玲译，商务印书馆2006年版，第6页。

相，是主观符合客观的真实"。① 传统的客观真实说认为，只要发挥主观能动性就能够查明案件真相。

随着诉讼价值多元化的发展，学界认识到传统的客观真实仅关注实体公正，对程序正义和诉讼效率的价值关注不够。② 受诉讼程序、时间维度和调查手段的限制，民事诉讼中查明的全部事实很难达到与生活世界中的客观事实高度一致。因此，在追求客观真实的过程中，发展出法律真实说的观点。

法律真实说通常认为，法院在裁判中对事实的认定遵循证据规则，符合民事诉讼证明标准，即可视为真实。③ 法律真实说的逻辑前提是，法律是自足的有机体，查明事实被纯粹地理解为查明当事人提供的事实证据，认为经过程序规范体系过滤整合的法律事实，即达到了形式上精确的法律真实。客观真实不再是终极追求目标，举证责任的后果责任和败诉风险被放大，导致有限证明下的法律真实与实际真相可能相去甚远，甚至因某些权利要件事实被掩盖而导致当事人权利无法获得司法保护。因此，法律真实观下形式上的精确法律真实，难以接受社会的、道德的等外部视角检验。

从比较法的角度来看，无论是大陆法系还是英美法系，均将发现真实作为民事诉讼的真谛。古典当事人主义将当事人视为自身利益的最佳判断者和维护者，通过其充分辩论和积极对抗来发现案件事实。当自由主义的民事诉讼发展到社会型的民事诉讼后，当事人之间诉讼能力的实际不平衡，成为调整当事人与法官作用分配机制的动力。英美法系的强制性证据开示制度规定，负有证明责任和不负证明责任的当事人均有提供证据的义

---

① 陈光中：《关于刑事证据立法的若干问题》，载《南京大学法律评论》2000年春季号。
② 陈光中、李玉华、陈学权：《诉讼真实与证明标准改革》，载《政法论坛》2009年第2期。
③ 关于法律真实说的论述，在以下文献中有所体现，毕玉谦：《证明标准研究》，载陈光中、江伟主编：《诉讼法论丛》（第3卷），法律出版社1999年版，第475页以下；李浩：《我国民事证明制度的问题与原因》，载王利明、江伟主编：《中国民事证据的立法研究与应用》，人民法院出版社2000年版，第161页以下。

务，强化了审前准备程序的法官争点整理职权。大陆法系的法官诉讼指挥权得到强化，法官在审理中主动询问当事人、证人，进行证据调查。这都足以说明当事人主义并非将法官与当事人绝对对立起来，法官不是消极的正义生产者，"需要根据自己的才情、知识和良知对案件真相求索，而不是纯粹消极、中立或无为而治"。[①]

在反思形式真实对实质正义破坏的过程中，人们认识到，追求客观真实仍是民事诉讼的最高理念。审理中查明的案件事实，应当是关于真实的事实，而不是形式真实或法律真实。在证据裁判主义下，证据的客观性和确定性为主观认识提供了可能性，法庭科技的发展也扩展了取证查证的范围，提升了法官对证据的认知水平，虽无法也没必要还原全部已发生事实，但对与权利主张密切相关的法律要件事实，还是应当努力接近真相。

客观真实说经修正后重新登上历史舞台，具体包括三方面内容：（1）法官对案件的认识必须以案件事实为基础，不可主观臆断；（2）终极意义上，承认案件事实是可以认识的，诉讼制度应以发现案件事实为基本目的，在程序安定与程序变革之间找到平衡点；（3）在具体诉讼过程中，遵循法定诉讼程序得出的符合法定证明标准的事实，应当作为法官裁判的基础事实。[②] 修正后的客观真实说承认人能够认知客观存在，应当努力接近之，而更加接近也更能被当事人接受，而不是盲目地以无法查清事实作出裁判，避免程序形式化、机械化。

在发现案件事实的过程中，法官和当事人需要共同努力去接近事实真相。在辩论主义的框架下，当事人仍然占主导地位，有权决定争议焦点，自认无争议事实，有义务提供证据证明事实。然而，当事人仅凭借朴素的正义观和对生活事实的理解，很难满足对权利主张所需要的全部法律要件事实的证明。法官释明权在产生之初就是弥补纯粹辩论主义的缺陷，当事

---

[①] 肖建华：《民事诉讼案件事实发现的路径——评〈关于民事诉讼证据的若干规定〉》，载《证据科学》2020年第3期。

[②] 江伟、吴泽勇：《证据法若干基本问题的法哲学分析》，载《中国法学》2002年第1期。

人出现事实证明的困惑或误解时，法官认为可能影响到裁判结果，就应当以公开临时心证的方式，释明当事人明确、补充遗漏的法律要件事实，对于证明要件事实的证据予以补强。发展到后期，法官释明还能启发当事人提出新的诉讼资料，从而避免法官心证隐秘性与当事人证明能力不足之间的矛盾。

## （二）平衡证据失权的不利影响

民事诉讼失权的正当性源自对诉讼效率和时间经济性的认同，法律首先赋予诉讼主体权利或权力，如果要加以限制，其中一个方法就是使其失去权利或权力。[①] 证据失权制度是证据适时提出主义的产物，对于逾期提出的证据予以排除，旨在通过指定期间敦促当事人履行诉讼义务，满足集中审理需求，是民事程序自治程度的体现，兼顾程序效率与程序安定性。

事实上，纯粹的证据适时提出主义很难实现，证据失权制度在追求效率的同时也追求实质正义。发现真实是两大法系共同追求的目标，英美法系采取"严格的时限+充分举证权利+完备的审前准备程序+法官较少干预+不间断的集中审理主义"，大陆法系采取"宽松的举证时限+较弱的举证权利+简约的审前准备程序+法官积极干预+间断审理主义"。[②]

以德国为例，1924年和1933年《德国民事诉讼法》已开始限制事后陈述的合法性，1976年《简化修订法》更加强调集中审理主义，规定多个辩论期日，但实际效果并不理想，在联邦宪法法院和高等法院的约束性判例的压力下，失权规定越来越被看作"钝刀"，法官付出更多劳动，程序拖得更长。[③] 法官如果武断地适用证据失权制度，容易导致错误裁判，从而使得当事人因担心遭遇失权不利后果而提出所有能想到的主张和证

---

① 张卫平：《论民事诉讼中失权的正义性》，载《法学研究》1999年第6期。
② 肖建华：《回归真实：民事诉讼法的真谛——对〈关于民事诉讼证据的若干规定〉的批判》，载《河南省政法管理干部学院学报》2006年第1期。
③ [德] 奥特马·尧厄尼希：《民事诉讼法》，周翠译，法律出版社2003年版，第157页。

据，反而导致诉讼延迟。2014年《德国民事诉讼法》设置了有条件的证据失权制度，不至于导致延迟诉讼的终结和当事人对逾期举证没有过失的，可以准许逾期提出的攻击防御方法。①

随着大陆法系协同主义理念的发展，当事人与法院有义务共同促进诉讼，在承认当事人主导权的同时，法院推动诉讼的诉讼指挥权不断加强，在程序上更加重视准备程序对集中审理的促进作用。为追求实质正义，慎重适用证据失权制度是主要基调，程序设置更加关注准备阶段的争点整理和证据固定，致力于将法官释明权扩展延伸到准备程序。法官通过释明公开临时心证，就当事人举证进行启发提醒，一定程度上打消当事人对证据失权不利后果的担忧，当事人对法官的临时心证和内心确信有一定预期，也能避免过度举证带来新的诉讼迟延。

绝对实体公正观否认实体公正可以经由正当程序加以限制，对证据失权的正当性质疑。诚然，我们不能将程序正义孤立对待，但证据失权并非必然导致实质不公正，证据失权制度的正当性在于保障当事人充分的程序参与权。法官释明权的适用，使得当事人能够知晓法官在事实上和法律上的过程性判断，有机会修正或补充自己的主张，有针对性地提出证据，并且明确自身的举证行为责任。基于这样的程序设置，当事人实质性参与到举证环节，能有效减少不必要的逾期举证，从而使得证据失权制裁更有说服力。

因此，从兼顾实质正义与诉讼经济的角度来看，在事后有条件采信证据的同时，也可以采取事前保障，在举证阶段适用法官释明。法官应引导当事人围绕案件争点充分举证，既能避免当事人的证据突袭，又能避免法

---

① 2014年《德国民事诉讼法》第296条规定，超出法定期间提出攻击防御方法时，只有法院依自由心证认为准许提出不至于延迟诉讼的终结，或者当事人就逾期没有过失的，方可准许；未在必要和适当的时候提出攻击防御方法时，如果法院依自由心证认为逾期提出或通知足以迟延诉讼的终结，且当事人对逾期有重大过失的，可以驳回。参见《德国民事诉讼法》，丁启明译，厦门大学出版社2016年版，第70页。

官因心证隐秘而带来的裁判突袭，平衡证据失权带来的过度举证或举证不足的不利影响，当事人经释明后仍发生主观上的逾期举证，适用证据失权制度也更有正当性。

### （三）探明当事人的诉讼本意

当事人的诉辩主张是裁判的基础，法官不能作出诉外裁判。然而，由于法律生活的复杂化，如果当事人只是因法律知识的欠缺而丧失请求主张权利的机会，法官不应对本应胜诉的当事人败诉视而不见，或者当事人的诉讼本意并不为法官所知晓，法官仅是根据事实表象作出裁判，这都不是实质正义所追求的结果。大陆法系法官释明权制度要求法官在发生上述情形时，以当事人陈述事实为基础，通过发问、晓谕等方式，及时向当事人探明诉讼真意，包括提醒和启发当事人澄清不明确的，补充不充分的，排除不恰当的。

对于探明当事人诉讼本意的正当性理解，在我国显得尤为重要。我国从 2001 年《民事诉讼证据规定》的"告知当事人可以变更诉讼请求"到 2019 年《民事诉讼证据规定》的"作为焦点问题进行审理"，由法官主动判断逐渐回归探明当事人本意。2001 年《民事诉讼证据规定》第 35 条原则性规定法官应当告知当事人可以变更诉讼请求，并未明确规定适用条件和范围，法官的告知是否逾越当事人处分权范围，有代替当事人选择权利之嫌，不仅在学界争议较大，在实务界也没有统一的适用标准。在反对告知变更诉求的观点中，最核心的理由有二：一是该规定忽略了当事人处分权的行使，混淆了告知变更诉讼请求与告知变更法律关系，导致出现不须告知而告知的案件；[①] 二是被告知方实际成了法官观点的代言人，辩论的

---

[①] 周寓先、黄穗：《告知变更诉讼请求的正当界址——〈民事证据规定〉第 35 条实践之于文本的背离与回归》，载贺荣主编：《深化司法改革与行政审判实践研究——全国法院第 28 届学术讨论会获奖论文集》（上），人民法院出版社 2017 年版，第 511—519 页。

实质成了当事人与法官的辩论，破坏双方平等对抗。①

实践中，对于告知变更诉求的释明范围、释明方式存在较大分歧，尤其是上下级法院针对法律关系性质或民事行为效力存在认识不一致时，释明的边界很难掌握。最高人民法院的判决指出，当立案案由与当事人选定的诉讼标的法律性质不一致时，一审法院无须告知变更诉求，应当挖掘并尊重当事人的真意。②考虑到释明问题在理论和实践中争议较大，2019年《民事诉讼证据规定》对 2001 年《民事诉讼证据规定》第 35 条进行修改，修正为第 53 条"作为焦点问题进行审理"，除非法律关系性质对裁判理由及结果没有影响或当事人充分辩论过，否则法官应当将当事人认识不同的法律关系性质或民事行为效力相关内容作为争议焦点，探明当事人诉讼真意，保障其充分辩论的目的，通过程序设置解决法官释明权滥用问题。

### （四）实现法律价值

现代法律文明的发展进程中，裁判经历了从神谕性到人的理性的过程，反复实施的行为惯例逐渐上升为共识融入预期，对于处理法律问题的准则开始具有严密的逻辑性和通则化。③法律规范逐渐演进为一套具有内在逻辑理性的技术体系，鉴于法律推理区别于科学推理的唯一确定性，法律的专业化程度之高，法官和当事人会出现法律认知分野，职业法官可以针对案件事实做法律规范比对和检索，而当事人未受过职业法律训练，其权利主张倾向于是生活世界的朴素观点与粗浅法律认识的结合，不善于找

---

① 武胜建、叶新火：《从阐明看法官请求变更告知义务》，载《法学》2003 年第 3 期。
② 参见最高人民法院 2017 最高法民终 229 号判决书，该案一审案由为票据追索权纠纷，原告在一审庭前会议中明确表示，依据《转贴现合同》约定以被告未按约履行支付票据款项义务为由提起本案诉讼，请求权基础为合同之诉，被告明确知晓该主张，故不存在一审法院需要释明的情形，也未剥夺被告诉讼权利。一审法院认定本案系票据追索权纠纷有误，二审法院纠正为合同纠纷，并维持一审正确的判决结果。
③ ［德］马克斯·韦伯：《经济与社会》（第二卷）（上），阎克文译，上海人民出版社 2019 年版，第 1077 页。

寻朴素正义观与法律价值的契合点。如果一味强调"法官知法",实际上阻隔了法官与当事人之间的必要交往,可能偏离实质正义。

"法官知法"是减轻当事人相应的证明负担,并非剥夺当事人就法律问题享有的知情权和参与权。法官释明权制度从最初的救济弱势当事人走向促进法官与当事人的双向沟通交流,包含事实和法律的交流。裁判文书是传递法律价值的重要载体,审理过程则承载找寻法律价值的功能,法官有义务开示其法律见解,促使当事人就法律问题进一步辩论,锁定诉讼标的具体所指,帮助当事人共同判断法律价值与本案事实的契合度,找寻最适合本案的法律,避免当事人受到突袭裁判的不意打击。

从比较法视角来看,大陆法系国家从赋予当事人充分提出诉讼资料的机会,免受来自法院突袭裁判的程序保障观念出发,相继规定并进一步强调法律观点指出义务。[1] 1909 年《德国民事诉讼法》开始将释明扩大至法律问题,1924 年将事实和法律讨论义务扩展适用于普通程序。[2]《日本民事诉讼法》亦规定,法官应当向当事人开示法的观点,并让当事人与法院充分讨论。[3]《法国民事诉讼法》自 1975 年开始规定,法官可以要求当事人就解决争议必要内容作出事实上和法律上的说明,涵盖庭前准备和庭审阶段,法官事先未提请当事人陈述意见,不得以其依职权提出的法律上的理由作为裁判决定之根据。[4]

---

[1] 熊跃敏:《民事诉讼中法院的法律观点指出义务:法理、规则与判例——以德国民事诉讼为中心的考察》,载《中国法学》2008 年第 4 期。

[2] 参见张卫平:《程序公正实现中的冲突与衡平——外国民事诉讼研究引论》,成都出版社 1993 年版,第 27—30 页。

[3] [日] 高桥宏志:《民事诉讼法:制度与理论的深层分析》,林剑锋译,法律出版社 2003 年版,第 367 页。

[4]《法国新民事诉讼法典》,罗结珍译,中国法制出版社 1999 年版,第 7—10 页。

## 二、以实现程序正义为基本准则

### （一）保障平等参与权

纯粹当事人主义诉讼模式以古典辩论主义和处分权主义为两大支柱，以当事人为实体和程序利益的最大知情者和获益者，强调平等对抗下的权利主张和事实发现。而双方当事人无法实现实质平等，没有法官必要干预的诉讼程序容易异化为当事人诉讼策略和律师技巧驱使的工具，导致诉讼迟延，偏离实质正义。

法官释明权通过影响当事人的诉讼能力间接达到协调双方当事人实质的平等参与。其一，法官释明权能够约束当事人的策略性行为，促使双方理性沟通。在纯粹当事人主义诉讼模式下，诉讼能力强的一方通过运用程序技巧获得话语霸权，从而侥幸取胜，是典型的策略性行为。这种策略性行为需要通过交往行为来平衡，以外界约束来制衡。实现双方理性交往的重要条件就是，双方获得相当的诉讼能力，能在妥协与合作中共同寻求纠纷解决的出路。其二，法官释明权能够协助弱势当事人，促使双方的交往沟通更有实效。法官可以通过提醒和启发当事人针对主张、事实及相关证据进行充分辩论，使对方当事人能明了其本意，围绕争议焦点充分辩论。其三，法官释明权对于双方当事人均有保障作用，法官通过发问或晓谕要求一方当事人明确、补充声明主张或事实证据，也要给予对方充分辩论的机会。如 2007 年《法国民事诉讼法》规定，只要各方当事人对要求其作出说明的法律和事实上的问题未能对席作出解释，审判长就应当命令重开辩论。[1]

---

[1] 《法国新民事诉讼法典——附判例解释》（上册），罗结珍译，法律出版社 2008 年版，第 450 页。

## （二）避免突袭性裁判

突袭性裁判，是指法官在事实认定和法律适用中，未能给予当事人就相关事实与法律问题充分表明意见的机会，导致裁判超出当事人的预期。防止突袭裁判理论旨在保障当事人的程序知情权、参与权和表达权，使其富有意义地参与诉讼程序，对裁判结果产生实质性影响。

纯粹当事人主义诉讼模式下，围绕主张和证据展开的信息交流仅限于双方当事人之间，法官处于被动接受信息的位置。为破除法官心证与法律观点的隐秘性给当事人带来的突然袭击，法官释明权强化了法官与当事人之间的信息沟通，可以就事实及法律问题展开讨论，当事人有机会修正自己对法律和事实的认知，法官也有机会加深对本案事实和法律适用的认知，双方力争达成裁判上的共识。

具体而言，包含两方面内容：其一，法官应当公开认定事实过程，避免发现真实和推理过程的突袭。法官通过自由心证作出事实认定，当事人误解法官心证将面临不能充分举证风险；其二，法官应当公开法律观点，避免法律适用的突袭。事实与法牵连难分，如果当事人无法预料法官的法律观点，就不可能充分辩论。与之相关联，当事人如预测到法官的判断，可以补充有说服力的资料或意见，促使法院审理充实化、集中化，避免扩大诉讼突袭带来的程序不利益。

## （三）促进纠纷一次性解决

实质上的数个单独之诉，在同一诉讼程序内合并审理，不仅便利法院和当事人的诉讼进程，也节省法院及当事人的时间和精力投入，符合诉讼经济原则。随着经济发展水平的提高，纠纷数量逐渐增多，各国在应对民事司法危机中，对诉讼的充实化、诉讼经济逐渐重视。① 在程序设置上，通过承认当事人适格要件的缓和、既判力主观和客观范围的扩张等方式，追求纠纷一次性解决。保障既判力所及之人的合法权益，最有效的方式就是保障其程序参与权，保障其有权参与到诉讼程序中，就特定问题陈述意见，提出诉讼资料予以佐证，富有实质性地影响裁判结果，从而保障既判力扩张的正当性。当事人在诉讼中的陈述，可能包含多项单独之诉的主张，也可能对多数之诉内在关系缺乏准确认知，无法清晰、明确地向法庭表述己方的主张和意见，法官通过释明引导当事人围绕诉讼本意及争议焦点明确、补充、变更主张事项，必要时追加、合并或提起反诉。

### （四）促进集中审理

法官释明权通过协助当事人整理争议焦点，使得审理充实化、集中化，当事人能够围绕争点提出必要的攻击防御方法。随着审理集中化改革的发展，口头辩论期日之外的法官释明开始受到关注。大陆法系传统理论认为，按照直接审理主义和言词辩论主义，当事人的诉讼资料原则上应在言词辩论期日提出并进行审理，庭前准备程序侧重于程序促进作用，故对庭前准备阶段的法官释明权适用持否定态度。然而，在法官完全不介入的情况下，当事人很难了解哪些是本案的基本事实，哪些是争议焦点，哪些证据是必要的，被告也很难进行适当的答辩，从而影响庭审的集中进行，也难以保障实体权益的实现。

当事人完全主导诉讼进程带来的诉讼迟延，是19世纪末以来各国面临的司法危机表现形式之一，促进审理的充实化、迅速化成为各国司法改革的重点。因此，近现代大陆法系国家在反思的基础上开始学习借鉴英美法系的准备程序，将证据随时提出改为证据适时提出，更加关注争点整理

---

① ［英］阿德里安·A.S.朱克曼：《危机中的司法正义：民事程序的比较维度》，载［英］阿德里安·A.S.朱克曼主编：《危机中的民事司法——民事诉讼程序的比较视角》，傅郁林等译，中国政法大学出版社2005年版，第11—30页。

和证据固定,并致力于扩张准备程序法官的职能作用,包括法官释明权的适用。

德国1976年《简化修订法》以来,《德国民事诉讼法》规定法官可以在书面准备程序或先期首次期日程序中书面或口头释明,促进法官与当事人在诉讼早期尽早明确裁判上的重要事实。《日本民事诉讼法》允许法官在口头辩论期日或期日外释明,通过完善争点整理程序和扩充证据收集程序,实现争点和证据的尽快整理,鼓励法官与当事人订立审理计划,促使当事人在准备阶段有机会恰当地提出攻击防御方法。日本学者主张,如何保证形成使法院恰当行使释明权的场景,成为考量、设计争点整理及证据程序的重要目标。① 2007年《法国民事诉讼法》第765条对大审法院的审前准备法官的释明权作出规定,即审前准备法官可以要求律师对可能遗漏或疏忽未陈述作出解释,就解决纷争必要事实提供法律上与事实上的说明。②

---

① [日]奈良次郎:《关于新民事诉讼法与释明权的若干问题》,载《判例时报》,第163号,平成九年,第3—9页。转引自[日]新堂幸司:《新民事诉讼法》,林剑锋译,法律出版社2008年版,第315页。

② 《法国新民事诉讼法典——附判例解释》(上册),罗结珍译,法律出版社2008年版,第776页。

第三章

# 法官释明权的制度沿革与制度内容

# 第三章
## 法官释明权的制度沿革与制度内容

18世纪以来，随着商品经济的发展，人的法律地位发生了从身份到契约的变化，人身依附关系被打破，平等自主的交易主体关系逐步形成，当事人主义诉讼模式应运而生，承认当事人的主体地位，以辩论主义和处分权主义为基石。然而，单纯强调当事人的主导权，将诉讼中的当事人意思自治绝对化，可能产生偏离实质正义的不利后果，也有悖民事诉讼程序价值。因此，有必要在当事人主导和法官职权引导之间寻求平衡点。

法官释明权制度自产生之初依托于大陆法系的当事人主义诉讼模式，并以法官职权进行主义作为法官释明权的适用得以贯穿于整个诉讼程序的机制保证，是法官的实质诉讼指挥权，经历了从法官单方发问，救济弱势当事人到法官与当事人共同讨论交流，强调真诚交往和言谈，以沟通代替对抗，以达成共识为宗旨。"不是当事人的陈述，而是法官与当事人之间进行的法律和事实方面的对话在诉讼中占据了核心地位。"[①] 英美法系在审前准备阶段等环节借鉴法官释明权的做法，要求法官对当事人之间不明确的主张或陈述，可以依职权促使当事人补充说明，给出与争议事项有关的信息，但法官"公断人"角色根深蒂固，当事人对抗与竞技色彩更重，不存在贯穿整个诉讼的典型意义上的法官释明权。

纵观大陆法系的法官释明权制度发展沿革，以事前规范机制和事后救济机制为程序保障，适用范围由事实问题向法律问题延伸，始终在辩论主义和处分权主义的范围内谨慎扩大；适用阶段由口头辩论阶段向审前阶段延伸，全程保障当事人的知情权和参与权，赋予其呈现、修正权利主张及攻击防御方法的机会；行使方式逐渐丰富，以促进双向沟通为目的，不强迫当事人必须接受释明事项，而是启发其思考后作出选择，接受选择的法律后果；事后救济机制与适用范围相呼应，法官释明不当的，当事人可以在程序内寻求救济。

---

① ［德］鲁道夫·瓦瑟尔曼：《从辩论主义到合作主义》，载［德］米夏埃尔·施蒂尔纳编：《德国民事诉讼法学文萃》，赵秀举译，中国政法大学出版社2005年版，第371页。

# 第一节 大陆法系国家的法官释明权制度沿革

## 一、德国法官释明权制度的历史沿革

以普鲁士为主体的德意志帝国1871年宣告成立,作为资本主义发展崛起的统一帝国,自由主义思想占主导地位,而自由主义给诉讼带来的弊端日益显现,加强法官职权被纳入立法。1877年,德国立法最早规定法官释明权制度,《德国民事诉讼法草案》首次提及法官就不明确、不充分的内容向当事人发问,德国立法委员会强调法官应当就确定事实关系有关的陈述与声明,向当事人发问,要求当事人注意。1877年《德国民事诉讼法》第130条纳入草案内容,规定法官应向当事人发问,使当事人阐明其主张,完善补充陈述,声明证据,并为其他与确定事实关系有必要的陈述,对有疑点不确定事项,法官应向当事人阐明并提醒当事人注意。1898年《德国民事诉讼法》的修订重点在于与新颁布的《德国民法典》与《德国商法典》保持一致,条文扩充至1048条,将原第130条内容调整到第139条第1款和第2款,未对法官释明权制度内容进行修改。这一时期的法官释明权适用范围聚焦于事实及证据内容,以补充辩论主义为必要,且适用于审理程序。

1909年、1924年、1933年的三次《德国民事诉讼法》修改,其核心是进一步加强法官在诉讼中的职权,加强辩论的集中化。德国重新统一后,受到奥地利民事诉讼理念影响,德国法亦主张"诉讼并非纯粹是当事人的私人事务，而是政府的社会责任"，①法官职权得到进一步强化，法官释明的适用范围扩大至法律问题。1909年《德国民事诉讼法》第502条规定，在诉讼的口头审理环节，法院应当就当事人之间有争议的事实关系和法律关系与当事人进行讨论，使当事人对其所提出的事实进行充分阐述并作适当的声明。1924年《德国民事诉讼法》加强法官诉讼指导权，引入集中审理原则，在法官释明方面，将1909年《德国民事诉讼法》适用于初审法院的事实和法律讨论义务扩展至第139条的普通程序规定。1933年《德国民事诉讼法》规定了当事人的真实义务及案件的集中审理，为遏制诉讼拖延规定相应措施。②

1976年《简化修订法》更加强调集中审理主义，法官致力于争点整理和证据固定，法官释明权成为法官促进诉讼进程的重要方式，延伸到准备程序。法官可以在先期首次期日程序或书面准备程序通过书面或口头方式释明。法官的法律观点义务被再次强调，第139条规定，审判长应当促使当事人充分说明一切重要事实，并提出有利申请，尤其要在事实说明不够时予以补充，表明证据方法。必要时，审判长应当与当事人共同对事实关系和法律关系进行阐明，并提出发问。第278条规定了法官的法律观点指出义务，促使当事人对忽略的法律观点充分发表意见，与法院共同讨论。③

1999年《德国民事诉讼法》修订，为突出强调法官释明，将第139条的标题改为"法官的释明义务"，具体包括：（1）明确当事人申请或确认申请人的真实目的；（2）致力于当事人完整阐述事实；（3）致力于当事人补充有漏洞的陈述，指示诉之漏洞和不正当性；（4）致力于拆卸当事人

---

① 参见［德］皮特·高特沃德：《民事司法改革：接近司法·成本·效率——德国的视角》，载［英］阿德里安·A. S. 朱克曼主编：《危机中的民事司法——民事诉讼程序的比较视角》，傅郁林等译，中国政法大学出版社2005年版，第199页。
② 参见张卫平：《程序公正实现中的冲突与衡平——外国民事诉讼研究引论》，成都出版社1993年版，第27—30页。
③ 参见常怡主编：《比较民事诉讼法》，中国政法大学出版社2002年版，第505—510页。

事实引证上的法律概念，确保法律涵摄不存在疑点；（5）例外情况促使可能的并与实体相宜的陈述或申请变更，但排除促使当事人提起建立在不同于目前陈述事实基础上的另外申请；（6）促使当事人对法律观点发表意见，从法律方面探讨实体关系和诉讼关系。①

2002年《德国民事诉讼法》强化释明的沟通性，促进法官与当事人充实审理进程，明确对于裁判很重要的事实，在综合旧法第273条、第278条和第139条内容的基础上，新增了法官指示记录义务和当事人补充陈述权，将法院职权审查事项存疑内容纳入释明范围，要求法官给予当事人发表意见的机会，保障其程序参与权，避免突袭裁判。该法第139条规定：（1）必要时，法院应与当事人共同探讨事实和法律问题，促使其及时和完整地陈述一切重要事实，特别是在其事实陈述不充分时加以补充，表明证据方法；（2）一方当事人忽略的或者认为不重要的观点，如果该观点涉及附带请求，且法院已指示并给予陈述机会，允许法院裁判支持该观点，法院的观点有别于双方当事人观点时，也适用本条；（3）法院应注意依职权考虑的争点上存在的疑虑；（4）指示应尽早作出，并记载于案卷，只有当伪造得到证明时，才允许违反案卷内容；（5）一方当事人若无法对法院指示作出即时陈述，法院应当依其申请指定期间，允许其补交书状形式的陈述。②2014年《德国民事诉讼法》与2002年规定完全一致，不仅规定了事实上和法律上的释明内容，也从程序保障的角度规定了职权审查事项存疑点的释明，还规定了记录义务和当事人补充陈述权等配套保障制度。③

德国强调民事诉讼具有社会性，不是当事人完全自主决定的，法官负

---

① ［德］奥特马·尧厄尼希：《民事诉讼法》，周翠译，法律出版社2003年版，第129页。
② 周翠：《2002年〈德国民事诉讼法〉修订理由书》，载陈刚主编：《比较民事诉讼法（2003年卷）》，中国人民大学出版社2004年版，第172页。
③ 丁启明：《德国民事诉讼法百年发展述评》，载齐树洁主编：《东南司法评论》（2015年卷），厦门大学出版社2015年版，第467—480页。

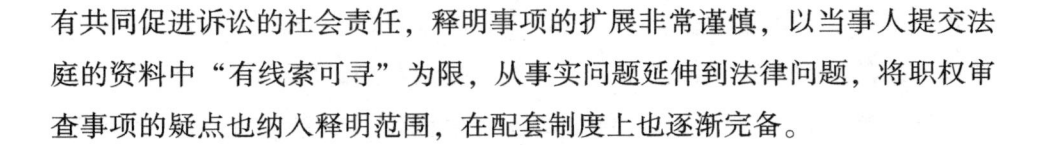

有共同促进诉讼的社会责任，释明事项的扩展非常谨慎，以当事人提交法庭的资料中"有线索可寻"为限，从事实问题延伸到法律问题，将职权审查事项的疑点也纳入释明范围，在配套制度上也逐渐完备。

## 二、日本法官释明权制度的历史沿革

日本明治维新之后，资产阶级力量壮大，政治和经济改革全面展开，明治政府制定的1890年《日本民事诉讼法》，直接继受1877年《德国民事诉讼法》内容，规定了法官释明权内容，法官未尽释明义务，日本最高裁判所倾向于视判决为违法，废弃原判决。然而，事实证明，先进的法律制度与日本的社会生活有很大差距，1926年立法修订将法官释明改为授权性规定，第112条规定法官可以对事实及法律事项向当事人发问或促使当事人声明证据。当时，民事司法改革加强法院促进和控制诉讼的职权，立法新设证据职权调查制度，法官具有依当事人申请查明事实的职责，因此，学说和判例仍将法官释明视为义务。[①]

"二战"后，受英美法系的影响，日本的司法改革以民主性为中心，司法权民主化积极推动了法治现代化的进程。《日本宪法》确立了人权保障等原则，为当事人的听审请求权奠定宪法基础。[②] 1948年《日本民事诉讼法》虽未改变法官释明的条文，但更强调当事人之间的对抗，废除职权证据调查制度，引入英美法系的交叉询问制，将释明视为法官权力，日本最高裁判所亦持消极态度。

20世纪50年代以后，受程序保障理念的影响，日本法要求法官应当适时地向当事人提供意见建议，赋予当事人充分的程序保障权。在1954年判例中，日本最高裁判所认为一审法院未尽到促使当事人充分举证证明

---

[①] 张卫平：《诉讼构架与程式——民事诉讼的法理分析》，清华大学出版社2000年版，第187—188页。

[②] 参见刘薇：《日本第三次司法改革研究》，吉林大学2006年博士学位论文，第45页。

的释明义务。① 随着社会生活的日新月异，旧法已不能适应社会需求，需要注入新的活力充实、促进审理，使国民接近司法，理解司法。② 1990年，日本开始新一轮法典修订，1996年《日本民事诉讼法》扩大释明范围，第149条规定，法官可以在口头辩论期日或者期日之外就有关事实及法律上事项对当事人发问，催促其举证，促成法官与当事人尽早固定争议焦点。

2001年发布的《日本司法改革审议会意见书——支撑21世纪日本的司法制度》，将自由和公正视为法的核心，构建便于国民利用、易于国民理解、易于国民求助的司法体制是本轮司法改革的三大支柱之一，争点中心审理主义仍是实现民事裁判充实化和迅速化的重要支点，新设集中调查证据规定，扩充证据收集程序，修正法官释明权制度，保证法院在必要场合以适当且有效的形式实施诉讼指挥，促进法院和当事人相互协助，共同支持。③

2012年《日本民事诉讼法》第149条对辩论期日或期日外的事实及法律事项释明作出规定，当事人可请求法官必要发问，法官应将可能导致攻击防御方法发生重要变更的释明内容通知相对方。第150条对当事人异议权作出规定。④

日本民事诉讼相关制度经历了职权主义积极释明模式、古典的辩论主义消极释明模式和程序保障指向型积极释明模式三个历史时期，第一阶段和第三阶段虽都主张积极释明，但制度目的经历了从法官单向查明事实手段到保障当事人程序权利的双向沟通阶段，是历史的螺旋式上升。

---

① 张卫平：《民事诉讼"释明"概念的展开》，载《中外法学》2006年第2期。
② [日]竹下守夫：《日本民事诉讼法的修改动向》，刘荣军译，载《外国法译评》1996年第2期。
③ 张卫平、李旺：《日本司法改革审议会意见书——支撑21世纪日本的司法制度》，载张卫平、齐树洁主编：《司法改革论评》（第三辑），中国法制出版社2002年版，第350—409页。
④ 《日本民事诉讼法典》，曹云吉译，厦门大学出版社2017年版，第53页。

## 三、法国法官释明权制度的历史沿革

法国民事诉讼制度起源于罗马法，继受早期教会法和日耳曼诉讼制度的因素，崇尚自由、平等、博爱。拿破仑执政期间，1806 年《法国民事诉讼法》率先确立当事人主义诉讼模式，与自然法思想、社会契约论以及经济自由放任主义思想融合，将纯粹当事人主义推崇到极致，形成解决纠纷的当事人主义优越的浪潮。① 19 世纪末，社会发展带来民事权利的复杂化，面临诉讼急剧增长，1894 年，司法部门将法典修订提上日程，第三、第四、第五共和国时期，法国制定多部程序法修正案，致力于简化法院组织规则和程序规则。②

1975 年《法国民事诉讼法》确立了法官与当事人合作推进诉讼程序的理念，首先体现在"诉讼指导性原则"中（第 1—24 条），在坚持辩论主义和对审原则的基础上，法官负有促进引导审判的职权，不仅规定法官有规定期限与命令各项必要措施的权力，也规定了处分原则，旨在划分当事人与法官在事实和法律方面确定实体问题的权限。总则部分第 7 条规定：法官可以根据呈交法庭的诉讼资料，对当事人可能未特别援用以支持其主张的事实给予说明，不能依据未经法庭辩论的事实作出判决。第 8 条和第 13 条规定，法官可以要求当事人就解决争议必要内容作出事实上和法律上的说明。第 442 条和第 765 条分别规定，法官可以要求当事人在庭审阶段、庭前准备阶段作出事实上和法律上的说明。有特色的是，法国准备程序的法官释明比庭审期间的法官释明更为积极，最大限度减少当事人

---

① 张卫平、陈刚：《法国民事诉讼法导论》，中国政法大学出版社 1997 年版，第 31—32 页。
② ［法］洛克·卡迪特：《民事司法改革：接近司法·诉讼成本·诉讼迟延——法国的视角》，载［英］阿德里安·A.S. 朱克曼主编：《危机中的民事司法——民事诉讼程序的比较视角》，傅郁林等译，中国政法大学出版社 2005 年版，第 295—303 页。

申请取消事前程序终结命令的可能性。①

20世纪90年代以来，法国面临司法信任、诉讼爆炸和自我意识危机，迟延的诉讼，高昂的诉讼成本无法满足人们的司法需求。② 为应对危机，法国政府1998年颁布民事程序法令、1999年颁布针对法国最高司法法院的法令，旨在通过扩大法官的权力促进诉讼程序。③

2007年《法国民事诉讼法》仍保留法官在事实上和法律上的讨论义务，第7条规定，法官不得将未经辩论的事实作为裁判依据，对于在辩论材料中当事人未特别援引支持其诉讼请求的事实，法官可予以考虑；第8条和第13条规定，法官可以要求当事人提供其认为有必要的事实说明和法律说明；④ 第442条规定，审判长与法官可以提请当事人做出其认为必要的法律与事实说明，或者提请各方当事人具体说明看来尚不清楚的问题。⑤

以对审原则为基石，促进法官与当事人合作推进诉讼，是法国司法改革的主旋律，法官释明的内容主要是促进法官与当事人共同讨论事实和法律问题，也是提升司法效率的重要手段。

---

① [法]让·文森、塞尔日·金沙尔：《法国民事诉讼法要义》（上），罗结珍译，中国法制出版社2001年版，第575—578页、第770—785页。
② [法]洛克·卡迪特：《民事司法改革：接近司法·诉讼成本·诉讼迟延——法国的视角》，载[英]阿德里安·A.S.朱克曼主编：《危机中的民事司法——民事诉讼程序的比较视角》，傅郁林等译，中国政法大学出版社2005年版，第295—303页。
③ 韩红俊：《释明义务研究》，西南政法大学2006年博士学位论文，第24页。
④ 《法国新民事诉讼法典——附判例解释》（上册），罗结珍译，法律出版社2008年版，第22—25页。
⑤ 《法国新民事诉讼法典——附判例解释》（上册），罗结珍译，法律出版社2008年版，第449页。

## 第二节　法官释明权的适用范围

法官释明权的适用范围，与法官释明权制度的功能目的密不可分，是对法官行使释明权预先设定的"度"的限制，直接关系到法官的职权干预是否逾越辩论主义和处分权主义的界限。在产生之初，法官释明权旨在"补充和修正辩论主义"，[①] 法官释明权的适用范围主要聚焦于辩论主义下的事实问题，法官通过发问，启发当事人澄清对裁判重要的事实，引导其充分辩论，补充证据，对于声明主张，法官提示当事人明确难以辨认的声明主张，使不明确的事项变得明确。随着民事诉讼由自由主义诉讼观向社会诉讼观的转变，法官的共同责任得到强化，法官和当事人协同助力于追求事实真相和纠纷妥当解决的必经途径，法官释明权被理解为"法院旨在谋求审理充实化、促进化及公平审理实质化的手段"。[②] 释明范围不再局限于对事实和证据的补正，而是发展到法官与当事人就事实和法律问题共同讨论交流，增加了法律观点的释明。通过法律观点释明，当事人能够预期法官对事实和法律问题的认知，有机会就权利主张、事实主张及证据内容作出修正，在此基础上产生了处分权主义领域的释明事项，允许释明促使有事实线索可寻范围内的追加、变更诉讼请求。此外，受集中审理主义的影响，法官释明权的适用阶段从口头辩论阶段延伸到辩论期日之外的准备阶段。这些变化均体现了法官释明权的适用范围有扩大趋势，还有学者提

---

[①] ［日］中村英郎：《新民事诉讼法讲义》，陈刚译，法律出版社 2001 年版，第 178 页。
[②] ［日］新堂幸司：《新民事诉讼法》，林剑锋译，法律出版社 2008 年版，第 314 页。

出不必设置界限，为保证正确裁判和必要保护当事人权利，① 或者为发现真实和妥当解决纠纷，法官释明权没有行使界限。② 主流观点和实务界仍对法官释明权适用范围持谨慎态度，避免法官过度释明带来不利后果。

## 一、适用范围遵循的基本原则

大陆法系国家对辩论主义和处分权主义或多或少作了修正和限制，但是以辩论主义和处分权主义制约国家审判权的理念一直没有动摇。③ 法官释明权仍是以当事人主义诉讼模式为制度基础，其适用范围应当保证法官不重构诉讼。具体而言，各国的法官释明权制度遵循以下基本原则。

### （一）有线索可寻原则

当事人在诉讼中具有主导权，有权决定提交审理的内容，法官释明只是提示、启发其更充分地辩论，敦促其实质性地影响裁判结果，法官与当事人共同推进诉讼进程的充实化，努力接近事实真相和实质正义。无论是事实释明、辩论主义领域释明，还是法律观点释明、处分权主义领域释明，均未逾越当事人意思自治的界限。

法官释明权行使的首要原则是"有线索可寻"，法官从当事人提供的诉讼资料或者声明主张、事实陈述中能显而易见地感知其隐含的某种法律上的意思表示，只是因其法律知识的欠缺而忽略了。法官释明权行使的基本要求就是法官从当事人提交法庭的诉讼资料或当事人的声明主张、抗辩意见、事实陈述中探知其真实意图，这种意图不一定是最准确的理解，也

---

① ［德］鲁道夫·瓦瑟尔曼：《从辩论主义到合作主义》，载［德］米夏埃尔·施蒂尔纳编：《德国民事诉讼法学文萃》，赵秀举译，中国政法大学出版社 2005 年版，第 368 页。
② ［日］奈良次郎：《关于新民事诉讼法与释明权的若干问题》，载《判例时报》，第 163 号，平成九年，第 3—9 页。转引自［日］新堂幸司：《新民事诉讼法》，林剑锋译，法律出版社 2008 年版，第 315 页。
③ 杨荣馨：《民事诉讼原理》，法律出版社 2003 年版，第 115 页。

不一定是最优诉讼策略，但是能反映当事人真实意思表示，是符合法律规定的妥当方式。法官通过释明揭示，即使是要求当事人追加、变更诉讼请求或者提出新的诉讼资料，也是基于当事人暗含的意思表示提出的，不能将法官个人意志强加于当事人，更不能成为一方当事人的代言人。德国学者表示，法官只允许利用当事人提出的事实，不得在当事人提供的诉讼资料之外提示当事人进行事实上和法律上的补正，也不允许促使当事人提出与建立在目前陈述的事实基础不同的基础上的另外的申请。① 日本学者主张，法院促使当事人为诉之变更时超出当事人主张的事实关系提出新理由，应当认定为违反辩论主义。② 对于存在预备合并之诉关系的数个权利主张，德国法规定，如果从当事人提供的诉讼资料及其陈述中能推断其有暗含的意思表示，法官可以释明启发当事人自主对数项请求权排列顺序，如果先位之诉被驳回，后位之诉还能争取获得支持，力争纠纷在一个诉讼中得到妥当解决。③

### （二）不得重构诉讼原则

一次性解决纠纷，符合诉讼经济，也能避免出现矛盾裁判，在程序保障权日益受到重视的今天，一次性解决纠纷成为法官释明权的目的之一。然而，释明也应始终以当事人意愿作为裁判基础，以当事人的声明主张及诉讼资料作为审理对象，不允许"让法官的理智取代当事人的意志，超出当事人意愿范围而改变当事人提交纠纷的性质而重构诉讼"。④

在请求权层面，最为典型的是请求权竞合，当同一事实可以涵摄于侵

---

① ［德］奥特马·尧厄尼希：《民事诉讼法》，周翠译，法律出版社 2003 年版，第 131—133 页。
② ［日］松本博之、上野泰男：《民事诉讼法》（第五版），弘文堂 2008 年版，第 131 页。转引自［日］高桥宏志：《民事诉讼法：制度与理论的深层分析》，林剑锋译，法律出版社 2003 年版，第 359 页。
③ 参见［德］罗森贝克、施瓦布、戈特瓦尔德：《德国民事诉讼法》，李大雪译，中国法制出版社 2007 年版，第 709—710 页。
④ ［德］鲁道夫·瓦瑟尔曼：《从辩论主义到合作主义》，载［德］米夏埃尔·施蒂尔纳编：《德国民事诉讼法学文萃》，赵秀举译，中国政法大学出版社 2005 年版，第 380 页。

权或违约法律规范时，如果当事人明确主张侵权，无论是否完全证明侵权要件事实，法官都不得提示当事人主张违约，否则就构成重构诉讼。在事实层面，法官应当审查请求权基础对应的主要事实，但"不存在促使当事人提起与建立在目前陈述事实基础不同的基础上的另外的申请"。① 以法国为例，根据对审原则，法官不得基于只是作为证据而不是作为主要事实出现在卷宗里的事实作出判决，否则就是重构诉讼，改变了当事人提交纠纷的性质。② 针对同一事实对应多项法律关系，大陆法系国家通常将诉的变更与法律观点释明结合，法官开示当事人忽略的、认为不重要的、与法官认知不一致的法律观点，给予当事人充分辩论的机会，是否作出变更由当事人自行选择。

### （三）具有释明必要性原则

前述两项原则旨在界定法官释明不逾越当事人主义范围，超出范围就是过度释明。释明必要性原则旨在审查法官是否怠于释明，各国在理论上有不同主张，实践中也有不同判例观点，基本围绕"牵连事项""胜败逆转盖然性""当事人合理期待范围""法院对当事人的可期待性"等内容进行论证。

德国学说及判例形成"消极说"、"附限制积极说"和"积极说"等主要观点交锋，后文在介绍德国具体释明制度时将展开阐述。尽管存在不同学说，但释明范围扩大成为历史趋势。日本有学者提出四项判断标准：一是法官释明使裁判结果发生重大变化的盖然性高，促使应胜诉的能胜诉；二是法院认为当事人提出适当申请或主张是可期待的；三是释明能促使纠纷根本性解决；四是法官释明敦促当事人解明事实更为公平。③ 有学

---

① ［德］奥特马·尧厄尼希：《民事诉讼法》，周翠译，法律出版社2003年版，第132页。
② 参见［英］J. A. 乔罗威茨：《民事诉讼程序研究》，吴泽勇译，中国政法大学出版社2008年版，第160页。
③ ［日］新堂幸司：《新民事诉讼法》，林剑锋译，法律出版社2008年版，第316页。

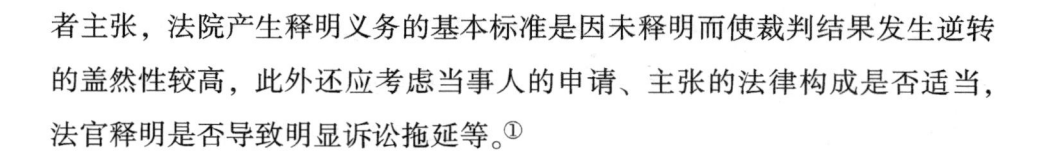

者主张,法院产生释明义务的基本标准是因未释明而使裁判结果发生逆转的盖然性较高,此外还应考虑当事人的申请、主张的法律构成是否适当,法官释明是否导致明显诉讼拖延等。①

## 二、适用范围的具体适用情形

### (一) 权利主张层面的释明②

当事人的诉讼本意表现为朴素的权利主张,包括原告的声明主张、被告的抗辩权、反诉主张等。根据处分权主义要求,当事人有权决定审理对象,但鉴于法律专业性较强,可能存在当事人的权利主张不清楚、不充分、不妥当等情形,法官若未经释明而径行作出裁判,可能产生当事人权益受不利影响的后果。具体而言,法官释明帮助当事人准确地表达权利主张,主要体现在以下几个方面。

1. 当事人的声明主张不明确、不充分的,应当释明

当事人的声明主张不够明确,出现相互矛盾之处,或者法律表达有瑕疵的,法官应当释明探明其真实的诉讼意图,要求当事人将不明确的声明主张予以明确,不因法律表达上的欠缺而掩盖其真实意图,避免应胜诉的当事人无法获得法律上的支持。这是法官释明权制度发生之初就存在的基本形态,法官发现有明确声明主张必要的,应当释明之,当事人未提及的事项,法官不主动发问。从各国实践及判例看,通常包括四种情形。

(1) 当事人的声明主张相互矛盾。在同一权利体系下,不同的行为效力对应不同的请求权基础。以合同权利为例,如果在主张合同无效的同时

---

① [日] 中野贞一郎:《过失的推认》,弘文堂1978年版,第223—235页。转引自[日] 高桥宏志:《民事诉讼法:制度与理论的深层分析》,林剑锋译,法律出版社2003年版,第360页。
② 本书采用权利主张释明的表述,以在诉讼中提出请求权的主张、否认、抵消等为线索,将原告的声明主张、被告的抗辩权、反诉主张等纳入研究范围。

又主张违约责任，就存在合同究竟有效还是无效的矛盾之处，法官应当首先释明要求当事人明确对合同效力的主张，进而明确声明主张是基于合同的何种效力。以德国为例，判例认为，根据《德国民事诉讼法》第139条第1款，原则上允许法官提醒当事人注意没有清楚表述或完全相互矛盾的实体申请，可以建议当事人救助申请。①

（2）当事人声明主张的原因事由不明确。原告在起诉之初可能提出朴素的权利主张，要求赔偿损失、归还原物等，但基于什么原因要求并不清楚，请求权及请求权基础并未明确，法院的审理对象不明确，裁判的既判力范围及于的法律关系也不明确。因此，法官应当释明要求当事人明确主张的权利依据，不同的权利主张对应不同的事实及证据主张，举证难度有所不同，应当赋予当事人充分辩论、举证的机会。在没有释明前，法官不能直接驳回原告的诉讼请求。

实践中比较典型的两类情形值得关注。一是请求权竞合。以德、日民诉理论常见的"电车案件"为例，受害人甲在乘坐电车时，因电车突然刹车而摔倒受伤，甲向法院提起诉讼，请求赔偿损失。这里事实关系只有一个，就是甲因乘坐电车受到伤害，声明主张只有一个，就是甲要求赔偿损失，但请求权和请求权基础规范有两个，即甲可以选择侵权法律关系提出侵权请求权，或选择债权债务法律关系提出债务不履行请求权，出现诉讼标的理论中的请求权竞合。按照"旧实体法说"，以实体请求权为判断基础，不同实体请求权引出不同诉讼标的，但在甄别重复起诉和既判力范围上出现悖论，一个损害事实可能得到两次给付。按照德国学者罗森贝克的二分肢说，基于诉的声明，只有一个事实理由，即刹车导致受伤，原告改变请求权，意味着变更攻击防御方法，未发生诉的变更，两种法律关系均

---

① 《帝国法院民事裁判的官方汇编》（RGZ）（第169卷），第356页。转引自［德］罗尔夫·施蒂尔纳、阿斯特里德·施塔德勒：《法官的积极角色》，载［德］米夏埃尔·施蒂尔纳编：《德国民事诉讼法学文萃》，赵秀举译，中国政法大学出版社2005年版，第419页。

受到既判力约束。① 按照一分肢说，以同一给付为目的的请求即使存在不同事实理由，也是同一诉讼标的，能够通过纠纷一次性解决提高审判效率。② 二是同一声明多个事由，以票据价金给付为例，原告主张被告签发票据作为货款，但拿票据没领到钱，故要求被告给付钱款，背后包含买卖的原因事实和票据的签发事实，前者证明责任重，但执行时效长，后者是无因证券不必就原因事实举证，但执行时效短。按照二分肢说，不同事实理由构成两个诉讼标的，可以提起两次给付请求。按照一分肢说，同一声明主张是一个诉讼标的，但票据关系不成立并不意味着买卖关系也不成立，如果不加区分不允许当事人另诉，也存在不合理之处。按照"新实体法说"，构成请求权竞合，行使其中一个请求权，其他请求权随之消失。

　　无论采用何种诉讼标的理论，当事人在法律上的清晰表达是决定裁判内容的关键，法官释明权制度通过引导当事人明确表述，一定程度上能折中不同学说的弊端。对诉讼标的理论的认识不同，一定程度上影响法官释明的主动性和适用范围。20世纪60年代以来，日本学界广泛讨论新诉讼标的理论，"旧实体法说"失去了通说地位，学者主张尽量将纠纷一次性解决。然而，以最高裁判所为中心的实务界仍沿袭"旧实体法说"，形成这种反差的主要原因在于以当事人对抗为前提的司法裁判模式。在成文法发达的社会，实体法的请求权体系化程度较高，受过系统训练的日本法曹和律师更习惯于从实体请求权出发。法院认为，法官和当事人应当各自担负相应责任，判决效力范围根据实体请求权在事实和权利范围上有明确边界，如果法院的判决效力范围及于整个纠纷，甚至超越原告最初的请求权范围，不仅会加重法官的释明负担，也会加重原告起诉的负担，要将可能

---

① 张卫平：《程序公正实现中的冲突与衡平——外国民事诉讼研究引论》，成都出版社1993年版，第89页。
② 王亚新：《对抗与判定——日本民事诉讼的基本结构》，清华大学出版社2002年版，第93页。

有利的所有情况考虑在内，否则将产生不得重复起诉的后果。①

（3）应当提出的主张没有提出。不同于诉之变更，这种情况发生在同一诉讼标的内。一种情况是基础事实发生变化而原告并未意识到相应调整请求权内容，法官应当以事实线索释明当事人补充不完整的声明主张。在一起日本判例中，原告向被告主张土地使用租金，法院根据事实认定部分租金发生在租赁合同终结后，如果原告主张被告继续使用并获益，则按照《日本民法》规定应视为租赁合同继续，租金成立。但如果原告未主张，法官有必要释明之，要求原告明确是否存在提出被告继续获得收益的主张。② 另一种情况是当事人提出概括性的请求权，具体权利主张不完备。如原告提出解除合同，但未主张合同解除后的恢复原状、返还价金等，通常认为不能割裂地看待二者，应当在一个诉讼中一次性解决，法官应当以当事人事实为依据释明其补充完整。

（4）当事人的诉求具体内容不明确。在请求权同一的前提下，当事人对诉求的具体金额计算可能不明确。比如：在交通事故、医疗事故等侵权之诉中，当事人请求侵权赔偿，但具体金额不明确。这种情形对被告防御及诉讼进程影响不大，各国通常从宽认定。如德国判例要求，法院必须澄清交还申请涉及哪些物。③ 2012 年《日本民事诉讼法》第 248 条规定，裁判所对损害予以认定时，如果对损害的性质及额度举证很困难，裁判所可综合口头辩论内容及查证结果，认定相当的损害金额，不必受原告请求金额的制约。④

---

① 王亚新：《对抗与判定——日本民事诉讼的基本结构》，清华大学出版社 2002 年版，第 90—95 页。
② 1923 年日本大审院判决，载《法律新闻》（第 4800 期）。转引自张卫平：《民事诉讼"释明"概念的展开》，载《中外法学》2006 年第 2 期。
③ [德] 奥特马·尧厄尼希：《民事诉讼法》，周翠译，法律出版社 2003 年版，第 130 页。
④ 《日本民事诉讼法典》，曹云吉译，厦门大学出版社 2017 年版，第 77 页。

2. 当事人的事实主张有线索可寻，应当释明诉之变更或合并①

为追求纠纷一次性解决，法官可以在当事人事实主张范围内晓谕其明确是否作出诉之变更或追加的决定，受处分权主义限制，释明后仍应当由原告斟酌实体及程序利益而作出适当主张，法院不能径行作出不同于原告主张的裁判。对此，各国法律的适用范围尺度不同。

1898 年《德国民事诉讼法》开始允许诉之变更，1924 年后逐渐放宽条件为"被告同意"或"法院认为适当"，广泛适用于一、二审，适当的范围也在逐渐扩大，1976 年《简化修订法》后，能够避免新诉、不需要为新主张及证据声明、不困扰被告、原告不提出全新诉讼资料等情形，均适于诉之变更。与之相关联，法官释明亦适用于诉之变更，1924 年《德国民事诉讼法》要求法官必要时就事实关系及讼争关系与当事人讨论，法官应当致力于纠纷一次性解决，防止无益的诉讼及诉讼反复，当事人不因误认不适当声明而遭受败诉，法官释明赋予其重新调整声明的机会，选择是否为诉之变更，避免再度诉讼。1926 年《日本民事诉讼法》开始允许诉之变更，以不变更请求基础及不致延迟诉讼为限。判例及通说认为，变更应兼顾原告、被告及法院利益，如果被告同意变更或无异议应诉，或者原告基于被告作为防御方法主张事实而变更的，亦允许请求基础变更的诉之变更。日本判例采旧诉讼标的理论，认为法院有教示当事人为诉之变更的释明义务，日本最高裁判所的判例认为，原告如果在同一事实主张上可以主张其他请求权而获得法律支持时，法院有义务释明促使当事人为诉之变更，"暗示其诉讼标的有问题，是否考虑改变诉讼请求"。② 日本承认法官对诉之变更的释明权，是基于释明目的在于校正辩论主义的不合理性，追求接近事实真相和纷争的真正解决。因此，当事人诉争利益及事实关系同

---

① 本段讨论的释明诉之变更，特指"旧实体法说"下的诉讼标的变更，同一诉讼标的的内诉讼请求内容变更，在释明不明确的声明主张部分已作论述。

② [日] 谷口安平：《程序的正义与诉讼》，刘荣军、王亚新译，中国政法大学出版社 2002 年版，第 117—118 页。

一的情况下，如果从诉讼资料和诉讼过程中发现，同一事实关系基于其他法律关系主张，当事人之间纷争能获得根本解决，法官负有诉之变更的积极释明义务，从而"避免同一纷争因法律构成之技术性致其被分段而数度诉讼"。①

预备之诉合并，亦是为满足纠纷一次性解决，避免矛盾裁判而创设的，各国均认为可以将法官释明权作为折中诉讼标的新旧理论的主要方式。日本学者从倡导纠纷一次性解决的角度提出，应积极强化在关联请求合并审判中的积极释明。② 德国判例中，原告在职务责任诉讼中要求实物赔偿，鉴于他只能要求金钱损害赔偿，法院必须建议，原告首先或辅助性地申请金钱赔偿，这可以避免申请实物赔偿之诉被驳回后原告发动金钱赔偿的新诉。③

3. 被告攻击防御方法中暗含反诉请求，可以释明明确

为消灭或妨碍本诉原告的请求权，被告可能从否定法律关系性质、法律行为效力、表达已履行义务等角度提出攻击防御方法，也可能从自身享有相应权利的角度提出攻击防御方法，后者可能暗含反诉请求。反诉与本诉的诉讼标的具有牵连关系，基于同一事实关系或法律行为，通常认为，反诉与本诉攻击防御方法的牵连性表现为，反诉标的即为本诉防御方法。如原告以所有权请求返还不动产，被告以租赁关系主张权利合法性，并反诉确认租赁关系。

当符合反诉提出的程序条件时，法官是否有义务就反诉请求释明，关键在于反诉的提起条件。鉴于反诉的必要性在于诉讼经济和避免矛盾裁判，但也可能造成本诉的迟延，各国的反诉提起条件均要求反诉与本诉具

---

① ［日］中野贞一郎：《诉的变更与释明义务》，载《判例时代》，第279号，昭和四十七年，收录于中野贞一郎：《过失的推认》，弘文堂1978年版，第229页。转引自［日］新堂幸司：《新民事诉讼法》，林剑锋译，法律出版社2008年版，第527页。

② ［日］新堂幸司：《新民事诉讼法》，林剑锋译，法律出版社2008年版，第3—5页。

③ ［德］奥特马·尧厄尼希：《民事诉讼法》，周翠译，法律出版社2003年版，第131页。

有牵连性，适宜在同一诉讼程序中解决，且不至于造成诉讼延迟。因此，法官对于是否反诉一般不予干预，尊重被告的处分权。

比如：日本通说认为，是提起反诉还是采取另诉，原则上授权被告自由选择，只要符合防御方法在实体上成立、请求基础统一性、排除专属管辖等法定条件，仅对人事诉讼规定必须提出反诉。2012 年《日本民事诉讼法》第 146 条规定，被告可以在口头辩论终结前提起反诉，反诉请求应与本诉请求或对本诉请求的攻击防御方法相关联，且不属于专属管辖或导致诉讼延迟的情形，① 故法律未明确规定法官对此有释明义务。日本学者提出，如果反诉与本诉具有共通争点，应扩充适用禁止二重起诉制度，被告只能在本诉系属中提出反诉，那么基于可能出现的失权后果，法官应当对反诉予以释明。②

4. 当事人的事实主张有线索可寻，可以释明抗辩权

民事实体法中包含支配权、形成权、请求权和抗辩权四种权利类型。19 世纪中叶，萨维尼率先提出抗辩权概念，并将其定义为同时具有实体意义和程序意义的法律概念，温德莎伊德进一步将抗辩权从程序中分离出来。德国学者就抗辩权的性质和内容曾存在争议，最终确立"抗辩权不可由法官主动援引"结论，使抗辩权问题具有重大程序意义。③ 正如德国学者梅迪库斯所言，"实体法上最重要的问题，是分清某种辩护手段应自动产生效力，还是仅仅依据被告的相关愿望产生效力"。④ 所谓产生效力的条件，是区分民事实体法中抗辩和抗辩权的问题。二者的主要区别是：

（1）对请求权的效力不同。抗辩是依据民法上特定权利要件事实主张

---

① 《日本民事诉讼法典》，曹云吉译，厦门大学出版社 2017 年版，第 51 页。
② ［日］新堂幸司：《新民事诉讼法》，林剑锋译，法律出版社 2008 年版，第 534 页。
③ ［德］弗里德里希·卡尔·萨维尼：《当代罗马法体系》，Friedrich Carl von Savigny, System des Heutigen Römischen Rechts, ［德］温德莎伊德：《潘德克吞法教科书》（又称《学说汇纂法教科书》），Windscheid/Kipp, Lehrbuch des Pandektenrechts, 参见尹腊梅：《抗辩权的法官释明问题》，载《比较法研究》2006 年第 5 期；参见钟淑健：《民事抗辩及其基本规则研究》，山东大学 2011 年博士学位论文，第 17—19 页。
④ ［德］迪特尔·梅迪库斯：《德国民法总论》，邵建东译，法律出版社 2001 年版，第 82 页。

对方提出的请求权自始不存在或虽存在但已消灭,具有消灭请求权的效力,如合同无效、债务结清、合同不成立等属于抗辩。抗辩权是法律明确规定的阻却请求权行使的权利,不具有消灭请求权的效力,产生拒绝给付效力,如时效抗辩权、不安抗辩权、同时履行抗辩权、保证人先诉抗辩权等。

(2)法院能否主动援引。抗辩的效力关系到权利是否存在,无论当事人是否在诉讼中主动提出,法院均应依职权审查并主动援引。其立法本意是对于完全正当的法律行为不作限制,对于要严格否认合法性的法律行为,规定由此产生的请求权自始不具有效力,介于二者之间的,通过抗辩权的设置,由当事人双方根据意思自治选择是否履行义务。①

在20世纪60年代之前,受实体法抗辩权理论的影响,法官无权就抗辩权进行释明。以时效抗辩权为例,各国民事诉讼法均规定法官不得主动援引之,法官也不作这样的引导。在德国,抗辩权人必须在诉讼中或预备程序中行使抗辩权,否则即使法院知道存在抗辩事实,也可能判决被告履行债务。② 依照汉堡州法院判例,指示被告提出可能的时效抗辩,将构成回避事由。③

随着法官释明权范围扩大,自20世纪70年代以来,对诉讼时效开始允许在有事实线索可寻的前提下探明当事人的诉讼真意。德国学者拉伦茨主张,当援引抗辩权事实时,人们可以看出被告行使抗辩权意愿,有疑问的情况下,法官可以释明。④ 鲁道夫·瓦瑟尔曼认为,如果法官向当事人阐明了诉讼时效已过,因此当事人有权拒绝履行所负担的给付,那么对此

---

① 周枏:《罗马法原论》(下册),商务印书馆1994年版,第828页。
② [德]卡尔·拉伦茨:《德国民法通论》(上册),王晓晔等译,法律出版社2003年版,第331页。
③ [德]奥特马·尧厄尼希:《民事诉讼法》,周翠译,法律出版社2003年版,第65页。
④ [德]卡尔·拉伦茨:《德国民法通论》(上册),王晓晔等译,法律出版社2003年版,第133页。

不应当存在什么疑虑。① 德国判例主张，时效抗辩的指示不是法官的义务，在当事人陈述模糊时可以提示明确之。与此同时，德国强调时效抗辩的释明应当以事实主张为线索，2002 年德国联邦最高法院判例中指出，初审法院主动告知时效抗辩的做法不仅违背消灭时效的立法本意，也违反民事诉讼法释明权的规定。② 日本对抗辩权的释明持消极态度，对于时效抗辩，如果当事人只是未明确提出时效抗辩，法院可释明询问当事人有无援用时效抗辩的意思，日本最高裁判所确立了"即便法院未对时效释明也不构成违法"的判例观点。③ 对于其他典型抗辩权，尤其是根据一方主张事实即可认定的形成权，理论界与实务界存在认识分歧。以留置权为例，日本判例主张，只要当事人没有行使该权利的意思表示，那么法院就不应当负有确认该当事人是否具有行使该权利的意思，或者敦促其行使该权利的职责。而理论界认为这仅仅是对一方当事人增加了附条件给付义务，不会招致全面败诉，因而法官可以释明。④

综上，实体法上抗辩权具有"不由法官主动援引"的特性，为尊重当事人意思自治，诉讼中对抗辩权释明采取消极态度，当事人没有提出抗辩权的意思表示，法官不得主动释明其是否主张抗辩权，不得提示抗辩权事由。考虑到加速审理、集中争点等因素，当事人事实陈述中有相关意思表示的，法官可以释明提示抗辩权的存在。各国普遍认为，抗辩权的释明是法官的权力而不是义务，法官不会因未释明而承担不利后果。

5. 当事人声明主张不妥当的，可以释明去除

去除不当主张的释明是法官的权力，即使未释明也不构成违反法定程

---

① ［德］鲁道夫·瓦瑟尔曼：《从辩论主义到合作主义》，载［德］米夏埃尔·施蒂尔纳编：《德国民事诉讼法学文萃》，赵秀举译，中国政法大学出版社 2005 年版，第 380 页。
② 参见尹腊梅：《抗辩权的法官释明问题》，载《比较法研究》2006 年第 5 期。
③ ［日］伊藤真：《民事诉讼法》，有斐阁 2000 年版，第 266 页。转引自熊跃敏：《民事诉讼中法院释明的实证分析——以释明范围为中心的考察》，载《中国法学》2010 年第 5 期。
④ ［日］高桥宏志：《民事诉讼法：制度与理论的深层分析》，林剑锋译，法律出版社 2003 年版，第 363 页。

序义务，法院可以直接驳回不当的声明主张。以德国为例，如果当事人的陈述毫无意义或带有欺诈性，法官可以释明要求其消除。①

综上所述，权利主张层面的释明，是释明事项中最核心的内容，各国对诉讼标的理论的认识差异造成释明范围的差异。根据释明事项与本次诉讼裁判结果的牵连性，是否具备另诉条件，是否有利于诉讼一次性解决等情形，可以区分为应当释明和可以释明。各国普遍认为，权利主张释明应当以当事人在诉讼中构建事实为线索，超出案件事实的内容，即使是当事人提供的证据材料中反映出其他权利的要件内容，法官也不得释明。

### （二）事实证据层面的释明

生活世界的自然事实进入诉讼后转换为法律事实，尤其是主要事实被三段论涵摄于法律规范的权利要件，事实上的模糊或者缺失可能阻碍请求权基础规范的找寻，事实和证据问题是法官释明权最早介入的领域。以德国为例，1877 年《德国民事诉讼法》规定初级法院的事实释明，1909 年扩大到适用于州法院，1933 年扩大到适用于言词辩论阶段，事实释明适用范围逐渐扩大，法官致力于所有重要事实的完整说明。具体而言，事实证据层面的释明主要包括以下方面：

1. 事实陈述不明确，应当释明澄清

当事人的事实陈述可能存在相互矛盾、模糊不清的情况，法官应当释明其予以明确，探明当事人的本意。这是消极释明的典型形态，是法官的义务。各国均规定，如果法官对此未予释明即径行作出裁判，当事人可以提起上诉请求撤销原判决。

2. 事实陈述不充分，应当释明补充

诉讼资料包括成为审判对象的事实主张和证据。理想的状态是原、被告围绕诉讼标的提出支持或反对的主张，辅之以必要的事实和证据佐证，

---

① 参见张卫平：《民事诉讼"释明"概念的展开》，载《中外法学》2006 年第 2 期。

但实际上当事人包括代理律师都很难判断哪些事实对裁判起到决定作用。要求当事人毫无遗漏地提出与裁判结果相关的全部重要事实，未免过于严苛，法官应当释明当事人补充完整重要事实。在诉讼资料的提供上，德国和日本的民事诉讼法律制度存在较大差异。

2002年以前的《德国民事诉讼法》规定，补充事实是对已提出的事实予以澄清、补充和消除误解，法官不得提示当事人陈述未提出的事实。德国判例指出，法官没有义务帮助当事人使其事实陈述具有说服力并由此获得胜诉基础，学界亦主张，法官应以当事人提出的攻击防御方法为限，不得超越此范围要求当事人提出新诉讼资料。[①] 有特色的是，德国围绕辩论主义对案件事实进行细分，对于关系裁判结果的重要事实，法官应释明当事人补充完整；对于众所周知或司法认知等具有显著性因素的事实，学界深入讨论其可利用性的界限，从法定听审权和法官讨论义务的角度分析认为，法官不得径行采用上述事实，而是应当告知当事人作为判决基础的事实，赋予其发表意见的机会；对于法官在证据调查中知悉但当事人未陈述的事实，亦不得径行作为裁判基础；只有公共利益占主导地位的婚姻案件、亲子案件及禁治产案件等不适用辩论主义的情形例外。[②]

日本通说及判例认为，当事人事实陈述不充分，法院应释明其予以补充，并不是要求当事人陈述新主张，是符合当事人主义本质要求的，法官释明不局限于原来提出的攻击防御方法，旨在敦促当事人更充分地陈述，促使审理更充实。日本学界同样将事实区分为主要事实与间接事实，针对不同事实是否适用于辩论主义存在论争，且直接影响到对释明范围及法律后果认识不一。持"辩论主义只适用于主要事实"观点者认为，法院未经

---

[①] ［德］鲁道夫·瓦瑟尔曼：《从辩论主义到合作主义》，载［德］米夏埃尔·施蒂尔纳编：《德国民事诉讼法学文萃》，赵秀举译，中国政法大学出版社2005年版，第376—378页。

[②] 《帝国法院民事裁判的官方汇编》（RGZ）（第169卷），第356页。转引自［德］罗尔夫·施蒂尔纳、阿斯特里德·施塔德勒：《法官的积极角色》，载［德］米夏埃尔·施蒂尔纳编：《德国民事诉讼法学文萃》，赵秀举译，中国政法大学出版社2005年版，第423页。

释明就将当事人未主张的重要间接事实作为裁判基础的，虽未违背辩论主义，但可以违反释明义务为由撤销判决；持"辩论主义适用于主要事实及重要间接事实"观点者认为，当事人未主张且未响应法官释明的，法院不得认定该事实。① 对于法官通过证据资料可以判定存在的某项显著性事实，日本通说主张法官应释明敦促当事人对此事实进行主张，当事人拒绝的，不得以该事实作为裁判依据。②

3. 提供证据存在瑕疵，应当释明补充

《德国民事诉讼法》要求法官释明补充事实陈述，向当事人指明错误或不完善的证据申请，原则上无须明确提示当事人提出新的证据或反证，对证明力予以指示即可。《日本民事诉讼法》要求法官发问或促使其举证，将可能导致攻击防御方法重大变更的释明内容通知到对方。证据释明的适用通常以符合辩论主义要求为限，德国要求法官不得自行将新事实引入诉讼，③日本主张法官不得以自己的心证代替当事人未主张的诉讼资料。④

法官在诉讼中的心证是随着证据调查动态变化的，如经审查认为必须调查某项证据的，法官应释明向当事人确认是否再提出该证据或申请法院调查。关于证据释明与法官中立性的关系，当事人在诉讼中有知情权和参与权，证据释明旨在帮助当事人对法官心证有预测，从而决定如何提出事实或证据，法官释明对于双方是公开透明的，只要不是具体指向某项证据内容，法官释明就谈不上有损于法官中立性。

---

① ［日］高桥宏志：《民事诉讼法：制度与理论的深层分析》，林剑锋译，法律出版社 2003 年版，第 340—350 页。

② ［日］高桥宏志：《民事诉讼法：制度与理论的深层分析》，林剑锋译，法律出版社 2003 年版，第 335 页。

③ 《帝国法院民事裁判的官方汇编》（RGZ）（第 169 卷），第 356 页。转引自［德］罗尔夫·施蒂尔纳、阿斯特里德·施塔德勒：《法官的积极角色》，载［德］米夏埃尔·施蒂尔纳编：《德国民事诉讼法学文萃》，赵秀举译，中国政法大学出版社 2005 年版，第 423 页。

④ ［日］大村雅彦：《民事诉讼法讲义概要》，中央大学生协出版局 1997 年版，第 57—58 页。转引自江伟、刘荣军：《民事诉讼中当事人与法院的作用分担——兼论民事诉讼模式》，载《法学家》1999 年第 3 期。

4. 提出新的诉讼资料，可以释明

新诉讼资料释明旨在追求纠纷一次性解决，法官可以对关联诉讼标的、抗辩权及其要件事实进行释明，促使当事人变更、追加诉讼请求，提起反诉和抗辩权。法官能否释明启发当事人提出新的诉讼资料，各国存在较大争议，普遍倾向于保守态度，日本相对从宽认定。

德国先后形成"消极说""附限制积极说"和"积极说"等主要观点，反映出人们对法院地位和作用的不同认识。如前所述，德国在很长时间内都反对法官启发当事人提出新诉讼资料，"消极说"主张法院应当消极被动，认为法官提示当事人提出新的诉讼资料，有可能是为一方提供一种诉讼"武器"攻击对方或防御。"附限制积极说"主张以辩论主义为限，法官只对因攻击防御方法变更的牵连事项发问，对当事人误认没有举证责任的，法官晓谕其举证。"积极说"主张，法院应当就当事人未陈述、未声明证据内容进行释明，不得未经释明作出裁判。释明范围扩大成为趋势，2002年以后的《德国民事诉讼法》对积极释明逐渐持肯定态度，不限于对既有事实主张的澄清。2014年《德国民事诉讼法》规定，事实说明不够时，法官应就当事人补充、提出证据及提出适当申请进行释明。①

日本通说认可新诉讼资料释明，认为法院要求当事人补充陈述，不是要求其陈述新的主张，可以不局限于原来提出的内容，是符合当事人主义本质要求的，较宽泛的释明权适用范围与其相对宽松的证据提出制度有关，并非释明权限逾越辩论主义，当事人对释明不服的，法院仍然不得自行职权调查。②

综上所述，事实证据层面的释明，以当事人意思表示为限，是否允许释明当事人提出新诉讼资料，与配套诉讼制度密切相关，多数国家并未将新诉讼资料释明作为法官义务。在事实释明方面，各国通常根据对事实与

---

① 《德国民事诉讼法》，丁启明译，厦门大学出版社2016年版，第36页。
② [日] 中村英郎：《新民事诉讼法讲义》，陈刚译，法律出版社2001年版，第178页。

辩论主义的关系区分释明范围，将足以影响裁判结果的事实作为释明事项。在举证释明方面，在当事人举证不充分时，法官公开临时心证能够促使当事人动态调整攻击防御方法，法官不具体指示应提供哪项证据，不违背法官中立性。

### （三）法律观点层面的释明

法律观点层面的释明，通常被称为法律观点指出义务，是指法院欲适用当事人在辩论中未提出的法律观点作为判决基础时，应向当事人指出并给予其表明意见的机会的义务。[①] 主要体现在以下三个方面。

1. 当事人明显忽略的法律观点

法官从当事人提供的诉讼资料中能大致判断裁判可能适用的法律观点，但当事人因不了解而明显忽略，法官应当指出该法律观点。法官释明当事人明显忽略的法律观点，既能使当事人对此有所了解，免受突袭裁判的不意打击，也能促使当事人针对此观点补充事实证据和陈述意见，可能改变法官的最初判断。

德国一起保险理赔纠纷案件中，原告请求保险公司支付保险金，在被告未提出时效抗辩的情况下，事实审法院依职权适用诉讼时效规定驳回原告的诉求。上诉审法院认为，原审法院如果明确指出超过诉讼时效的观点，原告能够补充证据证明保险公司存在延期送达相关材料的过失，因此，原审法院违反法律观点指出义务，致使当事人丧失进一步举证的机会。[②] 应当指出的是，原审法院其实犯了一个比违反法律观点指出义务更致命的错误，那就是超出了当事人主张范围主动援引时效抗辩规定。因此，法官指出当事人忽视的法律观点，首要前提是从当事人的陈述主张或

---

[①] 熊跃敏：《民事诉讼中法院的法律观点指出义务：法理、规则与判例——以德国民事诉讼为中心的考察》，载《中国法学》2008年第4期。

[②] 《德国法月刊》（1980年），第320页。转引自熊跃敏：《民事诉讼中法院的法律观点指出义务：法理、规则与判例——以德国民事诉讼为中心的考察》，载《中国法学》2008年第4期。

事实证据中发现有线索可寻,对诉讼产生颠覆性改变的抗辩权,必须以当事人明确的意思表示为线索,法官只是在当事人无法用法律语言准确表达的情况下才能释明。

日本判例有特色的是,将当事人提出事实里包含的被忽视的法律观点,细分为具有公益色彩的"帝王规范"和普通规范。"帝王规范"具体指"公序良俗、权利滥用和诚实信用原则适用",针对当事人提出的证据或事实能得出上述内容的法律评价。多数说认为,防止突袭裁判应让步于"帝王规范",法官可以直接适用;少数说认为,应当赋予法官法律指出义务,敦促当事人进行事实主张或法的讨论,当事人经释明拒绝提出相关主张的,法官仍可将其作为裁判依据,符合规范的公益性。日本判例确立了针对权利滥用的法律观点指出义务,对于事实审法院未释明作出发回重审的判决。普通规范,比如过失抵消,多数说认为,基于公平理念,法院可以通过证据资料直接作出事实认定,依职权进行过失抵消,无须当事人主动提出;少数说认为,当事人应当围绕法官开示的法律观点参与发表意见,对于当事人仍未提出事实主张的,适用于辩论主义不得认定过失抵消。①

2. 当事人认为不重要的法律观点

当事人虽然明知某法律观点的存在,但自认为不重要而未提出,也未围绕其展开充分的辩论和攻击防御,法官如果欲适用该观点作出裁判,应当在诉讼中明确指出,使得当事人有机会弥补。

德国判例认为,法官开示法律观点,不限于对法律规范本身的理解,也包括对合同条款的理解,且补充事实陈述的可能性不是必要条件。在德国法院审理的某房屋租赁合同纠纷案件中,出租人起诉主张租金,承租人以房屋有瑕疵为由抗辩减少租金,但未引用合同约定的相关条款作为依

---

① [日]高桥宏志:《民事诉讼法:制度与理论的深层分析》,林剑锋译,法律出版社2003年版,第373页。

据。事实审法院在审查证据资料时注意到合同约定内容,未向双方指出且未征求意见的情况下,径行适用该条款支持了原告。上诉审法院以一审法院违反指出义务而发回重审,认为一审法院开示法律观点包括合同条款,应赋予当事人解释机会,即使当事人不能就此补充新事实,也不能省略指出。①

3. 法官与当事人不一致的法律观点

当事人即使明确、清晰地提出了自身的法律观点,并展开了攻击防御,但如果法官对基于案件事实形成的法律观点与当事人的主张不一致,也应当尽早提出,促使当事人双方能够有机会补充相应的事实和证据,有可能新的事实及证据能促使法官修正最初法律观点,也有可能是当事人在与法官充分讨论后修正了自身的法律观点,甚至作出诉之变更、追加的决定。

2002 年《德国民事诉讼法》增加规定法院所持法律观点不同于双方当事人的指出义务,以期纠纷一次性解决,2014 年《德国民事诉讼法》亦保留该规定。在这样的程序构造下,德国对于既判力范围的态度也更加积极。德国判例认为,法官与当事人法律观点不同的,应当开示该法律观点,给予当事人充分辩论的机会。在德国法院审理的某请求损害赔偿案中,原告以表见证明为由未就事故与损害结果之间的因果关系进行证明,事实审法院以表见证明不成立判决驳回原告的诉求。上诉审法院认为,原审法院应在诉讼中指出本案不适用表见证明,询问原告是否继续举证证明因果关系,故裁定发回重审。②

综上所述,法律观点层面的释明,亦是有限度的释明。从适度性角度看,法律观点释明以当事人提出的事实主张为线索和底线,超出当事人在

---

① 《德国法月刊》(1982 年),第 855 页。转引自熊跃敏:《民事诉讼中法院的法律观点指出义务:法理、规则与判例——以德国民事诉讼为中心的考察》,载《中国法学》2008 年第 4 期。

② 《州高级法院民事判例集》(1973 年),第 362 页。转引自熊跃敏:《民事诉讼中法院的法律观点指出义务:法理、规则与判例——以德国民事诉讼为中心的考察》,载《中国法学》2008 年第 4 期。

诉讼中提出的事实范围，就是重构诉讼的过度释明。从必要性角度看，法律观点释明只限于可能作为裁判依据的重要法律观点，并不要求法官对当事人主张的所有法律观点进行判断和开示。

## 第三节　法官释明权的适用方式

法官释明权在辩论主义和处分权主义框架内营造商谈语境，法官与各方当事人在平等沟通和相互理解的基础上促进达成共识。商谈的基础来源于程序的有效性，应当通过健全的程序规则保障交流不具有强迫性，去除话语霸权。因此，法官释明权不逾越当事人意思自治是制度底线，不仅体现在释明界限的有限性，也体现在释明方式的有限性。彼此真诚的商谈源自程序有效性，交往各方的言语不具有单方的强迫性，而是在平等交流和相互理解的基础上不断修正自身。法官释明权强调法官释明只是启发、晓谕和提示当事人对某些事实和法律问题予以足够注意，从而补充攻击防御方法，但并非越俎代庖代替当事人作出选择，也并非强迫当事人接受法院意见，而是在当事人拒绝接受释明并作出相应的诉讼行为调整时，法官保持尊重当事人的处分权和辩论权的立场，依据现有权利主张及事实证据作出裁判。

### 一、适用方式的基本特征

为排除法官的权力话语对法官与当事人之间真诚交往的影响，各国及地区对法官释明权的适用方式均作出了规定。总的来说，在形式上，法官释明权的适用方式采用的是一种商谈形式，提示当事人注意某些忽略或不知道的事项，提请当事人注意法官的心证及法律见解，并不是将法官的观点强加给当事人，也不限于法官单向输出自身见解。法官向当事人行使释明权，旨在提示、启发当事人注意主张及陈述中的瑕疵以及法官的临时心证和法律见解，赋予当事人在知情的情况下自由选择是否根据释明内容辩论或补正的机会，与法官就事实和法律问题进行充分讨论，对裁判结果产生实质性影响。在内容上，法官释明权的适用方式必须是有实质内容的发问及提醒，如果仅仅是程式化、笼统地询问当事人是否还有其他声明或陈述，不属于法官释明。

这里涉及一个细节，对于有律师代理的案件是否还需要法官适用释明权。法官释明权发展到今天，已不仅是救助弱势当事人，而是通过促进法官与各方当事人之间的沟通交流，保障所有当事人的程序参与权，共同努力接近事实真相和实质正义，避免突袭裁判。各国均规定法官释明权适用于所有涉及财产关系的案件，包括律师代理案件，只是释明方式和内容上稍有差别。德国判例中曾提出，即使被告的律师明确指出法官有提示义务，法院也拒绝承认法官负有向律师指示诉之不正当性的义务。对此学者则表示，《德国民事诉讼法》第139条对两种诉讼种类没有区别，为避免突袭裁判，要求法官从法律方面与当事人探讨实体关系和诉讼关系，因而法官的指示义务也毫无限制地适用于律师代理的情况，只是在咨询方式上存在差异。[1] 20世纪90年代以来，《德国民事诉讼法》更强调法官释明在当事人和律师参与的诉讼中同样存在，对于当事人陈述有遗漏或不清楚的，法官可以释明代理律师作出解释。[2]《法国民事诉讼法》对此也有明确规定，法国大审法院审前准备法官可以要求律师就可能遗漏或疏忽的理由

---

[1] ［德］奥特马·尧厄尼希：《民事诉讼法》，周翠译，法律出版社2003年版，第130—132页。
[2] 丁启明：《德国民事诉讼法百年发展述评》，载齐树洁主编：《东南司法评论》（2015年卷），厦门大学出版社2015年版，第467—480页。

作出回答，提供法律上和事实上的说明。①

## 二、适用方式的主要类型

德国的法官释明方式最早是发问、提问，集中在辩论主义领域的消极释明，侧重于通过发问将不明确的弄清楚，将不妥当的去除，将有瑕疵的补正。随着积极释明、法律观点释明的出现，释明方式增加了晓谕、讨论，侧重于法官公开临时心证，开示法律观点，就相关问题进行解释，与当事人共同就事实和法律问题进行讨论，在充分沟通的基础上达成共识。日本和法国的法官释明方式与德国法类似，主要是就事实和法律问题进行讨论。

综上，法官释明方式具有以下特征。首先，法官释明方式不能逾越当事人的处分权，不能以法官的判断代替当事人的选择，应尊重当事人意愿。其次，法官释明方式从单向输出法官观点发展到与当事人的双向交流，法官与当事人在相同的法律框架内进行交流，以达到法官能探求当事人真意、当事人能充分了解法官心证和法律观点的目的。当事人不仅能有机会调整自己在诉讼中的努力方向，也能在充分了解法律后对案件胜负作出理性判断，提高裁判接受度。

---

① 《法国新民事诉讼法典——附判例解释》（上册），罗结珍译，法律出版社 2008 年版，第 776 页。

# 第四节 法官释明权的程序保障机制

法官释明权的适用，既要尊重当事人的意思自治，也要体现法官有发现案件真实和促进诉讼的共同责任，承载着实现实质正义，保障听审请求权，避免突袭裁判，平衡各方利益等多重价值。无论是怠于履行释明义务，还是过度滥用释明权，都是不当释明，有可能破坏当事人诉讼地位的平等性，突破法官的中立性。各国为此建立程序保障机制，不仅约束法官言行，也是为当事人提供程序救济途径。随着释明的精细化，在公平公正的基础上，增加了公开释明和记录留痕的要求，提高法官释明的透明度，法官释明内容接受双方当事人和上级审法院的双重审视。

## 一、法官释明权的约束机制

法官有责任主动就事实和法律问题与当事人沟通交流，以辩论主义和处分权主义作为制约司法审判权的理念一直没有动摇。大陆法系代表性国家在法律中明确规定了法官应释明未释明的法律后果，并以判例列举法官应当释明的具体情形。

### （一）法官怠于释明

1. 怠于释明的判断标准

判断法官是否怠于适用释明权，实质上就是确定法官应当释明的适用范围，法官在多大范围内应当适用释明权，取决于很多因素，也存在较大

# 第三章
## 法官释明权的制度沿革与制度内容

争议，但释明范围扩大是历史趋势。综合大陆法系各国的认识，大体有以下几种因素可作为判断的依据。

其一，应遵循法官释明权的适用事项范围，并以存在释明线索为前提。法官从当事人的诉讼资料中能看到他有可能提出这样的主张，只是因法律知识的欠缺而忽略了，即现有陈述事实构成他项未主张的权利的要件事实，或者已经提出主张而忽略了支持该主张的要件事实，法官应释明之，但不得在当事人提供的诉讼资料之外提示当事人进行事实上和法律上的补正，也"不允许促使当事人提出与目前陈述的事实基础不同的基础上的另外的申请"。① 对于当事人是否能再为声明或陈述的，德国判例认为不以当事人能根据法官释明提出新事实及主张为条件，法官也有义务释明。

其二，法官未释明导致本不该败诉的当事人败诉的可能性很高。日本实务界主张，"在因法院未进行释明而使裁判结果发生逆转之盖然性较高的情形下，上级审法院应当在斟酌双方当事人公平的基础上来撤销违反释明义务的原审法院判决"。② 围绕裁判结果盖然性分为四项具体标准：一是法官释明使裁判结果发生重大变化的盖然性高，促使应胜诉的能胜诉；二是法院认为当事人提出适当申请或主张是可期待的；三是释明可能促使纠纷根本性解决；四是释明敦促当事人解明事实更为公平。③ 从实践操作的角度来说，这仍是个抽象的标准，有赖于判例和审判经验的积累，综合考虑当事人一方的实际诉讼能力、诉讼资料对权利主张的支持等来予以权衡。德国学者曾就当事人能力举例说明，即当事人亲自出庭或律师代理出庭，法官认为其可能因疏忽大意或对法律适用明显存有误解而处于不利地位，法官将提出有分量的建议。④

---

① ［德］奥特马·尧厄尼希：《民事诉讼法》，周翠译，法律出版社2003年版，第132页。
② ［日］中野贞一郎：《过失的推认》，弘文堂1978年版，第223—235页。转引自［日］高桥宏志：《民事诉讼法：制度与理论的深层分析》，林剑锋译，法律出版社2003年版，第360页。
③ ［日］新堂幸司：《新民事诉讼法》，林剑锋译，法律出版社2008年版，第316页。
④ ［德］罗伯特·霍恩、海因·科茨、汉斯·G.莱塞：《德国民商法导论》，楚建译，中国大百科全书出版社1996年版，第48—50页。

其三，以法官释明内容来衡量法官是否怠于释明。法官释明内容通常应包含能够启发当事人引起注意，针对特定主张或陈述的实质性内容。

2. 怠于释明的约束机制

法官在法定情形下应释明未释明，各国规定有两种主要约束机制，为当事人提供救济途径。

（1）发问请求权。当事人可以请求法官为必要的发问，只有法官认为不当的不予发问。如《日本民事诉讼法》规定，当事人于口头辩论期日或期日外，可以请求裁判长进行必要的发问。

（2）上诉请求权。各国一般认为属于重大程序瑕疵，可以作为上诉审的申请事由。在确有发问或晓谕必要，而审判长未释明的情形下，视为诉讼程序存在重大瑕疵，可作为上诉审理由。在德国，控诉法院若同时违反释明权和侵犯当事人听审权，还可以被提起宪法抗告。① 即使是在职权扩张相对较小的法国，一旦释明权适用不当，没有在事实认定和法律适用之前赋予当事人陈述的机会，就是违反了对审原则，构成程序瑕疵。②

## （二）法官过度释明

1. 过度释明的判断标准

法官释明以处分权主义和辩论主义为界，超出当事人诉讼意愿范围，或打破双方当事人平衡关系的，构成过度释明。法官释明的适用范围决定了过度释明的边界，在协同主义理念和程序保障理论的影响下，法官释明权的适用范围逐渐扩大，因此，大陆法系代表性国家倾向于主张从宽对待法官的过度释明。

日本学界通说倾向于从宽对待法官的过度释明，认为"纵使原审法院

---

① ［德］奥特马·尧厄尼希：《民事诉讼法》，周翠译，法律出版社 2003 年版，第 132 页。
② ［法］让·文森、塞尔日·金沙尔：《法国民事诉讼法要义》（上），罗结珍译，中国法制出版社 2001 年版，第 617—625 页。

的释明因对对方当事人造成不公平感而多少显得过度,但只要该释明符合案件的真相,就不构成诉讼法上的违法"。① 德国学说及判例形成"消极说"、"附限制积极说"和"积极说"不同观点,"消极说"主张法官释明严格以当事人主张为限,"积极说"主张当事人未陈述、未声明证据或未为适当声明的,都是法官释明内容,"附限制积极说"折中对忽略内容释明。对于时效抗辩的释明,经历了从保守限定到从宽认定的过程。比如:德国早期将时效抗辩释明作为法官回避的适用情形,认为对诉讼局面产生颠覆性影响,不主张纳入释明范围,后来逐渐允许在有事实线索可寻的前提下探明当事人的诉讼真意,在当事人表示出行使时效抗辩意愿时可以释明。② 日本判例指出,当事人只是未明确提出时效抗辩,法院可释明询问当事人有无援用时效抗辩的意思,但未释明不构成程序违法。③

2. 过度释明的约束机制

法官释明权的适用,应以辩论主义和处分权主义为限,保持法官的中立立场,维护人们对司法公平公正的信赖度。因此,各国在规定法官释明权适用范围作为事前控制的同时,也规定事后补救措施作为约束法官过度适用释明权的程序保障机制。主要包括:

(1) 异议权。当事人可以对法官可能存在的违法释明提出异议,法官对于当事人的异议应以书面裁定予以回应。2014年《德国民事诉讼法》规定,当事人可以就不当释明提出异议,由法院作出评判,对于法院作出的裁定,当事人不得声明不服。④

(2) 回避申请权。当事人对于法官过度释明不满的,可以在审级内选择提出回避申请。在德国,依汉堡州法院判例,指示被告提出可能的时效

---

① [日]高桥宏志:《民事诉讼法:制度与理论的深层分析》,林剑锋译,法律出版社2003年版,第362页。
② 参见尹腊梅:《抗辩权的法官释明问题》,载《比较法研究》2006年第5期。
③ 熊跃敏:《民事诉讼中法院释明的实证分析——以释明范围为中心的考察》,载《中国法学》2010年第5期。
④ 《德国民事诉讼法》,丁启明译,厦门大学出版社2016年版,第37页。

抗辩，构成回避事由。①

（3）上诉审申请权。当事人可以法官过度适用释明权为由向上诉审法院提出推翻原审裁判的请求。

法官释明权适用的情形较抽象，法律首先规定法官有权判断何时应当怎样适用释明权，然后通过程序保障机制形成当事人对法官正当适用释明权的约束，将判断法官是否不当释明的最终决定权交给上级审法院。因而，从法官的角度来说是一种约束机制，从当事人的角度来说是一种救济途径，二者是一个事物的两个方面。

## 二、法官释明权的配套机制

法官释明的初衷是保障当事人之间的实质平等，弥补形式上的不平等，不能形成法官有所偏袒的新的不平等。为此，大陆法系国家完善了法官释明权的配套保障机制，旨在增强程序的透明度，不仅可打消当事人的疑虑，也为上级法院审查提供了依据。公开机制主要体现在两个方面。

其一，释明内容公开制度。法官释明对于双方当事人均有保障作用，释明内容应当向双方当事人公开，法官通过发问或晓谕要求一方当事人明确、补充声明主张或事实证据，也要给予对方充分辩论的机会。比如：2007年《法国民事诉讼法》第444条规定，只要各方当事人对要求其作出说明的法律和事实上的问题未能对席作出解释，审判长应当命令重开辩论。② 2012年《日本民事诉讼法》第149条规定，在口头辩论期日外的释明内容可能引起攻防方法发生重大变化的，应通知相对方。③ 2014年《德国民事诉讼法》要求法官将期日外的释明内容以书面形式作出并通

---

① ［德］奥特马·尧厄尼希：《民事诉讼法》，周翠译，法律出版社2003年版，第65页。
② 《法国新民事诉讼法典——附判例解释》（上册），罗结珍译，法律出版社2008年版，第450页。
③ 《日本民事诉讼法典》，曹云吉译，厦门大学出版社2017年版，第53页。

知双方当事人，比如：法院通过准备措施命令向当事人提供法院倾向性法律观点的初步信息。①

其二，书面记录制度。如前所述，各国确立了不当释明的约束机制，当事人有权通过上诉请求撤销原判决。因此，一审的释明内容是上级法院重点审查的对象，当事人举证证明并不现实，应当由一审法官主动记录，以此证明是否释明及释明内容的妥当性。2002年《德国民事诉讼法》首次新增法官释明的记录义务，现行民事诉讼法继续保留该规定，法院应尽早作出释明，并书面记录，法院是否已作出释明，只能由记录的内容证明，能够证明记录是伪造的，才能否定记录中关于释明的内容。②

---

① 《德国民事诉讼法》，丁启明译，厦门大学出版社2016年版，第72页。
② 《德国民事诉讼法》，丁启明译，厦门大学出版社2016年版，第37页。

# 第四章
## 我国法官释明权规范的实证分析

# 第四章 我国法官释明权规范的实证分析

民事诉讼模式是当事人与法院在诉讼中权限范围划分的重要表现形式。在民事诉讼体制中,过分强调当事人的作用或者过分强调法官的职权,都可能对实现正义产生不利影响。法官释明权在尊重当事人意思自治的基础上,为当事人与法官搭建了良好的沟通平台,能帮助平衡二者在诉讼中的作用和地位,更符合诉讼公正与诉讼经济的要求。本书前半部分内容是以比较法研究的视角系统梳理和阐述法官释明权制度在大陆法系的产生发展历程,后面两个章节将结合我国的实际情况进行实证分析,勾勒法官释明权制度在我国的实际运行状况,并尝试提出进一步探索和完善的对策建议。

## 第一节 我国初步具备释明的正当性基础

随着我国民事审判方式改革的深入推进,当事人的权利不断强化,法院的职权逐步弱化,追求实质正义与程序正义成为民事诉讼的重要目的。法官释明权的适用在我国是否有适合的制度土壤,应当首先探讨我国民事诉讼大背景下的正当性基础。从理念转变及制度转型等方面来看,我国已初步具备释明的正当性基础,法官与当事人之间具有平等双向沟通的内在意愿和外在制度环境,法官释明权制度在我国民事诉讼中具有现实需求和可操作性。

### 一、民事诉讼体制转型尊重当事人程序主体地位

辩论主义和处分权主义是当事人主义诉讼模式的两大基石,以尊重当

事人意思自治为核心要义。我国的民事司法改革在制度构建和裁判理念转变上亦表现为更加尊重当事人程序主体地位，为法官释明权的适用奠定了制度基础。在过去相当长时间内，我国民事诉讼中，法官以独白式思考方式探知事实真相，根据审理需要向当事人询问，当事人的辩论内容对法官的裁判不形成约束，也没有机会与法官沟通法律观点，"辩论程序的空洞化导致了整个民事审判程序的空洞化"。① 在这样的制度背景下，法官主宰整个审理过程，当事人提供的事实主张及证据资料只是法官获得信息的渠道之一，当事人提供的事实及证据材料对法院裁判不能形成约束，辩论原则实质上是非约束性的。我国的处分原则重点强调当事人处分权行使的限制，即法院有权监督当事人处分实体权利和诉讼权利不超越法律范围，不得损害国家、社会、集体利益和其他公民合法权益，在制度上设置法院依职权审查撤诉、自认等处分内容，启动再审等程序，通知无独立请求权第三人参诉等内容。② 对处分权的过度限制，容易不自觉地陷入当事人客体化。因此，过去的民事诉讼体制下，法官释明权制度的适用不具有现实土壤。

自民事审判方式改革以来，我国在强化当事人的诉权参与和主导性方面进行了诸多有益探索，法院发现真实和追求实质正义的路径发生了变化。虽然"非约束性辩论原则"下当事人的诉辩行为尚未对法官形成约束，但"在诉讼体制逐渐转型中，抽象和模糊地反映了约束性辩论原则的实质"。③ 司法解释中对于辩论主义的具体化有所规定，为法官释明权的适用创造了条件。近年来的法律及司法解释强化了处分权色彩，如 2012 年《民事诉讼法》的管辖规则，2015 年的《民事诉讼法司法解释》的应诉管辖规则、上诉审撤回起诉规则、二审审理范围等。2019 年《民事诉讼证据规定》要求法官敦促当事人围绕焦点问题充分辩论，实质是对处分权主义

---

① 张卫平：《我国民事诉讼辩论原则重述》，载《法学研究》1996 年第 6 期。
② 张卫平：《民事诉讼处分原则重述》，载《现代法学》2001 年第 6 期。
③ 张卫平：《民事诉讼"释明"概念的展开》，载《中外法学》2006 年第 2 期。

领域的释明作出了必要限定，相比 2001 年《民事诉讼证据规定》的变更告知诉讼请求释明，更加尊重当事人处分权。总之，我国民事诉讼法经过历次修改，逐步确立了更加尊重当事人处分权的制度基调，为法官释明权的适用提供了更好的理念和制度基础。

## 二、诉讼真实观回归案件真实

在很长一段时间内，我国 2012 年前的《民事诉讼法》和 2001 年《民事诉讼证据规定》秉承法律真实说理念，认为法院只要依据证据规则和程序规范审查判断当事人提供的证据，认定的案件事实就实现了法律真实，作出的裁判就是公正的。这就弱化了法院调查事实的职权，意味着有可能向当事人转移案件事实发现风险。从当事人的感受来看，实证问卷调查显示，39.47%的当事人认为事实认定过程缺乏透明度，30.59%的当事人认为法官事实认定自由裁量权过大。[①]

2019 年《民事诉讼证据规定》摒弃法律真实说理念，以发现案件事实为目标，不仅承认各方当事人具有提供证据的义务，并通过细化文书提出命令、鉴定及勘验等制度强化法院的调查职权，要求法官通过调查案件事实获得内心确信。新规定从法官和当事人的不同维度强化事实调查接近真相，过去靠诉讼策略侥幸赢得诉讼的当事人变得难以立足，法院作出的裁判将更符合实质正义。

追求案件真实基础上的实质正义，是民事诉讼永恒的主题。法官释明权的首要价值就在于通过法官必要的职权干预，使得本应胜诉的当事人不因诉讼能力欠缺而败诉，保障其实体和程序权益。我国在诉讼真实观上从无限追求客观真实到强调程序上的法律真实，再回归到案件真实，是证据

---

① 纪格非、刘佳洁：《〈民事证据规定〉实施效果的实证考察与分析》，载《中国司法》2007 年第 10 期。

裁判理念的进步。

客观真实观的支配下,法官可以不受当事人约束依职权调查,无须探明当事人的诉讼本意。法律真实观的支配下,满足于形式正义,使得法官过于超然,当事人被赋予过重的自我责任,法官释明被认为没有必要。只有在案件真实观的支配下,法官与当事人在案件事实查明上具有协同推进的责任,法官释明才能成为沟通交流的桥梁,法官通过公开临时心证,赋予当事人调整攻击防御、继续举证的机会,共同努力接近案件事实真相。

## 三、区分程序当事人与适格当事人

2015年,立案登记制改革全面推行,极大拓宽了司法对私权的保护空间,很大程度上缓解了"立案难",这同时也是当事人制度的重大变革,程序意义上的当事人进入诉讼。而程序当事人不等于适格当事人,适格当事人是指程序法意义上享有诉的利益,具有诉讼实施权的当事人,适用于给付之诉、确认之诉、形成之诉和将来给付之诉。①

当事人范围及诉讼地位的确定,直接关系到程序参与权和实体权益的实现,立案登记制改革对法官甄别确定适格当事人提出了新的挑战。当事人对于诉讼主体的处分权包括被诉主体范围的选择和诉讼主体参诉的选择,前者如共同诉讼人的选定,是否追加或放弃对部分主体的主张;后者如具有共同原告、有独立请求权第三人等资格的案外人,是否参加诉讼,是否另行主张或放弃实体权利。

过去,诉讼主体的选择被作为法律适用内容完全由法官支配决定,不予受理、依职权追加当事人或驳回起诉是主要方式,未赋予当事人处分

---

① 在起诉阶段,诉状记载当事人不明确而不能辨别当事人具体所指,或者经调查当事人不存在的,属于程序当事人形式要件的审查范围,不在本书讨论范围。

权就意味着缺乏适用法官释明的前提条件。立案登记制改革以来，当事人的程序选择权受到重视，2022年的《民事诉讼法司法解释》在保证合同案件中承认连带责任诉讼的被诉主体选择权，① 改变了过去一律视为必须共同参诉，吸纳了类似必要共同诉讼的原理。当事人在行使程序选择权过程中，可能存在不明确、不妥当或不充分的情形，直接影响诉的适格或裁判结果，法官应当适度释明，探明当事人本意，推进诉讼实现实质正义。

## 四、防止法官突袭裁判开始受到重视

我国在辩论主义和处分权主义方面作出相应改进调整，但诉权对审判权的制约仍很有限，裁判内容仍以法官意见为主，尤其是认为法律适用是法官职责，在宣判前不向当事人透露，也不与当事人讨论，习惯于以判后释法、信访接待等非诉讼程序方式为当事人做安抚解释工作。当事人对裁判过程及结果的参与度不大，裁判后继续寻求程序救济的可能性较大，司法裁判的可信赖度和可接受度有所降低。

学界认为，受法庭调查与法庭辩论阶段的分割影响，庭审时间大量消耗在组织审查与本案关联不大的证据上，导致言词辩论被弱化，确定争议焦点滞后，不仅影响诉讼效率，也不利于当事人预测法官的认知。② 确定争议焦点的规定，虽早已写入《民事诉讼法》及相关司法解释，但在实践中并未得到充分应用。

2015年，最高人民法院与上海法院、复旦大学联合开展"庭审方式改革"研究项目。研究表明，承担纠正一审错误裁判的二审法院和纠正生效

---

① 根据《民事诉讼法司法解释》（2022年修正）第66条的规定，允许保证合同中债权人可以仅起诉一般保证中的被保证人。

② 参见张卫平：《法庭调查与辩论：分与合之探究》，载《法学》2001年第4期；章武生：《我国民事案件开庭审理程序与方式之检讨与重塑》，载《中国法学》2015年第2期。

裁判功能的再审法院成为突袭性裁判最严重的法院，当事人的上诉或再审理由，要么被断章取义，要么被忽略，成为我国独具特色的突袭性裁判表现形式。突袭性裁判的防止，需要辩论主义、法官的释明义务、法官的心证公开等多个原则和制度的配合。[①] 2019 年《民事诉讼证据规定》再次从争点整理的角度完善法官释明权制度，为防止法官突袭裁判制度奠定了制度和实践基础。

## 五、实质性化解矛盾纠纷逐渐成为主流

过去，在民事诉讼中强调一次诉讼程序解决一个法律关系问题，当法院认定法律关系性质与当事人起诉主张不同时，摆在当事人面前的是三种选择：继续原有诉讼请求和请求权基础，面临被判决驳回诉讼请求；变更请求权基础，获得裁判支持；撤回起诉，另行主张权利。法官在判决驳回诉求或准予撤诉后再告知当事人另行主张权利，成为主要选择。

有学者曾举例某经历七个法院审理的案例说明法官的不恰当认定将给当事人造成诉累，二原告起诉被告要求归还其父母转出的一笔银行转账，先后以民间借贷、不当得利、侵权损害赔偿等请求权基础主张权利，二审法院未经释明以双方均未主张的返还原物关系作出突袭性裁判，原告又向高院以物权请求权为由申请再审。[②] 如果法官在第一次借贷之诉中释明解决当事人适格问题，就不会发生之后的数次诉讼。这种引导当事人反复启动新一轮诉讼程序的做法，与纠纷一次性解决的制度初衷相悖，同一纠纷经历多次诉讼和多次程序，不仅徒增当事人的诉累，浪费司法资源，更会严重损害人民群众对司法公正权威的感受。

为改变这一现象，近年来，各级法院开始探索实质性、一次性解决纠

---

[①] 杨严炎：《论民事诉讼突袭性裁判的防止：以现代庭审理论的应用为中心》，载《中国法学》2016 年第 4 期。

[②] 章武生：《模拟法律诊所实验教程》，法律出版社 2013 年版，第 231 页。

# 第四章 我国法官释明权规范的实证分析

纷的改革举措,并在合并审理方面尝试突破传统模式,借鉴预备之诉合并的做法,允许一个诉讼程序内具有密切关联的主选和备选请求并存。2023年,最高人民法院提出努力降低案—件比,① 要求坚持案结事了、政通人和的现代化审判理念,减少一案结多案生,即减少一次纠纷经历多次诉讼程序,努力实现纠纷一次性解决。2024年1月,人民法院审判质量管理指标体系在全国法院正式运行,"案—件比"是其中的核心指标,是反映法院"一次性解决纠纷"情况,将"案"与"件"进行对比,形成一组数值对比关系,即一个待决争议(案)立案后,需要经历多少诉讼执行程序(件)才能解决。"件"数越少,说明一个"官司"经历的审判执行程序越少,当事人感受越好。②

2024年12月,最高人民法院发布《关于在审判工作中促进提质增效 推动实质性化解矛盾纠纷的指导意见》(以下简称《实质性化解矛盾纠纷的指导意见》),积极回应"案结事未了"问题,围绕立案、审判、执行各环节,就进一步做实定分止争、实质解纷工作提出明确要求,要求切实保障当事人诉讼权利,促进矛盾纠纷实质性化解、一次性解决,重点防范"程序空转",规制"一案结、多案生"现象,切实做到案结事了、政通人和。③

---

① 白龙飞:《最高法党组研究建立审判质量管理指标体系》,载中国法院网,https://www.chinacourt.org/article/detail/2023/06/id/7351565.shtml,最后访问时间:2025年1月23日。
② 乔文心:《案件"超载"时代:改革永不眠》,载《人民法院报》2025年2月25日,第1版。
③ 《最高人民法院相关部门负责人就〈关于在审判工作中促进提质增效 推动实质性化解矛盾纠纷的指导意见〉答记者问》,载中国法院网,https://www.chinacourt.org/article/detail/2024/12/id/8559585.shtml,最后访问时间:2025年2月23日。

法官释明：
从独白走向沟通

# 第二节　我国法官释明权规范的运行现状

法官释明权是法官的实质诉讼指挥权，以辩论主义和处分权主义为基石。我国2001年《民事诉讼证据规定》首次在诉讼证明领域实现职权探知向当事人主导的转变，为法官与当事人的交流沟通奠定基础，法官释明权制度在我国初步确立。一般认为，该司法解释包含法官释明权制度的条款主要有：1. 第3条、第33条的法院告知当事人举证责任分配、举证时限等内容的举证指导；2. 第8条的拟制自认释明；3. 第35条的告知变更诉讼请求释明。

随着司法改革的深入推进，人民法院在法官释明权适用上进行了很多有益探索。尽管我国民事诉讼法尚未确立法官释明权适用的一般性规则和规范体系，但司法解释丰富完善了法官释明的外延，释明事项涵盖权利主张、要件事实及证据、法律问题、诉讼主体等领域，最高人民法院在指导案例和裁判文书中对法官释明问题亦有详细论证，很多内容被2019年《民事诉讼证据规定》《最高人民法院关于适用〈中华人民共和国民法典〉合同编通则若干问题的解释》（以下简称《民法典合同编通则解释》）等司法解释吸收，上海、浙江、北京等地法院陆续出台释明规定。法官释明权的制度构建和实践运用，在我国进入繁荣发展期。

## 一、我国法官释明权适用的制度现状

《中华人民共和国民法典》（以下简称《民法典》）是新中国成立以

# 第四章
## 我国法官释明权规范的实证分析

来第一部以"法典"命名的法律，在法律体系中居于基础性地位，标志着我国权利保护的崭新时代到来。《民法典》对现代生活需求作出回应，系统梳理了我国民事权利体系。与之相配套，最高人民法院集中修改118件民事、商事、知识产权实体法及民事诉讼、民事执行程序法司法解释，并相继发布《民法典》相关司法解释。《中华人民共和国民事诉讼法》（2023年修正）（以下简称2023年《民事诉讼法》）是民事诉讼的基本法，反映了民事程序规则的最新要求。2022年《民事诉讼法司法解释》全面系统地对民事诉讼法适用进行细化。2019年《民事诉讼证据规定》集中体现了证据法领域的研究及改革成果。2019年发布的《全国法院民商事审判工作会议纪要》（以下简称《九民纪要》），虽不是司法解释，但体现了民商法学最前沿的理论研究成果，与立法动态息息相关，且吸收了很多司法实践中形成的释明思路，对于统一裁判思路、规范法官自由裁量权具有重大意义。司法文件中最有代表性的是2024年最高人民法院发布的《实质性化解矛盾纠纷的指导意见》，进一步强调加强立案、审理及执行阶段释明，在合同案件中一定程度上认可预备之诉合并的释明，旨在防范"程序空转"，有效规制"一案结，多案生"现象，切实做到案结事了，政通人和。① 上述内容共同构成了民事实体法及程序法的最新制度规范体系，本书对我国现行法官释明权制度研究将以此作为研究蓝本。鉴于我国法院在适用法官释明时亦采取告知或说明具体事项的表述方式，故以"释明""告知""说明"三个关键词检索，检索结果如下：

2019年《民事诉讼证据规定》，按照"释明"关键词检索，出现1次，涉及1项释明规则，即第30条"鉴定释明"。按照"告知"关键词搜索，出现1次，属于法院重大程序事项告知义务，与释明无关。按照"说明"关键词搜索，出现18次，涉及3项释明规则，即第2条"举证释

---

① 参见《最高人民法院相关部门负责人就〈关于在审判工作中促进提质增效 推动实质性化解矛盾纠纷的指导意见〉答记者问》，载中国法院网，https://www.chinacourt.org/article/detail/2024/12/id/8559585.shtml，最后访问时间：2025年2月23日。

明"、第 4 条和第 6 条的"拟制自认释明"、第 63 条"事实前后矛盾释明",其他内容主要涉及当事人说明情况、法官就证据说明或询问其他诉讼参与人,与释明无关,其中第 37 条法官要求鉴定人就相关内容解释说明,属于鉴定意见的补充内容,也与释明无关。第 53 条属于释明一般性规则,将原有"告知诉讼请求"的做法改为"作为焦点问题进行审理"。

2023 年《民事诉讼法》没有"释明"的表述,17 处"告知"和 5 处"说明"的表述,系法院告知另行起诉、重大程序事项或要求当事人说明情况,第 68 条关于法院责令当事人说明逾期举证理由的规定,不是释明内容,该理由既不是直接审理对象,也不是能引起双方充分辩论并影响裁判结果的实体内容,应属于法官行使诉讼指挥权,督促当事人促进诉讼的方式,法官根据其理由作出是否认可逾期举证的决定。

2022 年《民事诉讼法司法解释》有 1 处"释明"表述,即第 198 条"特定标的物价值释明",有 28 处"告知"和 21 处"说明"的表述,涉及"前后矛盾释明"2 处,第 229 条要求当事人说明对事实和证据前后不同意见的理由,第 340 条要求当事人说明推翻一审诉讼行为的理由,其他内容基本系法院或当事人就有关程序事项说明情况,或者告知当事人有权另行起诉,与释明无关。

此外,在《最高人民法院关于审理买卖合同纠纷案件适用法律问题的解释》(2020 年修正)、《最高人民法院关于适用〈中华人民共和国公司法〉若干问题的规定(二)》(2020 年修正)、《最高人民法院关于适用〈中华人民共和国民法典〉侵权责任编的解释(一)》[以下简称《民法典侵权责任编解释(一)》]、《民法典合同编通则解释》等多项专门性司法解释中也有关于释明的内容。《九民纪要》虽然不具有司法解释的效力,但对于统一裁判尺度具有重要的指导意义。该规范性文件吸收了很多司法实践中逐渐达成共识的释明规则。按照"释明"关键词检索,出现 20 次，19 处涉及 8 项释明规则，即第 13 条公司人格否认纠纷案件中的"追加公司被告释明"、第 36 条"合同无效释明"、第 39 条行政批准合同的"报批义务释明"、第 45 条履行期满前以物抵债合同"按照原债权债务关系起诉释明"、第 49 条"合同解除释明"、第 102 条虚构转贴现协议"按照真实交易关系提出诉求释明"、第 104 条票据清单交易、封包交易案件中的"追加其他交易主体为被告释明"、第 117 条"清算程序释明"。按照"告知"关键词搜索，出现 15 次，涉及 5 项释明规则，即第 29 条"召开股东大会不可诉释明"、第 44 条诉讼中达成以物抵债协议后的"撤回起诉释明"、第 107 条"破产申请材料补充释明"、第 110 条破产案件的"申报债权释明"、第 123 条执行异议之诉案件"申请再审释明"。

综上所述，我国初步形成覆盖权利主张、事实及证据、法律观点和诉讼主体等方面的法官释明权制度体系，详见图 1。

## 法官释明：
### 从独白走向沟通

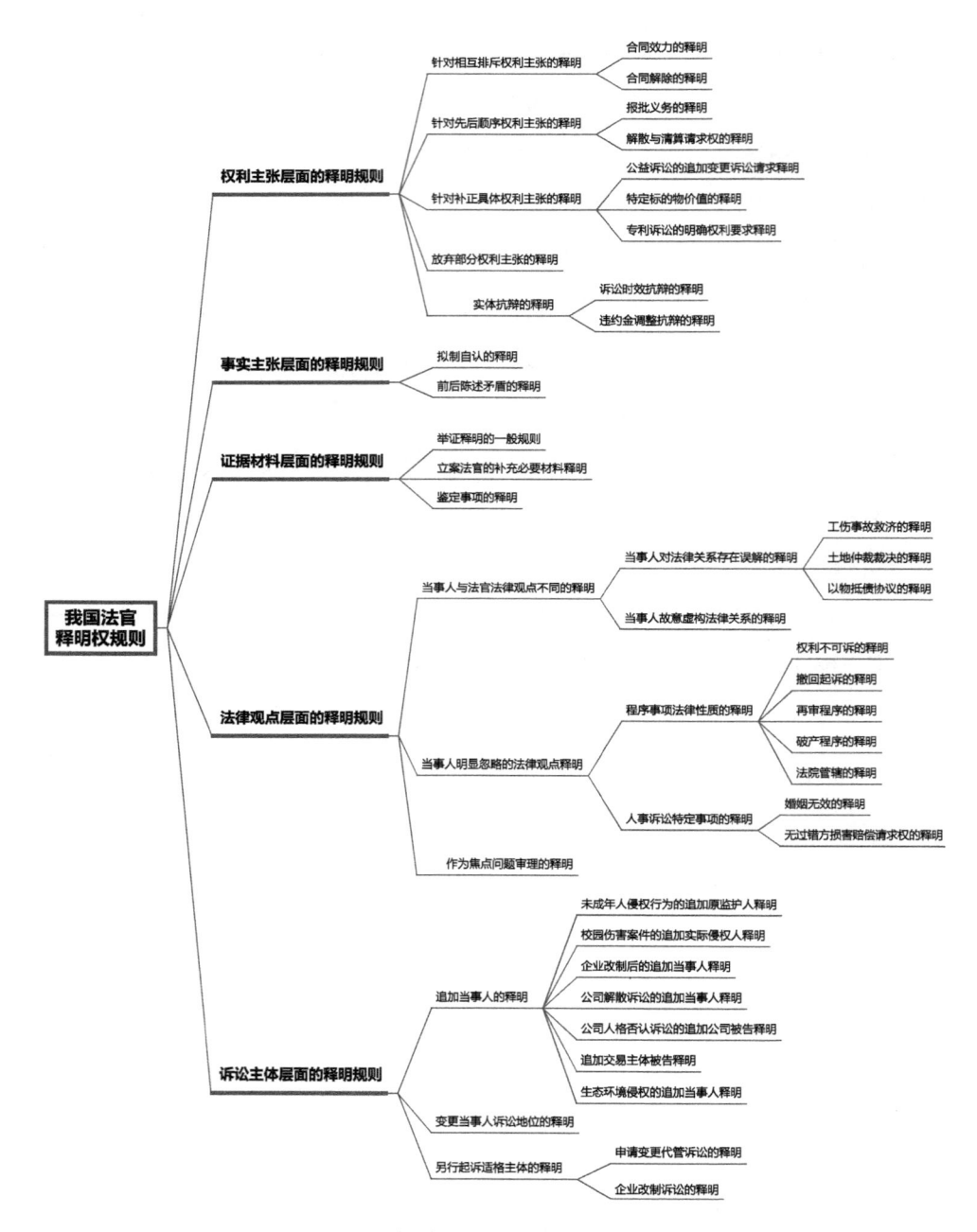

```
                                                              ┌─ 合同效力的释明
                                    ┌─ 针对相互排斥权利主张的释明 ─┤
                                    │                          └─ 合同解除的释明
                                    │                          ┌─ 报批义务的释明
                                    │  针对先后顺序权利主张的释明 ─┤
                                    │                          └─ 解散与清算请求权的释明
             ┌─ 权利主张层面的释明规则 ─┤                          ┌─ 公益诉讼的追加变更诉讼请求释明
             │                      │  针对补正具体权利主张的释明 ─┤─ 特定标的物价值的释明
             │                      │                          └─ 专利诉讼的明确权利要求释明
             │                      │─ 放弃部分权利主张的释明
             │                      │                          ┌─ 诉讼时效抗辩的释明
             │                      └─ 实体抗辩的释明 ───────────┤
             │                                                 └─ 违约金调整抗辩的释明
             │                      ┌─ 拟制自认的释明
             │  事实主张层面的释明规则 ─┤
             │                      └─ 前后陈述矛盾的释明
             │                      ┌─ 举证释明的一般规则
我国法官 ─────┤  证据材料层面的释明规则 ─┤─ 立案法官的补充必要材料释明
释明权规则    │                      └─ 鉴定事项的释明
             │                                                            ┌─ 工伤事故救济的释明
             │                      ┌─ 当事人与法官法律观点不同的释明 ──┬─ 当事人对法律关系存在误解的释明 ─┤─ 土地仲裁裁决的释明
             │                      │                              │                              └─ 以物抵债协议的释明
             │                      │                              └─ 当事人故意虚构法律关系的释明
             │                      │                                                        ┌─ 权利不可诉的释明
             │  法律观点层面的释明规则 ─┤                                                        ├─ 撤回起诉的释明
             │                      │                              ┌─ 程序事项法律性质的释明 ──┼─ 再审程序的释明
             │                      │  当事人明显忽略的法律观点释明 ─┤                          ├─ 破产程序的释明
             │                      │                              │                          └─ 法院管辖的释明
             │                      │                              │                          ┌─ 婚姻无效的释明
             │                      │                              └─ 人事诉讼特定事项的释明 ──┤
             │                      │                                                        └─ 无过错方损害赔偿请求权的释明
             │                      └─ 作为焦点问题审理的释明
             │                                              ┌─ 未成年人侵权行为的追加原监护人释明
             │                                              ├─ 校园伤害案件的追加实际侵权人释明
             │                                              ├─ 企业改制后的追加当事人释明
             │                      ┌─ 追加当事人的释明 ──────┼─ 公司解散诉讼的追加当事人释明
             └─ 诉讼主体层面的释明规则 ─┤                        ├─ 公司人格否认诉讼的追加公司被告释明
                                    │                      ├─ 追加交易主体被告释明
                                    │                      └─ 生态环境侵权的追加当事人释明
                                    │─ 变更当事人诉讼地位的释明
                                    │                        ┌─ 申请变更代管诉讼的释明
                                    └─ 另行起诉适格主体的释明 ─┤
                                                             └─ 企业改制诉讼的释明
```

图1 我国法官释明权规则

## （一）权利主张层面的释明规则

大陆法系所称的诉的变更，通常是指诉讼标的变更，① 诉讼标的的具体含义因新旧学说不同有较大差异。我国司法解释表述为变更诉讼请求，包括同一诉讼标的范围内增加具体请求内容，补正原因事实和变更诉讼标的，本书在权利主张层面探讨释明规则。

2001年《民事诉讼证据规定》第35条关于"告知当事人可以变更诉讼请求"的规定，最早确立了我国权利主张层面的释明一般规则，2019年《民事诉讼证据规定》第53条的"作为焦点问题进行审理"释明规则，取代了前述规则。至此，我国在制度层面取消了法官明确告知变更诉讼请求的释明规则。"作为焦点问题进行审理"释明实质上属于法律观点释明，通过法官开示不同于当事人的法律观点，给予其作出变更诉讼请求的选择机会，而非直接释明告知变更诉讼请求。以下将结合民事实体及程序规定、《九民纪要》《实质性化解矛盾纠纷的指导意见》中涉及与权利主张释明相关的内容详细论述。

1. 针对相互排斥权利主张的释明

在实体法权利体系中，特定的法律行为引起特定的法律后果，请求权基础对应的权利产生、消灭或妨碍的规范有所差别。以合同为例，合同依法生效，产生合同当事人依约定享有权利和履行义务的法律后果，若合同不符合生效要件，则根据其效力产生不同的法律后果，二者密切联系，不可割裂看待。如果合同被确认为无效，则产生自始无效的法律后果，对于已经履行的，产生返还财产、折价补偿、赔偿损失等法律后果。因此，合同无效的恢复义务与合同有效的履行合同义务，是相互排斥的。同理，解除合同产生权利消灭的效力，与继续履行合同义务也是相互排斥的。在

---

① 德、日等国诉的变更是指诉讼标的的变更，参见江伟主编：《民事诉讼法学》，复旦大学出版社2016年版，第330—331页。

法官释明：
从独白走向沟通

《九民纪要》《实质性化解矛盾纠纷的指导意见》《最高人民法院关于审理融资租赁合同纠纷案件适用法律问题的解释》（2020年修正）等规范性文件及相关司法解释中，针对合同效力、合同解除等内容作出释明规定。

（1）合同效力的释明

实务界有不同认识，《九民纪要》第36条专门对此予以明确。① 该项释明规则的制度意义在于，基于纠纷一次性解决的目的，确立对相互排斥的权利主张如何释明的基本规则，为法院解决合同效力与关联权利提供统一裁判思路，也有效避免突袭裁判。

对于该项释明规则是否超出当事人主张范围，有不同观点。本书认为，从释明范围来看，该规则的前半部分内容符合"有线索可寻"原则，法官释明的前提条件是原、被告双方就合同效力提出了相反的主张，意味着有一方当事人已经提出了合同无效的主张，可能是原告提起合同无效的确认之诉，也可能是被告提出合同无效的抗辩，法官并非无根据地重构诉讼，而是在"有线索可寻"的前提下释明当事人变更或追加诉讼请求。对于原告仅提出合同无效主张而忽视了返还财产等请求，因当事人有主张合同无效的意思表示，只是对具体权利请求不甚了解，法官释明也符合"有线索可寻"的原则。

从既判力范围来看，当事人和法院不得就已裁判的诉讼标的作出不同的主张和判断，诉讼标的具体所指直接关系到既判力的范围。无论是按照新诉讼标的理论，还是按照"旧实体法说"理论，合同关系都是原告起诉的权利依据，合同效力是判断合同权利义务的先决条件。为了一次性解决

---

① 《九民纪要》第36条，原、被告双方对合同效力提出相反的主张，人民法院"应向原告释明变更或者增加诉讼请求，或者向被告释明提出同时履行抗辩，尽可能一次性解决纠纷"，针对原、被告有给付行为的，原告请求确认合同无效，并未提出返还原物或者折价补偿、赔偿损失等请求的，"人民法院应当向其释明，告知其一并提出相应诉讼请求"，"同样应当向被告释明，告知其也可以提出返还请求"。"第一审人民法院未予释明，第二审人民法院认为应当对合同不成立、无效或者被撤销的法律后果作出判决的，可以直接释明并改判。当然，如果返还财产或者赔偿损失的范围确实难以确定或者双方争议较大的，也可以告知当事人通过另行起诉等方式解决，并在裁判文书中予以明确。"

纠纷，确认之诉和给付之诉尽可能在一次诉讼程序中解决，使得既判力及于二者。

然而，在原告主张合同无效时，不论被告是否有反诉的意思表示，法官均释明其提出返还请求，有过度释明之嫌。该规则对一审、二审法院如何释明作出制度安排，但对于二审可以释明后直接改判，应当明确要求法官先行征求双方当事人意见，否则有损审级利益。

《实质性化解矛盾纠纷的指导意见》第11条，进一步细化完善了合同纠纷案件的释明规则。① 该释明规则的制度意义在于，初步确立预备之诉合并的释明制度，有利于促进矛盾纠纷的实质性化解、一次性解决，避免当事人陷入反复的诉讼程序当中。合同效力认定是决定权利主张走向的关键性因素，如果当事人与法官的认识不一致，按照传统理解方式，则原告将面临败诉后另行起诉的诉累。上述规则运用客观合并之诉理论，允许当事人在一个诉讼程序内提出首选和备选的诉讼请求，同时授权法官可以就备选诉求进行释明问询，充分探明当事人的诉讼本意，在首选诉讼请求未获支持的情况下继续审查备选诉讼请求。为了平等保障双方当事人的程序权利，在原告经释明变更诉讼请求时，要求法官应当对等地向被告释明可以行使相应的抗辩权。本规则并未对被告没有意思表示的反诉请求作出释明要求。

（2）合同解除的释明

《九民纪要》第49条规定，合同解除的释明参照合同效力的释明原则。② 该项释明规则为合同解除问题确立了一般性释明规则，其制度意义

---

① 《实质性化解矛盾纠纷的指导意见》第11条，人民法院在受理、审理合同纠纷时，可以根据起诉和答辩情况，向原告作出如下释明：（1）起诉主张解除合同的，人民法院可以告知诉讼请求不能被支持或者合同无效情形下，是否请求继续履行合同或者主张缔约过失责任；（2）起诉主张继续履行合同的，人民法院可以告知合同无效或者履行不能情形下，是否主张缔约过失责任或者请求解除合同；（3）起诉主张合同无效的，人民法院可以告知合同有效或者履行不能情形下，是否请求继续履行合同或者解除合同。经释明，原告提出相应诉讼请求的，人民法院应当向被告释明可以行使抗辩权。

② 《九民纪要》第49条第2款，双务合同解除时人民法院的释明问题，参照本纪要第36条的相关规定处理。

与合同效力的释明相同。参照合同效力释明，可以从两个方面理解。

其一，原、被告出现继续履行合同和解除合同的不同观点时，法官应当释明两项权利相互排斥，解除合同对应的违约责任内容，释明原告补正有瑕疵的声明主张，被告提出相应的反诉主张。

其二，一审法院对于解除合同的违约责任未释明的，二审法院可以直接释明改判或者告知当事人另诉解决。

关于融资租赁合同纠纷的司法解释，用两个条文对特定类型合同的合同解除释明作出规定。① 与《九民纪要》的观点类似，要求当事人对于互相排斥的租金请求权和解除合同形成权择其一，仅提出解除合同请求的，释明其一并提出解除合同法律后果的权利主张。这可以视为对概括性主张的瑕疵补正，也是出于纠纷一次性解决的考虑。不同的是，该规定解决的是一方提出相反主张，对于双方提出相反主张并未作出规定，建议在具体案件审理中可以援引《九民纪要》的一般规则进行释明说理。

2. 针对先后顺序权利主张的释明

（1）报批义务的释明

附条件的法律行为，是以未来不确定的事实的发生或不发生作为法律行为发生或失去效力的限制条件，《民法典》第158条确立了"以可附条件为原则，禁止附条件为例外"的基本规则，体现了对当事人意思自治的尊重与必要限制的平衡。未经批准的合同不发生法律效力，义务人应积极促成合同生效，《九民纪要》对行政机关批准生效合同的释明内容予以明确。②《民法典合同编通则解释》进一步规定了经释明拒绝变更诉讼请求的

---

① 《最高人民法院关于审理融资租赁合同纠纷案件适用法律问题的解释》（2020年修正）第7条，当事人在一审诉讼中仅请求解除融资租赁合同，未对租赁物的归属及损失赔偿提出主张的，人民法院可以向当事人进行释明。第10条第1款，出租人既请求承租人支付合同约定的全部未付租金又请求解除融资租赁合同的，人民法院应告知其依《民法典》第752条的规定作出选择。

② 《九民纪要》第39条，须经行政机关批准生效的合同，一方请求另一方履行合同主要权利义务的，人民法院应当向其释明，将诉讼请求变更为请求履行报批义务。一方变更诉讼请求的，人民法院依法予以支持；经释明后当事人拒绝变更的，应当驳回其诉讼请求，但不影响其另行提起诉讼。

裁判方式。①

受合同性质影响，请求合同相对方履行报批义务的权利在先，如果当事人直接主张履行合同义务，因合同尚未生效而被认定为权利没有依据，将遭遇被判决驳回的败诉结果。第一项释明规则是释明变更诉讼请求的具体体现，其制度意义在于，确立了对有先后顺序的权利主张如何释明的具体规则，赋予法官释明变更诉讼请求的义务，旨在避免当事人因不了解法律规定而陷入无益的重复诉讼。第二项释明规则旨在进一步明确当事人经释明后拒绝变更诉讼请求的法律后果，报批义务是法定义务，也是附条件合同生效的前提条件，如果当事人坚持履行合同主要义务的诉求，将面临败诉风险。

（2）解散与清算请求权的释明

公司解散诉讼中，法院重点审查的是公司是否持续陷入僵局，本着尊重公司治理自治和保护公司利益的原则，先通过调解等方式尽量协调化解，解散判决不是必然选择。而清算程序侧重于解决公司解散或破产后的资产清理，与重在挽救的解散诉讼目的不同。因此，股东同时提起解散公司和公司清算的，法院可以释明其在解散后解决清算问题。②

解散公司与清算公司的权利主张有先后顺序，二者同时存在，解散公司的裁判既判力不及于清算公司的权利主张，既不同于预备之诉合并中具有其一成立其二消灭的权利主张，也不同于合同解除主权利及赔偿损失等附带权利的内在同步联系，从保护公司自治和正常经营的角度来说，不宜在一次诉讼中一并解决。该项释明规则的制度意义在于，确立了对不同诉

---

① 《民法典合同编通则解释》第12条第3款规定，合同获得批准前，当事人一方起诉请求对方履行合同约定的主要义务，经释明后拒绝变更诉讼请求的，人民法院应当判决驳回其诉讼请求，但是不影响其另行提起诉讼。

② 《最高人民法院关于适用〈中华人民共和国公司法〉若干问题的规定（二）》（2020年修正）第2条："股东提起解散公司诉讼，同时又申请人民法院对公司进行清算的，人民法院对其提出的清算申请不予受理。人民法院可以告知原告，在人民法院判决解散公司后，依据民法典第七十条、公司法第一百八十三条和本规定第七条的规定，自行组织清算或者另行申请人民法院对公司进行清算。"

讼标的之间存在先后顺序的权利主张如何释明的具体规则，旨在开示法律观点，引导当事人理性维权。该规定使用"可以告知"表述，该释明规则属于法官有权裁量是否释明的内容，既可以释明告知，也可以直接对清算主张不予受理，由当事人自行判断今后主张权利的途径。

3. 针对补正具体权利主张的释明

在诉讼标的明确的情况下，当事人可能一并提出关联权利主张，也可能概括性提出权利主张，具体内容遗漏或者具体金额不明确等情形，不属于诉讼标的的追加、变更，法官可以根据案情酌情决定释明。

（1）民事公益诉讼的追加、变更诉讼请求释明

民事公益诉讼是指基于法律的明确授权，对于有损社会公益的民事违法行为，特定主体根据法律规定向人民法院起诉，请求追究相关行为人的民事法律责任、维护社会公益的诉讼制度。[①] 民事公益诉讼的真谛在于为公共福祉而战，其诉讼标的带有明显的群体性和社会性，公共利益在现在或将来可能对每个人的生活或交易安全产生影响。

我国关于公益诉讼的三项司法解释共同指出，法院认为诉讼请求不足以保护社会公共利益的，可以释明变更或增加诉讼请求。[②] 该项释明规则的制度意义在于，在私益诉讼的基础上扩大公益诉讼的释明范围，敦促法官最大限度地保护社会公共利益，体现裁判的示范性效果。相比私益诉讼，该项释明规则允许法官不仅可以释明变更诉讼请求，还可以主动释明增加诉讼请求。

---

[①] 朱刚：《民事公益诉讼程序研究》，西南政法大学2019年博士学位论文，第25页。
[②] 《最高人民法院、最高人民检察院关于检察公益诉讼案件适用法律若干问题的解释》（2020年修正）第18条，人民法院认为人民检察院提出的诉讼请求不足以保护社会公共利益的，可以向其释明变更或者增加停止侵害、恢复原状等诉讼请求。《最高人民法院关于审理环境民事公益诉讼案件适用法律若干问题的解释》（2020年修正）第9条，人民法院认为原告提出的诉讼请求不足以保护社会公共利益的，可以向其释明变更或者增加停止侵害、修复生态环境等诉讼请求。《最高人民法院关于审理消费民事公益诉讼案件适用法律若干问题的解释》（2020年修正）第5条，人民法院认为原告提出的诉讼请求不足以保护社会公共利益的，可以向其释明变更或者增加停止侵害等诉讼请求。

（2）特定标的物价值的释明

2022年《民事诉讼法司法解释》在诉讼费用章节中对特定标的物价值难以确定时规定法官应当释明诉讼风险。① 如何计算特定标的物的价额，在司法解释论证中曾有另外两种观点：一是由法院按照市场价确定，但毕竟有少数特定物因独一无二而无法计算；二是按件收取诉讼费，但与客观实际脱离。由原告主张金额确定特定物的价额，无论过高或过低，都存在一定的诉讼风险，有必要提前向当事人提示，使其有机会预测是否作出相应调整。因此，司法解释规定，法官应当向其释明，引导其理性诉讼。这是针对特定权利主张项下的具体标的金额进行释明，有实质性的释明内容。当事人经释明后有权作出调整与否的决定，围绕诉争标的物充分举证直接关系到裁判结果，如果不释明，受一事不再理的影响，当事人无法对疏忽未曾主张的金额另行起诉。因此，法院有义务释明当事人评估诉讼风险后作出理性决定，该项内容符合释明内涵要求，是法官的义务。

（3）专利诉讼的明确权利要求释明

权利要求是专利法的核心概念，我国专利权司法解释强调权利要求的公示性导向，以专利权保护范围的确定性为社会公众提供明确预期。② 关于专利权司法解释规定明确权利要求的释明，③ 法官应当要求权利人在诉状中明确诉讼请求，当事人只有明确要求司法保护的权利要求，诉讼标的和审理对象才能明确，否则诉不适格，将被予以裁定驳回。

该项释明规则的制度意义在于，确立法官要求当事人明确诉讼请求的

---

① 《民事诉讼法司法解释》（2022年修正）第198条，诉讼标的物是房屋、土地、林木、车辆、船舶、文物等特定物或者知识产权，起诉时价值难以确定的，人民法院应当向原告释明主张过高或者过低的诉讼风险，以原告主张的价值确定诉讼标的金额。

② 《最高法发布侵犯专利权纠纷案司法解释（二）》，载中国法院网，https：//www.china-court.org/article/detail/2016/03/id/1826424.shtml，最后访问时间：2024年5月31日。

③ 《最高人民法院关于审理侵犯专利权纠纷案件应用法律若干问题的解释（二）》（2020年修正）第1条，权利要求书有两项以上权利要求的，权利人应当在起诉状中载明据以起诉被诉侵权人侵犯其专利权的权利要求。起诉状对此未记载或者记载不明的，人民法院应当要求权利人明确。经释明，权利人仍不予明确的，人民法院可以裁定驳回起诉。

具体释明规则。如果不明确权利请求，也影响攻击防御，造成对对方当事人的诉讼突袭。如果当事人经释明拒绝明确权利请求，因根本性权利主张不明确，不符合起诉条件，应当驳回起诉。

4. 放弃部分权利主张的释明

关于人身损害赔偿的司法解释规定，法官应当向权利人释明放弃诉讼请求的法律后果，是针对权利人所作处分行为的释明，且规定应在文书中予以说明。①

该项释明规则的制度意义在于，探明当事人的诉讼本意，避免因疏忽或误解而错误地遗漏部分义务主体。这种释明是非常必要的，如果权利人不慎错误放弃，将导致今后无法另行起诉其他义务主体，故法官有义务释明要求其明确是否有放弃实体权利的本意。

5. 实体抗辩的释明

针对请求权的实体抗辩，包括权利抗辩和事实抗辩。权利抗辩是当事人依据实体法上的抗辩权，在承认对方请求权的前提下提出阻却请求权，拒绝履行的抗辩。事实抗辩是当事人提出特定事实，抗辩主张对方的请求权自始不存在或已归于消灭。

（1）诉讼时效抗辩的释明

诉讼时效抗辩的效力是永久排除对方请求权，相比同时履行抗辩权、不安抗辩权和先诉抗辩权，更容易产生一方当事人直接败诉的颠覆性后果。关于诉讼时效的司法解释，确立了法院不得主动释明诉讼时效的规则。②

义务人有权自由选择是否认可权利人怠于行使权利，法官不得主动援

---

① 《最高人民法院关于审理人身损害赔偿案件适用法律若干问题的解释》（2022年修正）第2条第2款，人民法院应当将放弃诉讼请求的法律后果告知赔偿权利人，并将放弃诉讼请求的情况在法律文书中叙明。

② 《最高人民法院关于审理民事案件适用诉讼时效制度若干问题的规定》（2020年修正）第2条，当事人未提出诉讼时效抗辩，人民法院不应对诉讼时效问题进行释明。

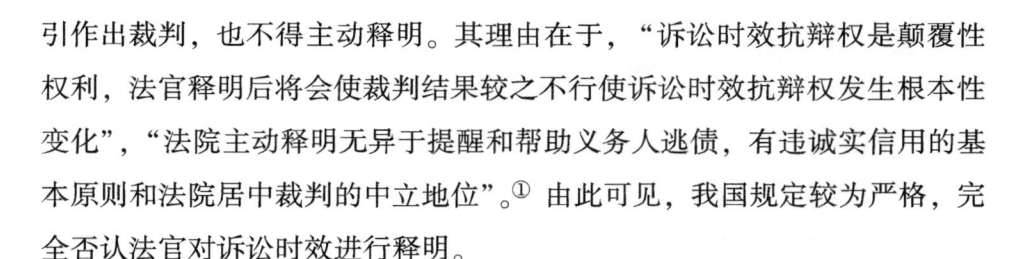

引作出裁判，也不得主动释明。其理由在于，"诉讼时效抗辩权是颠覆性权利，法官释明后将会使裁判结果较之不行使诉讼时效抗辩权发生根本性变化"，"法院主动释明无异于提醒和帮助义务人逃债，有违诚实信用的基本原则和法院居中裁判的中立地位"。① 由此可见，我国规定较为严格，完全否认法官对诉讼时效进行释明。

（2）违约金调整抗辩的释明

我国采取当事人申请启动违约金调整审查程序的模式，法律赋予当事人在诉讼中调整违约金的自主处分权。约定违约金不同于损害赔偿，兼有补偿和惩罚的双重属性，是建立在双方对合同风险有预期基础上的意思自治。调整违约金申请属于合同法上的减责抗辩，是被告针对原告诉求的实质性抗辩。从诉讼法角度看，免责抗辩和减责抗辩具有递进关系，诉讼系属后，法院要在一次诉讼中解决是否承担责任和责任比例。被告未主张减责抗辩，可能丧失围绕减责进行抗辩和举证的机会，面临失权风险，无法另行在新诉中提出减责抗辩的事实和理由。现行合同相关司法解释赋予法官释明被告作出选择的义务。

最高人民法院针对违约金调整是否应当释明出现过不同态度，由最初的自由裁量权转变为法官义务，尊重当事人是否申请调整的诉讼本意。2009年《最高人民法院关于当前形势下审理民商事合同纠纷案件若干问题的指导意见》指出，人民法院可以就当事人是否需要主张违约金过高问题进行释明，赋予法官具有释明的自由裁量权，旨在减轻当事人诉累，追求实质正义。《最高人民法院关于审理买卖合同纠纷案件适用法律问题的解释》（2020年修正）规定，法官有义务向免责抗辩的当事人释明违约金调

---

① 《最高人民法院民二庭负责人就〈关于审理民事案件适用诉讼时效制度若干问题的规定〉答记者问》，载最高人民法院民事审判第二庭：《最高人民法院关于民事案件诉讼时效司法解释理解与适用》，人民法院出版社2008年版，第6页。

整抗辩权，该条内容与2012年关于买卖合同的司法解释意思一致。① 该项释明规则的制度意义在于明确违约金调整抗辩权的法官释明义务，并对一审、二审法院释明的关系作出规定。

《民法典合同编通则解释》也明确规定了违约金调整的释明规则。② 其中，第66条第1款内容与上述买卖合同司法解释类似，赋予法官释明义务，在当事人仅提出免责抗辩时，提示其考虑将调整违约金作为备选抗辩，旨在实现一次性解决纠纷。第66条第2款增加一项规定，即一审缺席当事人在二审提出请求减少违约金，二审法院可以依法审查并作出判决，该项内容回应了实践中曾经存在的法官无法向缺席当事人释明的疑问，以保留二审申请权的方式保障了缺席当事人的程序权益。

### （二）事实主张及证据层面的释明规则

当事人为支持己方主张，有选择地将社会生活中的自然事实纳入诉讼，故相关事实承载着当事人对法律要素和法律价值的理解。因当事人诉讼能力的差异，法律本身的复杂性，当事人提出的事实主张及证据材料未必能全面、准确地反映其权利主张。按照法官释明接近事实真相，实现正义的主旨，法官有义务公开其临时心证，释明启发当事人补充完整要件事实，督促其提供完整的证据链。

---

① 《最高人民法院关于审理买卖合同纠纷案件适用法律问题的解释》（2020年修正）第21条规定，买卖合同当事人一方以对方违约为由主张支付违约金，对方以合同不成立、合同未生效、合同无效或者不构成违约等为由进行免责抗辩而未主张调整过高的违约金的，人民法院应当就法院者不支持免责抗辩，当事人是否需要主张调整违约金进行释明。一审法院认为免责抗辩成立且未予释明，二审法院认为应当判决支付违约金的，可以直接释明并改判。

② 《民法典合同编通则解释》第66条，当事人一方请求对方支付违约金，对方以合同不成立、无效、被撤销、确定不发生效力、不构成违约或者非违约方不存在损失等为由抗辩，未主张调整过高的违约金的，人民法院应当就不支持该抗辩，当事人是否请求调整违约金进行释明。第一审人民法院认为抗辩成立且未予释明，第二审人民法院认为应当判决支付违约金的，可以直接释明，并根据当事人的请求，在当事人就是否应当调整违约金充分举证、质证、辩论后，依法判决适当减少违约金。被告因客观原因在第一审程序中未到庭参加诉讼，但是在第二审程序中到庭参加诉讼并请求减少违约金的，第二审人民法院可以在当事人就是否应当调整违约金充分举证、质证、辩论后，依法判决适当减少违约金。

鉴于诉讼真实观的转型尚需时日，我国目前的法官释明权制度关于事实层面的内容几乎空白，仅对拟制自认和事实前后矛盾的释明有明确规定。关于证据材料的释明主要集中在举证释明一般性规则和鉴定事项上。

1. 事实主张的释明

（1）拟制自认的释明

自认是当事人基于处分权而实施的诉讼行为，具有免除对方举证责任的法律效力。为避免因一方当事人的消极沉默而使案件事实因缺少对抗而出现真伪不明，法律设置拟制自认制度。拟制自认是指一方当事人对另一方当事人主张的于己不利的事实在诉讼中既不承认也不否认，法律上拟制其自认该事实的制度。

2001年《民事诉讼证据规定》首次确立法官对拟制自认的释明，虽未明确是"可以"还是"应当"，但从上下文判断应是法官的义务，未经法官说明并询问，不产生拟制自认的法律效果。

2019年《民事诉讼证据规定》在保留上述规定的基础上，将"充分说明并询问"改为"说明并询问"，新增了必要共同诉讼的共同诉讼人之间拟制自认的释明规则。① 该项释明规则的制度意义在于，平衡当事人辩论权和法院发现真实职责，将法官释明作为拟制自认发生的前提条件，消极沉默的当事人必须明知其行为将产生拟制自认的法律后果。2019年《民事诉讼证据规定》还进一步完善自认主体类型，新增共同诉讼人的自认，要求法官对必要共同诉讼中消极沉默的共同诉讼人说明并询问，经释明仍不明确表态，则发生拟制自认效力。

---

① 2019年《民事诉讼证据规定》第4条，一方当事人对于另一方当事人主张的于己不利的事实既不承认也不否认，经审判人员说明并询问后，其仍然不明确表示肯定或者否定的，视为对该事实的承认。第6条第2款，必要共同诉讼中，共同诉讼人中一人或者数人作出自认而其他共同诉讼人予以否认的，不发生自认的效力。其他共同诉讼人既不承认也不否认，经审判人员说明并询问后仍然不明确表示意见的，视为全体共同诉讼人的自认。

### （2）事实陈述前后矛盾的释明

以辩论主义为基础的民事诉讼构造，尊重当事人的意思表示，以当事人提出的事实主张和证据作为裁判依据。同时，民事诉讼不能异化为恶意争斗的竞技场，任由当事人颠倒黑白，不能将不真实的主张作为裁判基础，亦不能容忍虚假陈述。经过坎坷的争论历程后，当事人真实义务被纳入各国民事诉讼法，当事人在诉讼中有义务真实陈述事实状况。

诉讼过程中，当事人可能出现前后不一致的事实陈述，不宜一概按照禁反言处理，法官有必要释明，敦促当事人明确不清楚的事实主张，就前后不一致说明理由，法官据此作出不同处理。

2019年《民事诉讼证据规定》及2022年《民事诉讼法司法解释》对此确立了释明规则，要求法官询问准备阶段与庭审中的前后陈述不一的理由。① 其制度意义在于，以释明方式帮助当事人明确不清楚的事实主张，给予其充分的辩论机会，这既区别于职权探知模式下的查证方式，也优于直接排除事实主张的简单处理方式。我国法院审理的大量民事案件没有职业律师代理，实践中，当事人因年龄、认知水平等主观因素可能导致前后陈述不一致，或因形势变化、履行状态变化等客观因素导致前后陈述不一致，有审判经验的法官通常会仔细询问当事人，帮助其明确地陈述案件事实。② 该项释明规则是对司法实践中做法的肯定，也是对当事人真实义务的程序优化设置。

---

① 《民事诉讼法司法解释》（2022年修正）第229条，当事人在庭审中对其在审理前的准备阶段认可的事实和证据提出不同意见的，人民法院应当责令其说明理由。必要时，可以责令其提供相应证据。人民法院应当结合当事人的诉讼能力、证据和案件的具体情况进行审查。理由成立的，可以列入争议焦点进行审理。第340条第2款，当事人推翻其在第一审程序中实施的诉讼行为时，人民法院应当责令其说明理由。理由不成立的，不予支持。2019年《民事诉讼证据规定》第63条第1款、第2款规定，当事人应当就案件事实作真实、完整的陈述。当事人的陈述与此前陈述不一致的，人民法院应当责令其说明理由，并结合当事人的诉讼能力、证据和案件具体情况进行审查认定。

② 笔者在法院工作期间，亲眼见过很多法官耐心细致地引导、帮助老年人等特殊群体，民间借贷、劳动争议等纠纷时间跨度大的案件当事人明确事实陈述，而不是直接对前后矛盾的陈述作出否定性评价。

2. 证据材料的释明

2001年《民事诉讼证据规定》第3条和第33条被认为是关于举证释明的最早规定，但因其原则性规定在实践中可操作性不强，在司法实践中通常表现为泛泛说明法律规定的举证通知书，并未发挥释明的真正价值作用。举证释明不应是解释说明证据规定，而是以公开临时心证为核心的动态双向沟通交流。

在攻击防御过程中，当事人致力于充分陈述事实主张和举证，证明自身的权利主张符合请求权基础要求，或证明自身的抗辩、抗辩权产生相应法律效力。法官应当在形成内心确信之前公开临时心证，敦促当事人补充新的证据，补正瑕疵证据。

近年来，学界和实务界在证明材料的释明方面进行了很多深入细致的研究。然而，制度规范主要集中在鉴定释明方面，在证据材料释明的一般性规则上仍有待进行实质化完善，为法官释明当事人补充及补正证据指明具体方向。

（1）举证释明的一般规则

2019年《民事诉讼证据规定》保留了关于举证释明的一般规则，仅对送达举证通知书的阶段作出调整。① 该项释明规则的制度意义在于，法官有义务就当事人举证进行释明，释明方式为书面举证通知书，释明内容主要包括：证明责任分配原则、申请职权调查范围、举证时限及逾期举证后果，敦促当事人积极、全面、正确、诚实地举证。

这里探讨两个问题：其一，举证释明的规定是否符合法官释明权制度的本质属性。与法官单向告知当事人实施其他诉讼行为不同，举证释明是为了帮助当事人更好地提出证据，当事人根据释明内容决定是否作出相应

---

① 2019年《民事诉讼证据规定》第2条第1款，人民法院应当向当事人说明举证的要求及法律后果，促使当事人在合理期限内积极、全面、正确、诚实地完成举证。第50条，人民法院应当在审理前的准备阶段向当事人送达举证通知书。举证通知书应当载明举证责任的分配原则和要求、可以向人民法院申请调查收集证据的情形、人民法院根据案件情况指定的举证期限以及逾期提供证据的法律后果等内容。

的举证调整，对裁判依据的事实基础产生直接影响，符合法官释明的本质要求。其二，举证释明达到什么程度符合法官释明的基本要求。如果仅仅向当事人告知举证的一般要求和法律后果，难以发挥敦促当事人全面正确举证的作用，无法实现司法解释对举证释明的期待。从法官释明权的内涵来看，举证释明应当是法官结合具体案情、当事人的诉辩主张、案件事实查明程度等情况综合判断，向当事人提出具体释明内容。

（2）立案法官的补充必要材料释明

我国非常重视立案阶段的法官一次性告知义务，司法解释及《九民纪要》对于释明当事人补充证据材料均有表述。该项释明规则的制度意义在于，敦促当事人完善起诉或申请材料，不得以初次提交材料不齐全而不予受理，保障当事人的程序权益。该项内容相比举证释明更为详细，与立案职责的中立性有关。

其一，2022年《民事诉讼法司法解释》规定了立案法官应当释明补充立案必要材料；① 其二，执行司法解释规定了立案法官应当释明补充执行异议申请必要材料；② 其三，《九民纪要》指出，立案法官有义务释明当事人补充破产申请材料。③ 上述规定虽未明确列举应释明的具体事项，但从释明的基本法理分析，法官不能泛泛要求，而是应当针对立案或申请的法定条件，要求当事人提供能够证明起诉或申请成立的必要证据材料。

（3）鉴定事项的释明

鉴定事项的释明，是目前我国唯一以制度形式予以明确的具体举证释明，在司法实践中也是最常见的。该项释明规则的制度意义在于，赋予法

---

① 《民事诉讼法司法解释》（2022年修正）第208条第2款，需要补充必要相关材料的，人民法院应当及时告知当事人。在补齐相关材料后，应当在七日内决定是否立案。

② 《最高人民法院关于人民法院办理执行异议和复议案件若干问题的规定》（2020年修正）第2条第2款，执行异议申请材料不齐备的，人民法院应当一次性告知异议人在三日内补足，逾期未补足的，不予受理。

③ 《九民纪要》第107条，破产申请材料不完备的，立案部门应当告知当事人在指定期限内补充材料。

官审查甄别鉴定必要性并向当事人询问是否鉴定的义务，平衡了探寻案件真实和保障当事人程序权益，初步承认法官释明当事人补充证据的观念。具体体现在：

其一，2019年《民事诉讼证据规定》对鉴定事项释明作出一般性规定，法官认为待证事实需要鉴定证明的，有义务释明当事人，并指定鉴定申请期间，当事人经释明未在指定期间合理提出鉴定申请的，承担事实真伪不明的证明责任。[1]

其二，建设施工合同案件司法解释对工程问题的鉴定释明作出规定，[2] 法官认为有必要鉴定证明工程专门性问题的，有义务释明当事人。该司法解释对于当事人一审未申请鉴定而在二审中提出的处理方式作出明确规定，法官认为确有必要鉴定的，发回重审或查清事实后改判，统一了裁判尺度，实践中过去存在二审驳回鉴定申请的做法。该项内容在过去的建设施工合同案件司法解释中没有规定，此次新增内容是对鉴定事项释明的具体化，与一般规则一脉相承。

此外，环境侵权责任案件司法解释曾对环境侵权的专门性问题鉴定事项作出释明规定，[3] 法院认为有必要时可以释明当事人申请专家辅助人对鉴定意见发表意见。2023年出台的《最高人民法院关于生态环境侵权民事

---

[1] 2019年《民事诉讼证据规定》第30条第1款，人民法院在审理案件过程中认为待证事实需要通过鉴定意见证明的，应当向当事人释明，并指定提出鉴定申请的期间。第31条第2款，对需要鉴定的待证事实负有举证责任的当事人，在人民法院指定期间内无正当理由不提出鉴定申请或者不预交鉴定费用，或者拒不提供相关材料，致使待证事实无法查明的，应当承担举证不能的法律后果。

[2] 《最高人民法院关于审理建设工程施工合同纠纷案件适用法律问题的解释（一）》（2020年修正）第32条，当事人对工程造价、质量、修复费用等专门性问题有争议，人民法院认为需要鉴定的，应当向负有举证责任的当事人释明。当事人经释明未申请鉴定，虽申请鉴定但未支付鉴定费用或者拒不提供相关材料的，应当承担举证不能的法律后果。一审诉讼中负有举证责任的当事人未申请鉴定，虽申请鉴定但未支付鉴定费用或者拒不提供相关材料，二审诉讼中申请鉴定，人民法院认为确有必要的，应当依照《民事诉讼法》第170条第1款第3项的规定处理。

[3] 《最高人民法院关于审理环境侵权责任纠纷案件适用法律若干问题的解释》（2020年修正，已失效）第9条第1款，当事人申请通知一至两名具有专门知识的人出庭，就鉴定意见或者污染物认定、损害结果、因果关系、修复措施等专业问题提出意见的，人民法院可以准许。当事人未申请，人民法院认为有必要的，可以进行释明。

诉讼证据的若干规定》继续支持当事人申请专家辅助人的做法，但删除了法官释明内容，与该规定秉持"有限许可、严格限制"鉴定规则有一定关系。

### （三）法律观点层面的释明规则

过去，法官习惯于独白式的法律适用过程，关注点在于法律适用是否准确，是否符合类案裁判尺度。在诉讼中，法官就法律适用问题倾向于不组织专门询问意见，而是侧重于判后说明裁判理由和依据，引导当事人息诉服判，有些地区推行"判后答疑"制度。从提高裁判接受度的角度看，该制度有助于当事人明白法理与情理，有其积极意义。

然而，法官的良苦用心，并非都能在判后得到当事人的理解，即使是依法作出裁判，因为当事人对法律适用过程缺少事先的知情和参与，容易产生"早知如此，何必当初"的心态。因此，未经释明的突袭裁判容易产生上诉、申请再审和信访。

近年来，我国从法律关系性质、法律权利构成要件、程序事项法律性质、人事诉讼案件特有权利等角度，对法律观点释明进行了有益探索。

1. 当事人与法官法律观点不一致的释明

2001 年《民事诉讼证据规定》第 35 条规定，当事人与法官在法律行为效力、法律关系性质等方面的法律观点不同的，法官应当告知当事人变更诉讼请求，首次确立针对当事人与法官的法律观点不同的释明规则，以当事人提供的事实主张为限。从举证时限的角度看，该规定旨在说明诉讼请求变更后提出的证据不受原举证时限限制，同时也被视为法官释明的重要内容。该规定在法官与当事人共同促进诉讼实质性进展，实现实质正义等方面有积极意义。然而，实践中针对释明的限度、一二审观点不一等问题争议较大。

2019 年《民事诉讼证据规定》取消了法官告知当事人变更诉求的规

定，要求法官将与当事人认识不一的法律相关问题作为争议焦点进行审理，实质上属于法律观点的释明，赋予当事人决定是否变更诉讼请求的权利，调整事实陈述及举证的机会，兼顾当事人诉讼权利保障和法院裁判的合法性。

梳理2020年以来集中修改、发布的司法解释发现，对于当事人起诉的法律关系与法官认识不同的，合同及侵权领域仍有法官释明变更诉讼请求的规定，在规范体系上与2019年《民事诉讼证据规定》的内在逻辑不统一。此外，《最高人民法院关于审理民间借贷案件适用法律若干问题的规定》（2020年修正）在2020年8月修正时删除了法官释明当事人变更诉讼请求的规定，改为法院应当按照民间借贷法律关系审理，当事人主动变更诉讼请求的，法院应予以准许。

目前，我国法律、司法解释及司法规范性文件中涉及的法律观点释明内容主要包括以下几个方面。

（1）当事人对法律关系存在误解的释明

当事人在起诉之初对法律规定存在误解，法院应当释明告知双方当事人不同权利主张背后的法律关系的区别，询问原告是否作出诉的变更。这种做法，既能平等保护双方当事人及案外人利益，也能避免原告在未知情况下败诉后另诉带来的诉累，符合司法公正和诉讼经济的要求。为此，有两项司法解释和《九民纪要》确立了三项释明规则。

其一，工伤事故救济的释明。关于人身损害赔偿纠纷的司法解释规定，因工伤事故遭受人身损害的，法官释明当事人按照工伤保险规定主张权利。[①] 因劳动者所在单位参加工伤保险统筹，发生工伤事故时就不属于民事领域的雇佣赔偿法律关系，权利人应向劳动行政部门主张工伤认定及相应赔偿主张。为此，司法解释要求法官向当事人释明正确的法律关系，

---

① 《最高人民法院关于审理人身损害赔偿案件适用法律若干问题的解释》（2022年修正）第3条第1款，依法应当参加工伤保险统筹的用人单位的劳动者，因工伤事故遭受人身损害，劳动者或者其近亲属向人民法院起诉请求用人单位承担民事赔偿责任的，告知其按《工伤保险条例》的规定处理。

引导其正确维权。然而，司法解释并未规定是"可以"抑或"应当"告知，也未规定告知的阶段是诉中还是判后，有待在今后的制度完善中加以明确。鉴于我国未实行律师强制代理制度，国民的法律素质尚未达到对各类法律关系及法律程序熟知运用的程度，立案登记阶段因未进行实质审查而无法告知，审判法官如果不予以释明，当事人可能因不知晓向劳动行政部门主张权利而导致超期的主张不能。因此，建议将该项释明内容作为法官义务在诉中予以明确。

其二，土地仲裁裁决的释明。关于农村土地承包经营纠纷调解仲裁的司法解释规定，当事人如对土地承包仲裁裁决有异议的，法官应释明其以原有基础法律关系起诉主张权利。① 与劳动仲裁类似，土地承包仲裁裁决是针对基础纠纷作出的行政裁决，是诉讼的前置程序，当事人如不服裁决，向法院主张的应是原有纠纷，法院作出裁判后原裁决失去效力。土地仲裁裁决的释明，司法解释确定为法官义务，但并未明确适用阶段，如果是判后告知就不属于释明。该项释明涉及法律观点与事实之间的关系，法官如果不释明，当事人还有机会另诉，但由于当事人忽视了仲裁裁决不可诉的性质，未能将诉讼请求修正为原纠纷的法律关系，就可能面临以诉不适格被驳回起诉的后果。因此，该项释明可视为法官的义务，有利于实现纠纷一次性解决，避免"程序空转"带来新的不公正。

其三，以物抵债协议的释明。《九民纪要》第45条确立了履行期届满前达成以物抵债协议的释明规则，债权人依据以物抵债协议请求交付抵债物的，法官应当释明其按照原有债权债务关系起诉，并对释明后果作出规

---

① 《最高人民法院关于审理涉及农村土地承包经营纠纷调解仲裁案件适用法律若干问题的解释》（2020年修正）第3条，当事人在收到农村土地承包仲裁委员会作出的裁决书之日起30日内，向人民法院提起诉讼，请求撤销仲裁裁决的，人民法院应当告知当事人就原纠纷提起诉讼。

定。① 履行期届满前达成的以物抵债协议，其法律性质是新债担保，根据《民法典合同编通则解释》第 28 条第 2 款规定，对于履行期满前的以物抵债协议，当事人可以约定拍卖、变卖、折价抵债财产，但约定所有权转移则属于无效。②

（2）当事人故意虚构法律关系的释明

《九民纪要》第 102 条确立了虚构转贴现协议的释明规则。当事人之间不存在真实的转贴现合同关系或虚构事实的，法官应当释明其按照真实交易关系提出诉求。③ 转贴现是银行之间为融通资金而达成的票据转让协议，由转贴现行向持票人支付转贴现款。为防范票据融资市场风险，维护正常交易安全，法院应严格审查票据关系是否真实存在，正确理解票据行为无因性。法官经审查发现不存在转贴现关系，或当事人虚构的，应当释明要求原告明确其是否作出诉的变更，既是保障当事人不受突袭裁判，也是通过裁判宣示法律价值，教育当事人依法公平交易。

2. 当事人明显忽略的法律观点释明

当事人因不了解法律规定而明显忽略的法律观点，法官如果从当事人提供的事实及证据材料中能够判断该观点可能成为裁判依据，则应当公开指出该法律观点，为当事人提供预测裁判结果、调整攻击防御方法和陈述法律意见的机会，当事人新的陈述对法官的法律观点可能产生实质性影响。

---

① 《九民纪要》第 45 条，当事人在债务履行期届满前达成以物抵债协议，抵债物尚未交付债权人，债权人请求债务人交付的，因此种情况不同于本纪要第 71 条规定的让与担保，人民法院应当向其释明，其应当根据原债权债务关系提起诉讼。经释明后当事人仍拒绝变更诉讼请求的，应当驳回其诉讼请求，但不影响其根据原债权债务关系另行提起诉讼。

② 《民法典合同编通则解释》第 28 条第 2 款，当事人约定债务人到期没有清偿债务，债权人可以对抵债财产拍卖、变卖、折价以实现债权的，人民法院应当认定该约定有效。当事人约定债务人到期没有清偿债务，抵债财产归债权人所有的，人民法院应当认定该约定无效，但是不影响其他部分的效力；债权人请求对抵债财产拍卖、变卖、折价以实现债权的，人民法院应予支持。

③ 《九民纪要》第 102 条，当事人虚构转贴现事实，或者当事人之间不存在真实的转贴现合同法律关系的，人民法院应当向当事人释明按照真实交易关系提出诉讼请求，并按照真实交易关系和当事人约定本意依法确定当事人的责任。

我国最有特色的是，法官的告知内容集中在程序事项的法律性质上，但未明确告知的期间是诉讼中还是裁判后。如果是诉讼中告知，当事人根据法官的法律观点可以预判本次诉讼难以成立的结果，可能选择撤回起诉，也可能仍坚持诉求而面临败诉后果。因此，今后在该类释明规则的完善上有必要明确告知期间及告知方式。

(1) 程序事项法律性质的释明

按照处分权主义原则，当事人有权决定程序的启动和终结。然而，由于对法律程序事项的法律性质认知偏差，可能影响当事人自由行使处分权，其诉讼本意难以实现。法官如果未经释明直接判决驳回诉讼请求，虽未剥夺当事人按照正确程序另行起诉的权利，但当事人因不了解法律规定而丧失撤回起诉的机会，不仅产生程序空转的诉累，不利于诉讼经济，也影响人民法院的司法公信力。目前，涉及程序事项法律性质的释明规则主要包括以下五项内容。

其一，权利不可诉的释明。《九民纪要》第29条规定，股东起诉要求判令公司召开股东大会，法官应当向当事人开示法律观点，股东有权依据《公司法》规定自行召开股东大会，无须通过诉讼请求法院裁判。[①] 换言之，该项实体权利不属于法院受理的范围，当事人知晓该法律观点后自行选择撤回起诉，避免不必要的诉累。

其二，撤回起诉的释明。《九民纪要》第44条规定，当事人在诉讼中达成以物抵债协议后撤回上诉的，法院应当释明其撤回起诉。[②] 当事人在履行期满后达成以物抵债协议，实际是形成新债清偿协议，新债务未履行完毕前，旧的债权债务关系并未当然消灭。撤回起诉，是当事人意思自治

---

[①] 《九民纪要》第29条，股东请求判令公司召开股东（大）会的，人民法院应当告知其按照《公司法》第40条或者第101条规定的程序自行召开。股东坚持起诉的，人民法院应当裁定不予受理；已经受理的，裁定驳回起诉。

[②] 《九民纪要》第44条第2款，当事人在一审程序中因达成以物抵债协议申请撤回起诉的，人民法院可予准许。当事人在二审程序中申请撤回上诉的，人民法院应当告知其申请撤回起诉。

的体现，即不再向法院主张解决原债权债务纠纷，法院应当尊重其达成新债清偿的意愿，即使将来发生争议，当事人可以直接请求履行该协议。撤回上诉则意味着一审裁判发生法律效力，一审法院对原债权债务关系的处理发生既判力，当事人无法作出与之不同的权利处分，明显与当事人的诉讼本意不符。因此，在当事人混淆撤回起诉和撤回上诉的法律性质时，二审法官应当开示法律观点，帮助当事人作出符合其诉讼本意的正确选择。

其三，再审程序的释明。为兼顾实质正义与程序安定，我国民事诉讼法分别规定了执行异议之诉、第三人撤销之诉、再审申请，明确了执行异议之诉不以否定作为执行依据的生效裁判为目的。当事人很难理解不同程序的法律性质及启动条件，法官有义务释明，启发当事人作出符合其诉讼本意的选择。《九民纪要》第 123 条指出，在执行异议之诉案件审理中，当事人如果认为裁判有错误，法院应根据执行依据和执行异议依据的裁判性质，向当事人释明程序启动的先后顺序，从而实现异议人希望排除对标的物的强制执行。① 关于执行异议和复议的相关司法解释规定，当事人或案外人提出与执行依据相冲突的事由或文书的，法院应当告知其申请再审或通过其他程序解决。②

其四，破产程序的释明。破产程序是债务人在资不抵债或明显缺乏清偿能力的情况下，一次性清理其全部资产及债权债务关系的法律程序，属于概括性执行。为保障平等清偿，破产法律确立严格的债权申报制度、确认制度、债权人会议制度，对债权进行合理分类。破产程序具有促进市场

---

① 《九民纪要》第 123 条，如果作为执行依据的生效裁判是确权裁判，不论作为执行异议依据的裁判是确权裁判还是给付裁判，一般不应据此排除执行，但人民法院应当告知案外人对作为执行依据的确权裁判申请再审；如果作为执行依据的生效裁判是给付标的物的裁判，而作为提出异议之诉依据的裁判是确权裁判，一般应据此排除执行，此时人民法院应告知其对该确权裁判申请再审。

② 《最高人民法院关于人民法院办理执行异议和复议案件若干问题的规定》（2020 年修正）第 7 条第 3 款，除本规定第 19 条规定的情形外，被执行人以执行依据生效之前的实体事由提出排除执行异议的，人民法院应当告知其依法申请再审或者通过其他程序解决。第 26 条第 3 款，非金钱债权执行中，案外人依据另案生效法律文书提出排除执行异议，该法律文书对执行标的权属作出不同认定的，人民法院应当告知案外人依法申请再审或者通过其他程序解决。

产能优化和资源再配置的功能，兼顾挽救与清退，在程序设置上对破产清算和强制清算有先后位序安排。启动破产程序后，所有债权人均应按照特定程序要求主张权利。为此，2022年《民事诉讼法司法解释》规定，对于符合破产条件的，征得当事人同意后执行移转破产审查，① 实质上是在尊重当事人意思自治的基础上适用法官释明，启发当事人在知晓法律后果的前提下作出符合其真实本意的理性决定。② 《九民纪要》第110条和第117条分别就申报债权和清算程序选择作出释明规定。③

其五，法院管辖的释明。2022年《民事诉讼法司法解释》第211条、《最高人民法院关于适用〈中华人民共和国民事诉讼法〉执行程序若干问题的解释》第3条第2款规定法官告知当事人向有管辖权的法院起诉或申请执行，④ 但并未说明是泛泛地告知还是明确具体管辖法院。当事人对管辖规定理解不正确的，立案法官如果结合本案说明法律观点，符合释明要求，否则不属于释明。

此外，实体法及程序法中有很多"告知另行起诉""告知另行主张权利"的规定，虽然体现了法官对程序选择权的法律观点，但因其并非在同一诉讼程序中促使当事人作出相应选择，实践中通常是在判后说明，故不属于法律观点释明。

---

① 《民事诉讼法司法解释》（2022年修正）第511条，在执行中，作为被执行人的企业法人符合《企业破产法》第2条第1款规定情形的，执行法院经申请执行人之一或者被执行人同意，应当裁定中止对该被执行人的执行，将执行案件相关材料移送被执行人住所地人民法院。

② 陈琳：《完善执行转破产程序衔接中的信息双向沟通机制》，载《人民司法》2020年第28期。

③ 《九民纪要》第110条第3款，人民法院受理破产申请后，债权人新提起的要求债务人清偿的民事诉讼，人民法院不予受理，同时告知债权人应当向管理人申报债权。第117条，债权人对符合破产清算条件的债务人提起公司强制清算申请，经人民法院释明，债权人仍然坚持申请对债务人强制清算的，人民法院应当裁定不予受理。

④ 《民事诉讼法司法解释》（2022年修正）第211条，对本院没有管辖权的案件，告知原告向有管辖权的人民法院起诉；原告坚持起诉的，裁定不予受理；立案后发现本院没有管辖权的，应当将案件移送有管辖权的人民法院。《最高人民法院关于适用〈中华人民共和国民事诉讼法〉执行程序若干问题的解释》（2020年修正）第3条第2款，人民法院对当事人提出的异议，应当审查。异议成立的，应当撤销执行案件，并告知当事人向有管辖权的人民法院申请执行；异议不成立，裁定驳回。当事人对裁定不服的，可以向上一级人民法院申请复议。

（2）人事诉讼案件的释明

人事诉讼案件适用非讼程序，当事人处分权一定程度上受到社会公共利益维护的限制，但在保障当事人程序权利方面，体现民事程序原理的法官释明权制度准用于非讼程序，法院赋予当事人充分的攻击防御机会，避免突袭性裁判，是程序制度理念所需要的。我国婚姻家庭司法解释规定了两项释明规则：

其一，婚姻无效的释明。从上下文表述分析可知，司法解释要求法官在作出婚姻无效的裁判前先行告知当事人无效的情形，属于裁判前的法律观点释明。① 婚姻无效是法律从社会公益角度对婚姻状态作出的否定性评价，无论当事人在诉讼中是否主张婚姻效力，法官都有权准确适用法律作出效力认定，因此属于法官酌情释明范畴。该项释明规则的制度意义在于，向当事人提前开示婚姻效力的法律评价，敦促当事人调整攻击防御方法，避免突袭裁判。

其二，无过错方损害赔偿请求权的释明。《民法典》第1091条规定了无过错方在法定情形下有权请求损害赔偿，但当事人可能并不知晓该项实体权利。与公益诉讼中的法官直接释明追加、变更诉讼请求不同的是，婚姻家庭司法解释规定的是法官书面告知该项权利的存在，② 应属于提示当事人忽视的法律观点。

## （四）诉讼主体层面的释明规则

诉讼主体的范围及其参诉地位，直接关系到当事人的程序主体地位保障，也关系到既判力所及范围。诉讼主体的确定是法官依职权审查的程序

---

① 《最高人民法院关于适用〈中华人民共和国民法典〉婚姻家庭编的解释（一）》第12条，人民法院受理离婚案件后，经审理确属无效婚姻的，应当将婚姻无效的情形告知当事人，并依法作出确认婚姻无效的判决。

② 《最高人民法院关于适用〈中华人民共和国民法典〉婚姻家庭编的解释（一）》第88条，人民法院受理离婚案件时，应当将《民法典》第1091条等规定中当事人的有关权利义务，书面告知当事人。

性事项，法官具有最终决定权。但对于当事人基于实体处分权所作出的是否参诉或者追加谁参诉的决定，当事人有权表达自身意愿，法官在作出最终决定前应当尊重其意思表示。我国在诉讼主体释明领域的规则，更多侧重于追加当事人的释明，其制度初衷在于查明事实，对于当事人不适格的，倾向于采取释明另行起诉的方式。

1. 追加当事人的释明

（1）未成年人侵权行为的追加原监护人释明

《民法典侵权责任编解释（一）》立足保护未成年人成长的司法理念，对于被监护人侵权的，由监护人承担侵权人应承担的全部赔偿责任。被监护人无论是无民事行为能力人，还是限制民事行为能力人，均不得因其本人有财产而承担侵权责任。针对侵权时未成年，被诉时已成年的侵权人，相应地调整了既往裁判标准，明确仍由原监护人承担侵权责任，规定原监护人承担侵权人应承担的全部赔偿责任，并协调规定了赔偿费用支付问题。因此，作为义务主体，原监护人应当作为共同被告参诉。司法解释规定，原告仅起诉侵权行为人的，法院应当释明其追加原监护人。[①]

（2）校园伤害案件的追加实际侵权人释明

《民法典侵权责任编解释（一）》针对遭受校外人员人身伤害的校园伤害案件，设置了追加实际侵权人的释明规则。[②] 学生在校内遭受校外人员人身损害的，实施侵权行为的第三人是第一责任主体，未尽到管理职责的教育机构承担顺位在后的补充责任，被侵权人可以一并起诉。如果实际侵权人能确定，而原告仅起诉教育机构，因教育机构只承担补充责任，不利于原告在一个诉讼程序内及时获得全面赔偿，故法院应当释明其追加实际侵权人为共同被告。

---

① 《民法典侵权责任编解释（一）》第6条第2款规定，前款规定情形，被侵权人仅起诉行为人的，人民法院应当向原告释明申请追加原监护人为共同被告。

② 《民法典侵权责任编解释（一）》第14条第2款规定，被侵权人仅起诉教育机构的，人民法院应当向原告释明申请追加实施侵权行为的第三人为共同被告。

（3）企业改制后的追加当事人释明

"企业被出售后追加被告释明"和"企业被兼并后追加被告释明"，均属于企业改制后的追加当事人释明规则。企业无论是被出售后还是被兼并后，其权利义务主体都会发生变化，由买受人或合并后的法人直接享有和承担。除依法不需要办理法人登记的，法人在完成注销后方可终止。因此，在未完成注销登记前，被出售或兼并企业仍具有诉讼主体资格，但如果仅将其作为被告，受出售或兼并后资产转移、权利继受等影响，不利于保护其他市场交易主体利益。有关企业改制的司法解释确立了法官的追加当事人释明义务，体现了兼顾保障当事人实体权益和程序权益，① 相比依职权追加当事人是有进步的。

从实体法角度看，被追加的被告是直接承担责任的主体；从诉讼法角度看，被追加的被告是固有必要共同诉讼的共同被告，诉讼标的同一，是实体法律关系中不可或缺的组成，必须作出合一确定的裁判。因此，原告如果在不知情的情况下遗漏对其同时提出诉求，将面临诉不适格的不利后果。

过去，法院依职权直接追加当事人是主要形式，旨在保护相对人利益，实现案结事了。随着民事审判方式改革的深入推进，当事人自身意愿受到尊重，究竟是追加当事人还是放弃对部分当事人的权利主张，是当事人处分权的应有之义。考虑到当事人可能对企业状态、法律规定的信息了解不全面，故法官应释明其有权追加应当直接承担责任的主体作为被告。司法解释只规定了追加后依法判令其承担责任，但未规定如果当事人经释明未追加的法律后果。按照固有必要共同诉讼的原理，不予追加的，法院

---

① 《最高人民法院关于审理与企业改制相关的民事纠纷案件若干问题的规定》（2020年修正）第27条，企业售出后，应当办理而未办理企业法人注销登记，债权人起诉该企业的，人民法院应当根据企业资产转让后的具体情况，告知债权人追加责任主体，并判令责任主体承担民事责任。第33条，企业吸收合并或新设合并后，被兼并企业应当办理而未办理工商注销登记，债权人起诉被兼并企业的，人民法院应当根据企业兼并后的具体情况，告知债权人追加责任主体，并判令责任主体承担民事责任。

应以诉不适格驳回起诉。

（4）公司解散诉讼的追加当事人释明

当公司持续陷入僵局，公司经营管理发生严重困难，持有公司全部股东表决权10%以上的股东有权提起公司解散诉讼，司法解释规定了原告告知、法院告知和本人申请参加三种方式。① 法院通知参诉，区别于依职权追加，以便其自行斟酌是否参加诉讼及参与方式，可以理解为广义上的追加当事人释明，但属于释明义务还是裁量权，司法解释并未明确。

司法裁判解散公司具有终局性和不可逆转性，对全体股东产生既判力，其他利害关系人的权利也将受到一定影响。依据司法解释规定，其他股东可以作为共同原告或第三人参加诉讼，其他利害关系人作为第三人参加诉讼。具体而言，可以分为两种情形。

其一，其他股东作为共同原告，实质是类似必要共同诉讼，诉讼标的同一，但部分共同诉讼人不参加诉讼并不导致诉不适格，一旦形成共同诉讼，则裁判结果效力及于未参诉的其他共同主体，不得就同一法律关系另行主张权利。鉴于既判力的扩张效力，不仅原告有义务告知，法官亦有义务告知案外股东诉讼系属，不仅保障其程序参与机会，也有助于彻底查明事实和纠纷一次性解决。如果案外人拒绝参加诉讼，不妨碍将来裁判效力及于他。

其二，其他股东或利害关系人作为第三人，实质是与处理结果有法律上利害关系的无独立请求权第三人，裁判对其有参加效力，将来不得作出与裁判相抵触的权利主张，还可能面临被追索诉讼的风险。法官如果通过诉讼资料知晓有第三人存在，有义务释明其参加诉讼，明确告知其裁判可能产生的法律后果。如果案外人拒绝参加，同样不妨碍将来裁判效力及于他。

---

① 《最高人民法院关于适用〈中华人民共和国公司法〉若干问题的规定（二）》（2020年修正）第4条第3款，原告提起解散公司诉讼应当告知其他股东，或者由人民法院通知其参加诉讼。其他股东或者有关利害关系人申请以共同原告或者第三人身份参加诉讼的，人民法院应予准许。

(5) 公司人格否认诉讼的追加公司被告释明

公司人格否认是指法官基于特定事实和事由在具体法律关系中否认公司的独立人格，直接判决股东对公司的债务或行为承担责任，或重新确定股东应承担的义务。[①] 我国公司法确立了公司人格否认制度，特殊情况下，只有否认公司人格才能让实际控制股东直接承担责任。

在公司人格否认诉讼中，公司和股东作为共同被告，债权人可以选择向公司求偿或者向公司的股东求偿或者同时向二者求偿，公司和股东不是固有必要共同诉讼人。在债权未经法院生效裁判确认的情况下，《九民纪要》概括了实践中的常见做法，即要求法官释明追加公司为共同被告，[②] 这是考虑到法院应首先审查债权是否合法有效，作为审查股东是否存在滥用权利逃避债务的逻辑前提，二者存在确认之诉与给付之诉的先后关系。为追求纠纷一次性解决，法官向债权人释明追加公司为共同被告，是要先审查债权效力，而债权债务关系产生于债权人与公司主体之间。如果债权人经释明拒绝追加，则公司人格否认诉讼缺少权利依据，法院将以诉不适格裁定驳回起诉。

(6) 追加交易主体被告的释明

近年来，票据融资成为金融机构发展供应链金融的重要工具，在以票据贴现为手段的多链条融资模式中产生了票据清单交易、封包交易，是指商业银行之间就案涉票据订立转贴现或者回购协议，附上票据清单，或者将票据封包作为质押，既没有背书也没有票据实际交付，按照协议约定的票据清单信息进行资金划转的交易模式。

随着金融领域从严监管，最高人民法院的裁判规则由"票据行为无效，转贴现协议有效"转变为"名为票据转贴现，实为资金融通"。出资

---

[①] 蒋建湘：《公司诉讼研究》，中南大学 2007 年博士学位论文，第 56 页。
[②] 《九民纪要》第 13 条第 3 项，债权人对债务人公司享有的债权尚未经生效裁判确认，直接提起公司人格否认诉讼，请求公司股东对公司债务承担连带责任的，人民法院应当向债权人释明，告知其追加公司为共同被告。债权人拒绝追加的，人民法院应当裁定驳回起诉。

方不享有票据权利，转贴现协议也归于无效，只能向实际使用人主张还款，资金链条上的相关金融机构根据过错程度承担连带责任。法院应审查整个交易流程，全面查明各金融机构的知情程度、合同目的、双方收益对比、资金划转过程及票据转让过程，体现了交易整体解释思路，审查全部合同及权利义务的相互影响，追求"解释结论符合交易真实和利益衡平"。①

《九民纪要》也将多链条融资视为交易整体，对追加交易主体的释明规则予以明确，② 其核心是实际用资人与出资银行之间的融资关系。实际用资人承担还款责任，是必须参加诉讼的被告，如原告未对其提起诉讼，则诉不适格，法院应当释明追加；当事人拒绝追加的，则要承受起诉被驳回的法律后果。

链条上参与交易过程的过桥行、贴现行等金融机构，根据其过错责任承担相应的连带责任，是类似必要共同被告，法院应释明原告追加，以保证纠纷一次性解决。如果原告坚持放弃对部分义务主体的起诉，诉仍是适格的，但将来不得另诉，视为同步放弃了相应份额的实体权利，法院在本次诉讼中也会对此予以剥离，以实现对其他义务主体的公平公正裁判。

(7) 生态环境侵权的追加当事人释明

《最高人民法院关于审理生态环境侵权责任纠纷案件适用法律若干问题的解释》针对被侵权人单独起诉第三人的，要求法官有义务释明是否追

---

① 崔建远：《合同解释论》，中国人民大学出版社2020年版，第187—190页。
② 《九民纪要》第104条，在村镇银行、农信社等作为直贴行，农信社、农商行、城商行、股份制银行等多家金融机构共同开展以商业承兑汇票为基础的票据清单交易、封包交易引发的纠纷案件中……出资银行仅以整个交易链条的部分当事人为被告提起诉讼的，人民法院应当向其释明，其应当申请追加参与交易的其他当事人作为共同被告。出资银行拒绝追加实际用资人为被告的，人民法院应当驳回其诉讼请求；出资银行拒绝追加参与交易的其他金融机构为被告的，人民法院在确定其他金融机构的过错责任范围时，应当将未参加诉讼的当事人应当承担的相应份额作为考量因素，相应减轻本案当事人的责任。

加侵权人。① 如果被侵权人经释明不起诉侵权人，法院将其作为无独立请求权第三人通知参加诉讼；如果被侵权人仅请求第三人承担责任，侵权人对损害发生也有过错的，法院判令第三人承担与其过错相应的责任，这就意味着被侵权人放弃向侵权人追究责任的实体权利，将来也不得再就同样事由另行主张权利。

2. 变更当事人诉讼地位的释明

在公司解散诉讼中，司法解释要求法官对原告错列当事人诉讼地位有义务释明，并规定不予变更的裁判方式。② 综观民事实体法和民事程序法，仅有此处对变更当事人诉讼地位释明作出规定。

股东与公司之间是出资人与被出资人的关系，公司解散诉讼仅解决公司解散事宜，不涉及股东权益确认、股东之间侵权确认，公司是唯一被告，不能将其他股东作为被告。法院不宜在原告不予变更的情况下直接驳回起诉。确定当事人范围，是当事人处分权的内容，但确定当事人的诉讼地位，是法官适用法律的内容，当事人有参与权，法官可以向其释明变更，避免突袭裁判，在当事人拒绝变更时也可以依职权变更。公司解散的裁判关系到其他股东合法权益，其参诉机会不宜因原告拒绝变更而被剥夺，法官应当向其释明，询问其是否有参诉意愿，直接变更为共同原告或第三人，只有在其没有参诉意愿时，裁定驳回原告对其的起诉。

3. 另行起诉适格主体的释明

与大陆法系常见的变更当事人释明不同，我国在部分较易混淆的法律

---

① 《最高人民法院关于审理生态环境侵权责任纠纷案件适用法律若干问题的解释》第20条规定，被侵权人起诉第三人承担责任的，人民法院应当向被侵权人释明是否同时起诉侵权人。被侵权人不起诉侵权人的，人民法院应当根据《民事诉讼法》第59条的规定通知侵权人参加诉讼。被侵权人仅请求第三人承担责任，侵权人对损害的发生也有过错的，人民法院应当判令第三人承担与其过错相适应的责任。

② 《最高人民法院关于适用〈中华人民共和国公司法〉若干问题的规定（二）》（2020年修正）第4条第2款，原告以其他股东为被告一并提起诉讼的，人民法院应当告知原告将其他股东变更为第三人；原告坚持不予变更的，人民法院应当驳回原告对其他股东的起诉。

关系中明确规定，对于被告不适格的，法官应当释明当事人，具体告知其另行选择适格主体起诉。很多情况下并没有释明规则，法官在裁判文书的判决理由中予以书面说明，或在庭审或判后释法阶段口头说明。比如：关于存单纠纷的司法解释规定，接受虚假存单质押的当事人起诉金融机构要求兑付存款优先受偿的，法院判驳诉求并告知其另行起诉出质人。① 这种判后告知不符合释明要求当事人作出回应和调整的特质，实质上不属于法官释明规则。

从现有规定来看，有两项司法解释提及另行起诉适格主体的内容，具有释明色彩。其一，2022年《民事诉讼法司法解释》规定，申请变更代管失踪人财产的，以原指定代管人为被告起诉，不属于特别程序审理范围；② 其二，关于企业改制的司法解释针对债权人向股份合作制改造企业、出售企业主张权利的释明作出规定，③ 要求法官告知当事人另行向资产管理人或出卖人另行起诉。

值得关注的是，上述规定并未明确告知的适用阶段，如果告知发生在裁判前，当事人有机会作出调整，属于释明内容。这种另行起诉适格主体的释明，是我国特有的做法，实践中对于错列被告的案件通常以不存在直接的法律关系为由裁定驳回起诉，另行起诉的规定与法院的裁判观点具有一致性，认为我国1991年《民事诉讼法》删除更换当事人的规定，裁定驳回起诉符合法律规定。事实上，1991年《民事诉讼法》的本意是否定

---

① 《最高人民法院关于审理存单纠纷案件的若干规定》（2020年修正）第8条第1款，接受虚假存单质押的当事人如以该存单质押为由起诉金融机构，要求兑付存款优先受偿的，人民法院应当判决驳回其诉讼请求，并告知其可另案起诉出质人。

② 《民事诉讼法司法解释》（2022年修正）第342条第2款，失踪人的其他利害关系人申请变更代管的，人民法院应当告知其以原指定的代管人为被告起诉，并按普通程序进行审理。

③ 《最高人民法院关于审理与企业改制相关的民事纠纷案件若干问题的规定》（2020年修正）第11条，企业股份合作制改造后，债权人就原企业资产管理人（出资人）隐瞒或者遗漏的债务起诉股份合作制企业的……如债权人在公告期内未申报过该债权，则股份合作制企业不承担民事责任，人民法院可告知债权人另行起诉原企业资产管理人（出资人）。第28条，企业售出后，债权人就出卖人隐瞒或者遗漏的原企业债务起诉买受人的……如债权人在公告期内未申报过该债权，则买受人不承担民事责任。人民法院可告知债权人另行起诉出卖人。

法院依职权变更，并非禁止变更当事人。换言之，适格原告是否起诉，不受他人意志影响。被告不适格的，人民法院只能指出其所诉被告不符合条件，由原告自己决定是否变更。① 学界有观点认为，更换非正当当事人不仅能维护程序安定性，也能达到保障当事人权利和诉讼经济的双重目的，可以通过修改诉状、通知正当被告参诉，不正当被告退出的方式更换，一律要求另诉并不适当。② 笔者认为，如果更换当事人并不必然导致全部重新准备诉讼资料，且归本院管辖，法官应释明原告自行选择是更换还是另诉。从诉讼经济的角度来看，如果本案诉讼资料无法直接沿用，对于当事人而言，与另行起诉无异。

## 二、我国法官释明权适用的主要裁判观点

我国法官释明权制度的规范性内容日益丰富，但仍缺乏较为统一的指导原则，在同一问题上存在不同的认识，在事实主张、法律观点等方面尚留有制度空白，约束法官释明权行使的程序保障机制尚未建立。因此，关于法官释明权制度适用的裁判观点尚处于摸索阶段。本书采取全样本和抽样相结合的分析方法，采集人民法院案例库自建库至 2025 年 2 月 26 日涉法官释明的全部民商事案例 48 件，并以"释明"为关键词，在中国裁判文书网随机抽取全国各地区三级法院样本，对最高人民法院近年来相关案件进行分析，③ 以同一问题的观点变化为线索，尝试对我国实务界集中适用法官释明的领域进行梳理，总结当前司法实践中的主要裁判观点及其发展变化脉络。

人民法院案例库自建库至 2025 年 2 月 26 日涉法官释明的全部民商事

---

① 马原：《民事诉讼法的修改与适用》，人民法院出版社 1991 年版，第 127 页。
② 杨荣馨：《民事诉讼原理》，法律出版社 2003 年版，第 140 页。
③ 参见人民法院案例库，https://rmfyalk.court.gov.cn/；中国裁判文书网，https://wenshu.court.gov.cn/；最后访问时间：2025 年 2 月 26 日。

案例共计 48 件，涵盖一审、二审、再审程序，权利主张释明和举证释明的适用最为集中，占全部涉释明案件的 79%，法律观点释明主要是阐释合同效力的观点。具体情况详见表 1。

表 1　人民法院案例库民商事释明案例统计

| 审判程序 | 权利主张释明 | 举证释明 | 法律观点释明 | 诉讼主体释明 |
| --- | --- | --- | --- | --- |
| 一审 | 4 | 6 | 3 | 1 |
| 二审 | 13 | 11 | 3 | |
| 再审 | 1 | 3 | 3 | |
| 小计 | 18 | 20 | 9 | 1 |

## （一）权利主张层面的释明

1. 法院认定法律关系或行为效力与当事人不一致的释明

司法实践中，变更诉讼请求释明在适用中存在较大争议，主要表现在：（1）案件尚未判决前，告知当事人法院对案件的看法是否违反法官中立原则，构成法官释明权滥用；（2）告知当事人变更诉讼请求，是否违背当事人处分原则；（3）告知的性质是权力还是义务，二审法院是否能以一审法官未履行告知义务发回重审；（4）释明的程度及告知方式不明确，应否明确告知法院对法律性质及法律行为效力的认定，应否当庭告知，各地做法不一。[①] 近年来，法院的裁判观点经历了对"告知当事人可以变更诉讼请求"释明的不同理解，共性是均将"是否引起诉讼请求的变化"作为释明必要性的条件，但对必要性的理解不同。以下将通过两个典型案例加以说明。

---

[①] 最高人民法院民事审判第一庭：《最高人民法院新民事诉讼证据规定理解与适用》（下），人民法院出版社 2020 年版，第 501 页。

# 第四章
## 我国法官释明权规范的实证分析

**案例 1-1**

北京某投资公司与沈阳某供暖公司买卖合同纠纷、债权人撤销权纠纷一案中,一审告知原告可以变更诉讼请求,但并未明确释明法院认定的法律关系为买卖合同关系,判决驳回原告诉求。最高人民法院二审认为,一审释明未明确法院认定的法律关系性质,程序不当,二审说明双方构成煤炭买卖合同关系,应查明相关事实,裁定发回重审。[①] 该案例的裁判要旨可归纳为:法院认定的法律关系性质与当事人主张不一致的,法院应明确告知法院认定的法律关系性质,笼统告知变更诉求后以当事人未变更诉求驳回的,构成程序违法。

**案例 1-2**

某建筑工程总公司与某园区管理委员会建设工程施工合同纠纷一案中,一审期间,原告主张案涉施工合同为有效合同,并据此请求判令被告支付工程结算余款及逾期利息。一审法院以合同违反法律、行政法规效力性强制性规定为由认定合同无效。原告公司上诉认为,一审法院未释明合同效力,妨碍其主张权利,请求发回重审。最高人民法院二审认为,一审法院未释明并不必然导致本案发回重审,理由是:1. 发回重审的适用条件有严格的规定,不包括人民法院未尽释明义务;2. 本案原告系垫资施工,无论合同是否有效,其实际损失均为施工完毕后被欠款而产生的利息损失,故一审法院未释明并未影响其主张;3. 案涉施工合同系因违法被认定无效,原告公司作为专业建筑公司,对合同无效亦存在过错,应自行承担相应责任。[②] 该案例的裁判要旨可归纳为:法院对法律关系作出与当事人不一致的认定,只

---

[①] 该裁判观点参见最高人民法院(2018)最高法民终 145 号案件,详见中国裁判文书网,https://wenshu.court.gov.cn/,最后访问时间:2025 年 2 月 26 日。

[②] 该裁判观点参见最高人民法院(2019)最高法民终 44 号案件。此外,最高人民法院(2017)最高法民终 477 号、最高人民法院(2018)最高法民终 281 号等案件也表明类似裁判观点,详见中国裁判文书网,https://wenshu.court.gov.cn/,最后访问时间:2025 年 2 月 26 日。

要不引起当事人诉讼请求变化，未释明而直接裁判，不违反法定程序。

---

案例1-1代表的是2001年《民事诉讼证据规定》发布后的一段时期内的典型裁判观点，倾向于认为，法律关系问题关系到请求权基础的认定，以名为借贷实为买卖纠纷为例，当时的民间借贷司法解释规定，当事人应按照实际法律关系主张，法官不仅应当释明变更诉讼请求，还应当明确告知买卖合同关系的法律观点。

案例1-2代表的是近年来的典型裁判观点，倾向于认为，法律关系定性不同不必然引起诉讼请求的变更，如果法律关系问题被作为焦点问题审理，并给予当事人充分的辩论机会，则法院尽到了保障当事人程序权利的义务。近年来的司法解释采纳这一观点，如2019年《民事诉讼证据规定》将法官与当事人对法律关系或行为效力认定不一致内容作为焦点问题审理，法律关系认定不影响诉讼请求的，可以不释明，有适用新诉讼标的理论的倾向，以权利本身为出发点，权利依据只是作为诉的理由。又如：《最高人民法院关于审理民间借贷案件适用法律若干问题的规定》（2020年修正）删除法官释明告知变更诉讼请求的规定，仅对当事人申请变更诉求作出规定。

由此可见，最高人民法院倾向于不再明确告知变更诉讼请求。这种观点在近年来逐渐得到承认，各地法院也开始转变，不再主动告知变更具体的诉讼请求。

2. 双务合同的反诉请求释明

双务合同因合同无效或解除合同，将产生双方相互的返还财产请求权和赔偿损失请求权，法官是否有义务释明被告提出反诉请求，尤其是在被告主张合同有效的情况下，在实践中不尽相同。

对经释明后拒绝提出反诉的，法院通常认为应以本诉作为审理对象，而对于何种条件下启动反诉释明，实践中略有差异。一种观点认为，应当以当事人的表述中暗含有相关意思表示为释明的前提；另一种观点认为，鉴于纠纷一次性解决的考虑，不以当事人是否有含糊的意思表示为必要前提。

**案例 2-1**

　　原告某建设公司与被告某置业公司建设工程施工合同纠纷一案中，原告（施工方）起诉要求被告支付合同项下的工程余款及违约金，主张违约金的理由为被告逾期未支付工程余款。被告公司抗辩认为，原告公司违约在先，在施工过程中多次修改施工方案，应承担逾期竣工造成的违约损失。一审法院根据被告抗辩意见中暗含的独立主张，释明其可提出反诉请求，被告提出要求原告承担逾期交房损失的反诉主张。一审及二审法院均全面审查合同履行过程，根据案涉证据认定原告顺延工期事出有因且得到被告方书面认可，故未支持反诉请求。① 该案例的裁判要旨可归纳为：反诉主张的释明，以被告抗辩意见中暗含独立权利主张，且与本案诉讼标的有一定关联度为前提。

**案例 2-2**

　　原告王某与被告卢某、杨某确认合同无效纠纷一案中，原告与被告先后签订《土地使用权转让协议》《房地产买卖契约》，转让案涉宅基地及房产。原告诉至法院，要求确认双方签订的协议无效，判令被告将协议所涉宅基地返还原告。一审期间，法院经审查认为，宅基地转让给本集体经济组织以外的个人，两份协议均无效，在庭前庭中多次释明无效合同的反诉诉权，被告坚持认为协议有效，明确拒绝提出赔偿经济损失等反诉请求。二审期间，被告提出反诉请求，案件被发回重审。重审期间，双方达成新的《房地产买卖契约》，经法院多次释明该协议无效，被告明确表示不提反诉。重审认为，基于房地一体的现状和公平原则的考虑，故一审判

---

① 该裁判观点参见最高人民法院（2019）最高法民终 750 号案件，详见中国裁判文书网，https://wenshu.court.gov.cn/，最后访问时间：2025 年 2 月 26 日。

决确认合同无效，对于宅基地和房产问题将来另案一并解决。王某上诉，要求法院判令返还宅基地，二审法院认定合同无效，认为一审经释明被告拒绝反诉，释明今后另行一并处理妥当，故维持原判，驳回上诉。① 该案例的裁判要旨可归纳为：针对双务合同被认定为无效的，法院有义务释明反诉请求；当事人拒绝提出反诉请求的，法院仅对本诉请求作出裁判。

以"反诉"和"释明"为关键词在中国裁判文书网搜索（检索时间：2025年2月27日），除去重复案件和无关案件后，有21件案件25份裁判文书（其中4件案件有一审、二审文书）提及反诉释明问题。其中，一审文书9篇，有6件案件作出反诉释明，2件案件未作出反诉释明，判后告知另行主张权利，1件案件因被告在民间借贷纠纷中提及侵权事实主张，不符合反诉要求而未作出反诉释明。二审文书15篇，均系当事人上诉理由中对一审法院的反诉释明提出异议，4件案件认为一审应当反诉释明，6件案件认为一审未释明并无不妥，理由包括：反诉不是法官释明范围，当事人应对解除合同有预期而无须法官释明；当事人未证明对方预期违约，故法院无须对不安抗辩权进行反诉释明；法院已就合同效力释明，无须就反诉释明；应释明另行主张权利；1件案件认为不符合反诉要求而无须释明；另有5件案件未对当事人提出的一审未经释明作出回应。审判监督文书1篇，对二审法院未释明予以认可，认为未释明不影响当事人另行主张权利。

由此可见，实务中对于法院是否有义务释明反诉请求的观点各占半壁江山，认为有反诉释明义务的略胜一筹。在反诉释明的适用条件上，法院裁判观点也存在差异，一种观点倾向于认为追求纠纷一次性解决，不以当

---

① 该裁判观点参见云南省大理白族自治州中级人民法院（2019）云29民终888号案件，详见中国裁判文书网，https://wenshu.court.gov.cn/，最后访问时间：2025年2月26日。

事人是否有潜在意思表示为必要前提,①另一种观点倾向于认为法官应以被告陈述暗含反诉请求为释明前提。②最高人民法院在《九民纪要》中的观点倾向于认为法院有义务主动释明反诉请求。有地方法院在实务操作规范性文件中提到,答辩内容中包含反诉内容的,法官应当释明引导当事人分辨反诉和反驳,询问被告是否提起反诉,而不加说明地笼统纳入本诉审理范围或不予理睬,均属于程序错误。③

关于双务合同反诉请求释明观点的总结见表2。

表2 对双务合同反诉请求的释明观点

| 审判程序 | 有反诉释明义务 | 无反诉释明义务 | 不符合反诉条件未释明 | 未予回应 |
| --- | --- | --- | --- | --- |
| 一审 | 6 | 2 | 1 | |
| 二审 | 4 | 5 | 1 | 5 |
| 审判监督 | | 1 | | |
| 合计 | 10（40%） | 8（32%） | 2（8%） | 5（20%） |

3. 违约金调整的释明

最高人民法院近年来的裁判观点,倾向于限缩违约金酌减规则的适用,认为违约金条款是契约自由的体现,体现预先确定性和效率原则,通过限制违约金认定范围、将商事合同排除在外、要求违约方举证等方式,依法审慎适用该规则,尽可能尊重当事人缔约时的意思自治。④与之相关联,最高人民法院针对违约金调整是否应当释明出现过不同态度,由最初

---

① 该裁判观点参见云南省大理白族自治州中级人民法院（2019）云29民终888号案件,详见中国裁判文书网,https://wenshu.court.gov.cn/,最后访问时间：2025年2月26日。

② 最高人民法院（2019）最高法民终750号案件,采取该裁判观点,详见中国裁判文书网,https://wenshu.court.gov.cn/,最后访问时间：2025年2月26日。

③ 参见上海市高级人民法院民二庭：《上海市高级人民法院"商事法官释明百问"》,载搜狐网,https://www.sohu.com/a/164296567_169411,最后访问时间：2025年3月9日。关于"对答辩内容实属反诉的,当庭应如何处理"部分,审判人员应引导并听取原告对反诉受理与否的意见,告知被告哪些答辩内容属于反诉性质,询问其是否提起反诉及其理由,将上述内容记录在案。

④ 石冠彬：《民法典合同编违约金调减制度的立法完善——以裁判立场的考察为基础》,载《法学论坛》2019年第6期。

的自由裁量权转变为法官义务，旨在探明当事人是否有调整的意愿。2009年《最高人民法院关于当前形势下审理民商事合同纠纷案件若干问题的指导意见》赋予法官释明的自由裁量权，法官可以就酌减违约金释明。《最高人民法院关于审理买卖合同纠纷案件适用法律问题的解释》（法释〔2012〕8号）指出，法官应当向免责抗辩的当事人释明酌减违约金事宜，一审以免责抗辩成立为由未释明的，二审法院认为应当判决支付违约金的，可以直接释明并改判。2020年修正的该司法解释亦持此观点。《民法典合同编通则解释》也明确规定了违约金调整的释明规则，法官应当就若不支持免责抗辩，当事人是否请求调整违约金进行释明，旨在实现一次性解决纠纷，并对于一审未到庭二审提出减少违约金抗辩的裁判方式作出了规定。司法实践中，违约金调整释明的常见情况是当事人一审未提出调整申请但二审提出，二审法院能否支持该请求，主要判断标准是一审是否属于经释明而未提出申请。

**案例 3-1**

甲公司与乙公司建设工程合同纠纷一案中，一审期间，被告公司以不构成违约为由进行免责抗辩，一审法院释明询问其是否主张调整违约金，其明确表示不要求调整违约金，法院对约定的违约金标准予以确定。后被告公司以违约金标准过高为由提出上诉，二审认为被告在一审中放弃了自己的抗辩和反诉权，若二审支持，不利于保障司法权威，对此请求不予采信，驳回上诉，维持原判。① 该案例的裁判要旨可归纳为：当事人在一审期间经释明明确表示不要求调整违约金，二审提出调整违约金，法院不予支持，视为其一审放弃了抗辩和反诉权。

---

① 该裁判观点参见北京市第二中级人民法院（2015）二中民终字第08833号案件，详见中国裁判文书网，https://wenshu.court.gov.cn/，最后访问时间：2025年2月26日。

## 案例 3-2

上诉人张某与被上诉人莫某及原审第三人某房产经纪公司房屋买卖合同纠纷一案中，张某在一审中主张不构成违约，一审按照违约金约定作出裁判，张某上诉请求酌减违约金。二审认为，一审法院未向上诉人释明是否需要调整违约金，且未适用违约金调整条款，应支持张某酌减违约金的上诉请求，在莫某未举证证明实际损失的情况下，二审兼顾合同履行情况、当事人过错程度、预期利益，根据公平和诚信原则，对违约金作出酌减。① 该案例的裁判要旨可归纳为：一审法院未经释明也未适用违约金调整条款，二审期间当事人申请调整违约金，法院应当允许，依申请酌情作出调整。

---

由此可见，当事人二审首次提出调整违约金申请，二审法院应视一审释明情况具体分析后作出判断。实践中主要有两种情形：一种是当事人经法官释明后坚持主张不构成违约，败诉后上诉提出调整申请，法院通常认为，当事人一审经释明坚持不要求调整，视为其一审放弃了抗辩和反诉权，二审提出申请依据不足；② 另一种是一审期间法院未经释明也未适用违约金调整条款，二审期间当事人申请调整违约金，法院通常认为，当事人的调整申请应当准许，酌情作出调整。③

上述两种情形均是一审未提出酌减申请却在二审中提出。不同的是，前者是当事人经法官释明后坚持主张不构成违约，法官已开示法律观点，

---

① 该裁判观点参见北京市第二中级人民法院（2017）京 02 民终 2814 号案件，详见中国裁判文书网，https：//wenshu. court. gov. cn/，最后访问时间：2025 年 2 月 26 日。

② 上述观点参见北京市第二中级人民法院（2015）二中民终字第 08833 号案件，云南省怒江傈僳族自治州中级人民法院（2016）云 33 民终 6 号案件，山东省德州市中级人民法院（2020）鲁 14 民终 645 号案件，详见中国裁判文书网，https：//wenshu. court. gov. cn/，最后访问时间：2025 年 2 月 26 日。

③ 上述观点参见北京市第二中级人民法院（2017）京 02 民终 2814 号案件，安徽省马鞍山市中级人民法院（2017）皖 05 民终 567 号案件。详见中国裁判文书网，https：//wenshu. court. gov. cn/，最后访问时间：2025 年 2 月 26 日。

给予当事人充分辩论的机会，当事人在明知可以选择酌减申请的情况下主动放弃，体现程序保障下的当事人行使处分权。后者是当事人主张免责抗辩，法院未经释明也未适用违约金调整条款，当事人并不知晓法官认为构成违约的法律观点，有丧失作出相应抗辩调整机会的风险，二审允许其申请调整。这里也涉及禁反言原则，一审释明后明确作出回应的，应视为其对自身诉讼处境和可能面临的风险具有可预期性，在一审裁判作出后又提出前后矛盾的陈述，违背禁反言，违反诚实信用原则，法院应援引该原则条款驳回上诉主张。而当事人一审丧失提出调整申请机会，不产生失权效果，应允许其在二审中提出。

如前所述，鉴于对其主张的性质认识不同将得出不同裁判结果，如果认定为二审期间提出新的请求，则按照2022年《民事诉讼法司法解释》，组织调解或告知另行起诉，经双方同意可以一并审理；如果认定为新的事实理由，则应当在一个诉内一并解决。对此，最高人民法院在民法典司法解释理解适用相关图书中指出，一审当事人经释明未明确提出请求调减违约金，二审提出申请的，二审法院不予支持，但一审未明确释明，当事人上诉请求调整的，二审法院可以考虑实际损失、合同履行情况、当事人过错程度等因素，根据公平原则和诚信原则，酌定予以调整。①

4. 诉的合并的释明

过去，不少法院通常将一个诉讼中解决一个法律关系问题作为审理民商事案件的基本准则。近年来，最高人民法院通过司法解释、司法文件、典型案例等方式倡导一次性、实质性解决纠纷，尤其对于合同效力认定及其相关的继续履行合同、解除合同或合同无效带来的返还义务等，进行了深入细致的探讨并逐步统一了裁判思路。

---

① 最高人民法院民法典贯彻实施工作领导小组：《中华人民共和国民法典合同编理解与适用（二）》，人民法院出版社2021年版，第783页。

# 第四章
## 我国法官释明权规范的实证分析

### 案例 4-1

深圳市某智能科技有限公司与深圳市某电子科技有限公司、深圳市某物联技术有限公司侵害实用新型专利权纠纷一案中，① 一审法院以涉案专利权稳定性不足为由，认定被诉侵权人的专利权无效抗辩成立，故判决驳回原告的诉讼请求。二审法院经审理查明，涉案专利和关联专利均为未经实质审查即授权的实用新型专利，在关联专利被宣告无效的情况下，涉案专利权稳定性问题存疑，鉴于二审期间当事人已启动本次专利确权程序，故二审法院对依法可能存在的处理方式进行释明，双方当事人分别自愿作出相应未来利益的补偿承诺。二审认为，涉案专利权稳定性明显不足，为保障专利权人的未来利益，结合本案事实，裁定驳回起诉。本案例的裁判主旨是：为有效促进专利侵权纠纷解决，人民法院可以积极引导和鼓励专利侵权案件当事人基于公平与诚信之考虑，自愿作出双方双向或者单方单向的利益补偿承诺或者声明，当事人自愿作出上述承诺的，人民法院应当将之作为专利侵权案件后续审理程序处理方式选择的重要考量因素。该案例体现了对预备之诉合并进行释明的观点。

### 案例 4-2

大连某公司与何某、苏州某公司侵害技术秘密及专利权权属纠纷一案中，② 一审法院认为，原告主张包括要求确认专利权权属和主张被告承担侵害技术秘密的侵权责任，二者属于侵害技术秘密和专利权权属两个不同案由，不属于同一法律关系，所涉及的被告主体亦不相同，不应在本案中

---

① 深圳市某智能科技有限公司诉深圳市某电子科技有限公司、深圳市某物联技术有限公司侵害实用新型专利权纠纷案，入库日期：2024 年 2 月 21 日，案例编号：2023-13-2-160-016，案号：（2022）最高法知民终 124 号，详见人民法院案例库，https：//rmfyalk.court.gov.cn，最后访问时间：2025 年 2 月 26 日。

② 大连某公司诉何某、苏州某公司侵害技术秘密及专利权权属纠纷案，入库日期：2024 年 2 月 22 日，案例编号：2023-13-2-487-003，案号：（2019）最高法知民终 672 号，详见人民法院案例库，https：//rmfyalk.court.gov.cn，最后访问时间：2025 年 2 月 26 日。

同时主张，故向原告释明上述法律观点，原告仍坚持原有诉求。一审法院认为起诉不符合法律规定的起诉条件，裁定驳回起诉。最高人民法院生效裁判认为，同一案件涉及两个不同的法律关系并非人民法院驳回当事人起诉的合法理由，考虑到本案中侵害技术秘密纠纷与专利权权属纠纷具有密切关系，本案宜将上述两诉合并在一个案件中予以审理。因此，二审撤销原审裁定，指令一审法院审理。本案例的裁判主旨是：侵害技术秘密之诉与专利权权属之诉系基于同一事实或者裁判结果相互牵连的，适宜在一个案件中合并审理。该案例体现了对具有牵连关系的两个诉合并进行释明的观点。

---

案例4-1，是预备之诉合并的释明的典型代表。预备之诉合并，就是允许当事人在一个诉讼程序内同时提出具有一定牵连关系的先位之诉与后位之诉，二者均产生起诉的效力，但不可能同时获得支持。当法院审查认为先位之诉不成立时，直接审理后位之诉，当先位之诉成立时，无须再审查后位之诉，从而避免另诉可能带来的矛盾裁判和诉累。以案例4-1为例，在专利侵权案件中涉案专利权稳定性存疑或有争议的情况下，二审法院没有简单地驳回诉求，而是向当事人释明专利权稳定性不足及未来的权利主张走向趋势，当事人在知晓目前的处境后，可以选择自愿作出利益补偿承诺或者声明。法院根据涉案专利权稳定性程度的初步判断，可以作出继续审理并作出判决、裁定中止诉讼、裁定驳回起诉等不同处理方式。无论法院后续采取哪种裁判方式，因为前期已经向当事人释明，当事人亦明确其备选请求，对彼此利益作出合理预期和处分，有利于法院结合具体案情对后续处理方式作出适当调整，也有利于保障专利侵权程序与专利确权程序交叉进行情况下当事人的程序利益和实体公正。最高人民法院在判决书中指出，希望借此案表明，鼓励专利侵权案件当事人在涉案专利权稳定性存疑或有争议的情况下，基于公平与诚信之考虑，积极作出相关的利益

补偿承诺或声明，也希望一审法院能够主动对当事人作出有关释明并积极尝试类似的做法。在合同诉讼案件中，同样可以考虑适用上述方法。

案例4-2，是一般诉的合并释明的典型代表。基于同一事实或者其他原因存在密切关系的不同法律关系，在特定情况下合并审理，在同一诉讼中解决，有利于查清案件事实、明确法律责任和避免裁判冲突，有利于保护当事人利益和实现诉讼经济的目的。以案例4-2为例，侵害技术秘密纠纷与专利权权属纠纷在主要事实上高度重叠，且裁判结果上相互牵连，在一个诉讼程序内一次性解决纠纷的效果更好。实践中还有一种典型情况，即受权利有效期等因素的影响，当事人并未意识到主张的诉求实际上包含两项请求权基础，法官可以就诉的合并进行释明。比如：房屋租赁合同期限内的租金请求和期满后的房屋使用费请求。再如：被诉侵权行为从实用新型专利授权之日持续至发明专利授权之后，权利人可以主张侵害实用新型专利权赔偿和发明专利临时保护期使用费。法官不宜苛求当事人在主张权利时对请求权基础作出准确区分，可以就此进行释明。①

## （二）事实及证据层面的释明

1. 证明责任分配的释明

我国在案件事实释明上尚存在制度空白，除规定拟制自认和前后矛盾陈述的释明外，并未就法官应对哪些事实缺失予以释明作出原则性规定，举证释明究竟应释明到什么程度也未明确标准。实践中，我国法官对证明责任分配的释明观点基本分为两派：一种观点认为当事人对主张内容负有证明责任，法官没有义务就证明责任分配进行释明；另一种观点认为法官可通过说明举证责任转移状态释明当事人继续举证。以下将通过典型案例

---

① 该裁判观点参见北京某智能装备有限公司诉湖南省某智能装备股份有限公司等专利权权属、侵权纠纷案，入库日期：2024年2月20日，案例编号：2023-13-2-160-003，案号：（2020）最高法知民终1738号，详见人民法院案例库，https：//rmfyalk.court.gov.cn，最后访问时间：2025年2月26日。

予以说明。

## 案例 5-1

某科技公司与某农场、某种业集团黄海分公司侵害植物新品种权纠纷一案中，一审期间，原告初步证明被告有繁殖案涉新品种水稻侵权行为，法院要求被告提供反证，被告认为法院分配证明责任错误，未予举证，一审认定侵权事实成立。被告提起上诉，坚持认为应由原告就是否实施侵权行为举证。最高人民法院二审认为，随着当事人举证变化，举证责任发生转移，当事人应对自身诉讼利益有基本认识，一审法院未就证明责任分配释明，并未影响某种业集团黄海分公司的诉讼权利行使，不构成程序错误。①

## 案例 5-2

安徽某种业公司与东海县某种业公司、孙某杰侵害植物新品种权纠纷一案中，② 原告主张其系"连糯 2 号"水稻植物新品种的利害关系人，"连糯 2 号"植物新品种与"丰糯 1246"安徽省审定品种为同一品种，请求判令被告停止侵权并赔偿损失。一审法院认定上述两个型号是同一品种，判决被告停止侵权并赔偿相应损失。二审法院经审理认为，现有证据不足以证明"连糯 2 号"与"丰糯 1246"是同一品种，原告仅提交了被诉侵权种子"皖稻 68"与审定品种"丰糯 1246"具有同一性的证据，并不等同于其与"连糯 2 号"具有同一性。经释明，原告未能提供其他补充证据，故现有证据不足以证明被诉侵权种子"皖稻 68"与"连糯 2 号"具有同一性，故改判驳回安徽某种业公司的诉讼请求。该案例的裁判主旨是：根据种子法以及相关行政法规关于"一品一名"的规定，同一品种在申请植

---

① 该裁判观点参见最高人民法院（2020）最高法知民终 405 号案件，详见中国裁判文书网，https://wenshu.court.gov.cn/，最后访问时间：2025 年 2 月 26 日。

② 安徽某种业公司诉东海县某种业公司、孙某杰侵害植物新品种权纠纷案，入库日期：2024 年 2 月 24 日，案例编号：2024-13-2-161-005，案号：（2022）最高法知民终 269 号，详见人民法院案例库，https://rmfyalk.court.gov.cn，最后访问时间：2025 年 2 月 26 日。

物新品种保护、品种审定、品种登记以及推广销售时只能使用同一个名称。授予植物新品种权的品种名称与通过品种审定的品种名称不同的，应当推定两者不是同一品种。品种权人在侵害植物新品种权诉讼中主张使用不同名称的品种实际是同一品种的，应当提供充分证据证明并说明未能及时依法更名的合理理由。本案例的释明观点可归纳为：经法院举证释明，当事人仍无法提供充足证据证明主要事实的，应承担举证不能的不利后果。①

**案例 5-3**

湘潭市某某公司与广东某某公司建设工程合同纠纷一案中，② 湘潭市某某公司起诉要求广东某某公司支付拖欠的建筑工程劳务分包工程款及逾期付款滞纳金，一审、二审期间，法院均向广东某某公司释明，要求其提交涉案工程的相关会计资料，以便计算欠款金额，但该公司无正当理由拒不提交。广东某某公司在申请再审期间提供了部分财务资料，对方对此不持异议。由于该部分内容对于认定案涉欠款金额至关重要，再审法院予以采纳。对于广东某某公司一审、二审期间经法院释明无正当理由拒不提交证据的行为，另行制作罚款决定书予以罚款。该案的裁判主旨：当事人经法院释明拒不提交相关证据，后又以新证据为由申请再审，导致案件改判的，应当按照《民事诉讼法》有关规定，对其证据予以采信的同时，对其再审才提交证据的行为给予民事制裁。

---

案例 5-1 代表部分一审法官的观点，认为法官没有义务就证明责任分

---

① 北京市高级人民法院（2013）高民终第 1164 号案件、福建省高级人民法院（2021）闽民终 302 号案件、浙江省杭州市中级人民法院（2022）浙 01 知民初 96 号案件、北京金融法院（2022）京 74 民终 587 号案件，也持类似观点，以上案例详见人民法院案例库，https：//rmfyalk.court.gov.cn，最后访问时间：2025 年 2 月 26 日。

② 湘潭市某某公司诉广东某某公司建设工程合同纠纷案，入库日期：2024 年 2 月 25 日，案例编号：2023-16-2-115-004，案号：（2015）穗中法审监民再字第 11 号，详见人民法院案例库，https：//rmfyalk.court.gov.cn，最后访问时间：2025 年 2 月 26 日。

配进行释明,一审民事法官表示最大的担忧是当事人质疑法官的中立性,故法官是否释明的主要判断标准为是否存在主要事实不清,如果认为主要事实不清,则在一审期间就某项特定事实询问当事人是否还有补充举证。

案例5-2观点倾向于承认法官对证明责任分配和举证责任转移的释明义务,通过说明举证责任转移状态释明当事人继续举证,初步体现了法官公开临时心证的实践探索。当权利人举证初步证明权利要件事实成立的概率较高时,提供证据进一步证明的举证责任转移至相对人,相对人辩称不存在侵权事实,法官基于证明状态和被告辩称而释明被告应当举出反证,没有超越当事人的主张范围,是必要范围内的释明。被告拒绝举证,往往是认为法院证明责任分配错误。以侵权案件为例,法院分配证明责任是在综合证据距离远近、举证能力等因素后判断得出的,提供证据的责任随着呈现给法庭证据的证明效果而动态调整,法官要求当事人进一步举证,实质上是公开临时心证的过程。

案例5-3体现了"重要证据不失权"的证据裁判理念优先于当事人经释明未举证的法律后果适用。当事人虽然在一、二审期间均属于经释明无正当理由拒不提交证据,但考虑到再审期间提供的该项证据直接关系到案件主要事实的认定和裁判结果的走向,优先适用"重要证据不失权",对该项证据予以采信。同时,对于当事人妨害民事诉讼的行为予以否定性评价,作出相应的制裁。

2. 鉴定事项的释明

鉴定事项通常是针对权利要件主要事实的认定,如果不借助鉴定的专业性意见,案件事实往往难以彻底查清,得出令双方当事人信服的结论。法官最常适用的证据方法释明是鉴定事项释明,这是我国唯一以制度形式明确的举证释明。如前所述,司法解释已确立法官就主要事实的鉴定事项进行释明的义务,实践中的观点不尽统一,是法官对主要事实理解不一致的问题。以下将通过三个典型案例予以说明。

# 第四章
## 我国法官释明权规范的实证分析

**案例 6-1**

　　某保险公司北京市分公司（下称某保险公司）与被告某（上海）传动系统有限公司（下称某传动系统公司）保险人代位求偿权纠纷一案中，①经法院释明，某保险公司明确表示不申请对案涉变桨电机是否存在质量缺陷进行鉴定，某传动系统公司垫付鉴定费用申请鉴定，后因无法找到需要鉴定的案涉三台变桨电机，鉴定委托被退回。生效裁判认为，某保险公司的举证不足以证明系争变桨电机存在质量缺陷，亦未举证证明产品缺陷与损害后果之间存在因果关系，其向某传动系统公司代位求偿的诉讼请求，缺乏事实和法律依据，不予支持。本案例的裁判主旨是：保险人代位被保险人向生产者主张承担产品质量缺陷侵权赔偿责任的，应当先对系争产品投入流通时即已存在缺陷、损害事实确实存在以及产品缺陷与损害后果之间存在因果关系承担举证责任，再由生产者就法律规定的免责事由承担举证责任。法院的释明观点可归纳为：保险人对于产品是否存在缺陷负有举证责任，这是本案的主要事实，也是确有必要鉴定的待证事实，故法院应当释明，提醒权利人明确意见。

**案例 6-2**

　　珠海某公司与长沙某公司建设工程施工合同纠纷一案中，原告不服二审判决提起再审，认为原审法院未向其释明对工程增量部分价款申请鉴定，程序违法。最高人民法院再审认为，原审已认定原告提交的证据不能作为案涉工程量增加及结算依据，不具有需要鉴定的情况，故无须释明。②该案例的裁判要旨可归纳为：当事人对工程造价等专门性问题有争议，法

---

　　① 某保险公司北京市分公司诉被告某（上海）传动系统有限公司保险人代位求偿权纠纷案，入库日期：2024年6月13日，案例编号：2024-08-2-333-013，案号：（2022）沪74民终98号，详见人民法院案例库，https：//rmfyalk.court.gov.cn，最后访问时间：2025年2月26日。

　　② 该裁判观点参见最高人民法院（2020）最高法民申6400号案件，详见中国裁判文书网，https：//wenshu.court.gov.cn/，最后访问时间：2025年2月26日。

院根据案情综合决定是否需要鉴定，认为需要鉴定的，应向负有证明责任的当事人释明；认为不需要鉴定的，不予释明并无不当。

**案例 6-3**

河南某公司与林州某公司建设工程施工合同纠纷一案中，原告不服二审判决提起再审，认为己方提供初步证明对方导致工程延误的证据，一、二审法院均未就工期延误损失需要进行工期鉴定予以释明。最高人民法院再审认为，河南某公司主张停工损失，负有证明责任，是否对工期申请鉴定，应由其自行决定，法院无须释明，故驳回其再审申请。① 该案例的裁判要旨可归纳为：是否申请鉴定，由负有证明责任的一方当事人自行决定，法院无须释明。

---

如前所述，2019 年《民事诉讼证据规定》等司法解释明确规定，法官对于当事人申请鉴定负有释明义务，启动条件为是否确有必要鉴定。上述三个案例反映出法院在不同场景下对于确有必要鉴定的具体理解判断。案例 6-1 从证明责任分配的角度说明产品缺陷是确有必要鉴定的待证事实，当事人经释明不提出鉴定申请，则应承担举证不能的不利后果。案例 6-2 援引司法解释规定，承认法院对主要事实是否需要鉴定负有释明义务，同时，法院也应根据案情判断本案是否有通过鉴定证明主要事实的必要，如果现有证据材料不具备初步证明价值，即使启动鉴定也难以进一步证明主要事实。这种情况下，法官是否有义务释明当事人补充其他可供鉴定的证据材料，从举证释明实质化的角度值得探讨。案例 6-3 主张法官没有义务释明当事人申请鉴定，当事人负有举证的责任，认为法官对具体举证的释明破坏了当事人之间的平等，也突破了法官的中立性。

---

① 该裁判观点参见最高人民法院（2020）最高法民申 6484 号案件，详见中国裁判文书网，https: //wenshu. court. gov. cn/，最后访问时间：2025 年 2 月 26 日。

## （三）诉讼主体层面的释明

在共同诉讼中，为彻底查清本案事实，一次性解决纠纷，法官有必要适用释明，提示当事人可选择是否追加其他诉讼主体。我国法院通常倾向于依职权追加当事人，以是否有利于查清事实作为追加的主要依据，而并非必须参加诉讼的当事人，对于案外人与本诉诉讼标的的关联性把握宽泛，尤其是对追加无独立请求权第三人较为宽泛。为便于在同一个诉中彻底查清事实，即使在当事人经释明表示不追加的，法院认为案外人可能是义务主体，也有可能依职权追加为第三人，原告明确不要求该第三人承担责任的，法院驳回诉讼请求。二审审查重点在于是否遗漏当事人，是否不利于查清主要事实，而非一审是否释明追加当事人。

为避免当事人不当扩大被告范围、追求不正当管辖利益等情形，也避免给无关人员造成诉累，将适格当事人纳入诉讼中一次性解决纠纷，法官应主动审查诉讼主体是否适格，发现所列当事人有误，可以释明变更当事人，也可以直接驳回对不适格当事人的起诉。

目前，法院通常认为，法官释明不适用于变更当事人，发现部分主体不适格的，释明当事人去除；发现整体不适格的，驳回起诉，告知当事人选择适格主体另诉。最高人民法院案例倾向于认为除必要共同诉讼外，法官不认可原告诉讼请求时，可以选择不予释明。比如：在孙某与某公司建设用地使用权转让合同纠纷一案中，原审原告孙某上诉称，原审判决认为被告公司不是合同义务承担人，法院应当行使释明权，告知其变更或追加当事人，未尽到告知义务，属于程序违法。最高人民法院二审认为，孙某与被告公司不存在真实的交易关系，其与第三人公司存在土地使用权转让合同关系，案外人林某、盐业公司并非本案必须参加诉讼的当事人，原审法院未予追加并无不当，孙某起诉被告公司，就案涉标的物主张权利，不属于依法应当向当事人释明的情形。①

是否将责任人列为被诉对象，是当事人处分权范畴，而承担何种责任，属于法律适用问题。当事人诉讼地位，与本案的请求权基础法律关系性质密切相关，当事人可能因对本案诉争的法律关系认识含糊，出现混淆共同被告和第三人。实践中，法官倾向于依职权作出调整，不影响实体权利实现，也可以选择在释明法律关系性质时一并释明当事人诉讼地位问题，询问当事人是否作出调整。

### （四）当事人经释明拒绝接受的裁判观点

1. 当事人经释明拒绝补充举证的处理方式

按照辩论主义基本原理，未经当事人辩论的事实及证据不得作为裁判基础，当事人有权决定提供的事实及证据范围。法官在发现法律要件事实或证据链条有明显缺失时，释明当事人补充陈述事实，补充举证，但当事人拒绝补充的，法官不能依职权调查并作为裁判依据。而当事人可能在一审败诉后上诉提出相应证据，以下将以鉴定事项为例予以说明。

---

**案例 7-1**

杜某与某房地产公司建设工程施工合同纠纷一案中，一审法院释明原告可以申请工程造价鉴定，原告认为法院证明责任分配错误，拒绝申请鉴定，被判决驳回诉讼请求。二审期间，杜某提出鉴定申请，被二审法院以一审经释明未申请为由驳回上诉。最高人民法院再审认为，杜某作为实际施工方，应对工程范围及价款等事实负有证明责任，经原审法院释明未申请鉴定，承担举证不能责任，故驳回再审申请。②

---

① 该裁判观点参见最高人民法院（2017）最高法民终 180 号案件，详见中国裁判文书网，https://wenshu.court.gov.cn/，最后访问时间：2025 年 2 月 26 日。
② 该裁判观点参见最高人民法院（2018）最高法民申 5995 号案件，详见中国裁判文书网，https://wenshu.court.gov.cn/，最后访问时间：2025 年 2 月 26 日。

## 第四章 我国法官释明权规范的实证分析

**案例 7-2**

河南某建筑公司与洛阳某能源公司建筑工程施工合同纠纷一案中，一审期间，原告经释明拒绝申请鉴定，二审期间提出鉴定申请被驳回。最高人民法院再审认为，工程造价鉴定意见是本案基本事实证据，河南某建筑公司一审拒绝申请鉴定，应对不能查清基本事实负主要责任，但考虑到本案通过其他证据仍不能确定工程造价，准许在二审申请鉴定，按照《民事诉讼法》关于延迟举证处理和基本事实不清发回重审更为妥当，故指令河南省高院再审。①

---

案例 7-1 和案例 7-2，反映出不同时期二审法院对于一审经释明拒绝申请鉴定的不同裁判观点。以案例 7-1 为代表的观点反映的是 2019 年《民事诉讼证据规定》未修改前的一类观点，倾向于以禁反言为由对当事人二审新提出鉴定申请予以否定，认为既然当事人在一审期间经释明拒绝提出鉴定申请，那么在二审无权提出鉴定申请，产生证据失权后果，应承担事实真伪不明的不利后果。以案例 7-2 为代表的观点适用 2019 年《民事诉讼证据规定》，采纳"重要证据不失权"裁判规则，主张当事人经释明拒绝申请鉴定，不必然产生证据失权后果，如果待证事实属于本案主要事实，且在鉴定之外没有其他证明方式，则可以将当事人在二审提出的鉴定申请视为逾期提出的证据。第二种观点与我国现行《民事诉讼法》及 2019 年《民事诉讼证据规定》确立的"重要证据不失权"裁判规则保持一致，代表了今后的裁判方向。

2020 年修正后的建设施工合同案件司法解释对此作出统一规定，即二审认为确有必要的，可以发回重审或查清事实后改判。结合现行《民事诉讼法》及 2019 年《民事诉讼证据规定》的具体内容，可以推断，"确有必

---

① 该裁判观点参见最高人民法院（2020）最高法民申 318 号案件，详见中国裁判文书网，https://wenshu.court.gov.cn/，最后访问时间：2025 年 2 月 26 日。

要"的判断标准应当是，待证事实属于与本案法律关系或法律权利要件密切相关的主要事实，不鉴定将导致主要事实不清。对于当事人在一审期间的拒绝补充举证，有的法院在认可其二审申请的同时，通过诉讼费用承担的方式给予否定性评价，认为其经释明仍未举证，对造成本案诉累负有主要责任，①体现了诉讼经济理念，对另一方当事人给予程序保障，与我国现有证据失权制度理念相符，更为妥当。

2. 当事人经释明拒绝补充诉讼请求的处理方式

通常情况下，法官要求当事人补充诉讼请求很谨慎，通常是在原有请求权体系下要求其补充具体声明主张，当事人拒绝补充的，法院根据当事人诉请作出裁判即可。实践中比较棘手的是反诉请求释明，比如：双务合同中法官释明后被告拒绝提出反诉请求，坚持主张合同有效或继续履行的，法院应当如何裁判。本书选取同类两个案例，均涉及土地及地上附着物返还，裁判观点有所区别。

### 案例一：详见前述案例2-2

王某与卢某、杨某确认合同无效纠纷一案中，一审期间，原告要求确认《土地使用权转让协议》无效，请求返还宅基地，被告坚持主张协议有效，经释明拒绝提出赔偿房屋损失的反诉请求。二审期间，被告提出反诉请求，案件被发回重审，重审期间，双方达成新的《房地产买卖契约》，经法院多次释明该协议无效，被告明确表示不提反诉。重审认为，基于房地一体的现状，宅基地不能单独返还，在被告不提出反诉请求同步解决房屋处理、赔偿损失等问题的情况下，原告请求先行返还宅基地不符合公平原则，故作出确认房地产契约无效的判决，双方可对因合同无效引发的问题另行解决。二审认同一审对于被告拒绝提出反诉的处理方式，驳回上

---

① 该裁判观点参见北京市第二中级人民法院（2019）京02民终2562号案件，详见中国裁判文书网，https://wenshu.court.gov.cn/，最后访问时间：2025年2月26日。

诉，维持原判。①

**案例二：案例 8-1**

成都某城建局与成都某公司合同纠纷一案中，一审期间，原告诉求解除双方签订的《土地预付款支付协议》并要求返还土地及其附着物，经法官释明协议无效，原告将诉求变更为判令返还土地及地上建筑物、附着物，放弃解除合同的诉求。为彻底解决纠纷，一审法院同时告知被告公司可以提起反诉，被告公司坚持认为合同有效，拒绝提出反诉，法院基于合同无效的认定，判决支持原告的本诉请求。被告公司上诉认为，一审判令被告公司返还土地及附着物的同时未判令原告对地上附着物折价返还，属于越权处分。二审法院认定合同有效，指出一审法院适用法律瑕疵，原审原告提出以合同目的无法实现为由解除合同及相应返还财产的请求，二审法院支持返还请求，维持原判。②

上述两个案例代表了实践中的两种典型裁判观点，相同之处在于针对双务合同被认定为无效的，均主张法官有义务主动就反诉请求释明，反诉释明的出发点是一次性解决纠纷，并不以当事人是否有含糊的意思表示为必要前提。

两者区别在于，在当事人明确拒绝提出反诉请求时的裁判处理方式。案例 2-2 在经历被告在二审提出反诉请求导致案件被发回重审后，慎重地作出了仅确认合同无效的判决，向当事人告知可就房地一体的返还请求权及赔偿请求权问题另案解决。这种做法的优势是尊重被告的意愿，避免越权裁判或部分裁判可能带来的裁判冲突，但房地返还在一段时间内处于不

---

① 该裁判观点参见云南省祥云县人民法院（2016）云 2923 民初 614 号案件、云南省大理白族自治州中级人民法院（2019）云 29 民终 888 号案件，分别是一审、二审案件，详见中国裁判文书网，https：//wenshu.court.gov.cn/，最后访问时间：2025 年 2 月 26 日。
② 该裁判观点参见四川省高级人民法院（2020）川民终 550 号案件，详见中国裁判文书网，https：//wenshu.court.gov.cn/，最后访问时间：2025 年 2 月 26 日。

安定状态。案例 8-1 则对本诉原告的请求先行作出裁判，被告上诉认为一审法院未予一并处理与其相关的财产权益，二审对此未予支持，维持原判。这种做法的优势是通过生效裁判保护了原告的所有权，将反诉请求视为可分之诉允许被告在将来另行主张，但潜在与未来裁判内容可能产生冲突。

3. 当事人经释明拒绝变更诉讼请求的处理方式

面临诉判不一致，法院在不同时期出现过三种不同的裁判理念和裁判方式，反映出法院对诉讼标的和当事人处分权的不同认识。第一种做法是径行作出裁判。这种做法的裁判依据不受当事人的处分权约束，有代行诉权之嫌，构成诉外裁判。最高人民法院的观点是法院不得擅自改变当事人诉讼请求。2001 年，最高人民法院在文书中指出，"按照当事人诉讼请求确定人民法院审理范围的原则，符合我国民事诉讼法规定，人民法院不能擅自改变当事人的诉讼请求"。①

第二种做法是裁定驳回起诉。最高人民法院不仅在具体案件审理中表明该裁判观点，② 也将其吸纳入司法解释，如 2015 年发布的《最高人民法院关于审理民间借贷案件适用法律若干问题的规定》（法释〔2015〕18 号），对于以买卖合同作为民间借贷合同担保的，法院应释明当事人变更诉讼请求，拒绝变更的驳回起诉。裁定驳回起诉的同时，告知当事人另行主张权利，是法院的通常做法，理由是当事人所诉的法律关系不存在，不符合起诉条件，这种做法在立案登记制改革前尤为普遍。近年来，随着立案登记制改革的深入推进，从最高人民法院司法解释的变化中能看出法院对于驳回起诉态度的转变，2020 年修正的关于审理民间借贷案件的司法解释删去了 2015 年该司法解释关于法官释明及裁定驳回起诉的规定。目前，

---

① 该裁判观点参见最高人民法院（2000）知终字 12 号民事裁定书，载最高人民法院办公厅：《最高人民法院公布裁判文书（2001 年）》，人民法院出版社 2002 年版，第 388 页。

② 该裁判观点参见最高人民法院（2004）民一终字 107 号案件，载《最高人民法院公报》2006 年第 8 期。

关于驳回起诉的规定主要针对的是法院主管、主体适格、重复起诉等诉讼要件，没有关于当事人起诉法律关系与法院认定不同的情形。

第三种做法是判决驳回诉讼请求，成为目前的主流观点，当事人坚持自己的主张不变更诉讼请求，因其诉求缺乏正确的请求权基础，将面临本诉中的诉讼请求被判决驳回，不影响其将来以新的法律关系另行主张权利。①

### （五）二审法院对一审法院释明的态度

1. 一审未释明认定不一致的法律关系性质

二审法院对此有两种基本观点，一种观点认为，只要未引起诉讼请求的变化，就不是必须作出法律关系释明，一审法院即使未释明并根据自行认定意见作出裁判，二审也是支持的。另一种观点认为，判决与诉讼请求所依据的请求权基础应当一致，法律关系定性不同将导致当事人诉讼请求的变化，未经释明径行裁判违反释明义务。两者的根本区别在于对诉讼标的的识别标准不同，前者将法律关系作为诉讼标的的组成部分，即声明主张的理由，后者将法律关系作为诉讼标的本身。还有一种观点认为，即使法院违反释明义务未释明，也不构成发回重审事由，不宜对发回重审的适用条件做扩大解释，且未释明并不影响原告主张权利，不存在显失公平。②

2. 一审未释明举证内容

司法解释规定法官应说明举证的要求及法律后果，但并未规定应释明的具体内容，法官未释明的法律后果。二审法院对于一审未释明举证的态度可以概括为三种主要类型。第一种观点认可一审法院未予举证释明的做

---

① 该裁判观点参见最高人民法院（2020）最高法民终368号案件，详见中国裁判文书网，https://wenshu.court.gov.cn/，最后访问时间：2025年2月26日。

② 最高人民法院（2019）最高法民终44号案件中，二审法官指出，一审法院未释明并不必然导致本案发回重审。详见中国裁判文书网，https://wenshu.court.gov.cn/，最后访问时间：2025年2月26日。

法，举证责任发生转移时，法官可以释明当事人提出反证，也可以不予释明，比如前述6-2案例代表该类观点；第二种观点认为一审法院未予释明违背释明义务，导致主要事实不清，发回重审或者作出改判；① 第三种观点认为待证事实是否需要鉴定，由当事人自行判断，法院没有义务释明，比如前述6-3案例持该类观点。

上述观点虽有所差异，实质上都是将"确有必要"的举证释明标准建立在待证事实是否系认定权利要件的主要事实的基础上，如未补充举证将可能导致该待证事实真伪不明，则法官应当释明，否则由当事人自行判断是否补充举证。法官释明是必要的职权干预，举证更多是诉讼策略问题，体现了当事人为说服法官确信己方事实所做的努力，如果法官事无巨细地释明当事人就所有事实提出证据，则有代行诉讼之嫌，偏离法官中立性，对另一方当事人不公平。

因此，举证释明应把握一定的限度。法院倾向于将"确有必要"作为举证释明适用边界。以鉴定事项的释明为例，司法解释规定，只有在法院综合判断认为需要鉴定的，才产生释明需要。

前述案例针对何为"需要鉴定"作出具体解读，对于当事人提出的事实主张不是权利要件主要事实的，法院没有义务释明是否鉴定，由当事人自行判断如何举证。对于当事人举证不能证明权利要件主要事实的，即使鉴定意见也无法证明待证事实，法院亦认为没有鉴定必要。由此可见，在鉴定事项释明上，初步形成释明条件，即如果待证事实系认定权利要件不可或缺的主要事实，如果未补充举证将导致该待证事实真伪不明，则法官应当释明，否则法官没有义务释明，由当事人自行决定举证策略。对于法

---

① 安徽省高级人民法院（2020）皖民再38号案件持该类观点，认为二审法院未经开庭组织质证及释明工作，直接解读相关证据，径行认定超出原审理范围的新的事实，且事实认定有误，故作出改判。该案例系人民法院案例库案例，入库日期：2024年2月24日，案例编号：2024-16-2-111-001，案件名称：巢湖市某租赁公司与江西某建筑公司租赁合同纠纷案，详见人民法院案例库，https://rm-fyalk.court.gov.cn/，最后访问时间：2025年2月26日。

官应释明补充举证而未释明的情形，只有极少裁判发回重审，而发回理由并非未予释明，而是未释明导致的主要事实不清后果，多数二审直接释明后作出改判。

3. 一审错误释明法律关系性质或法律行为效力

"告知当事人可以变更诉讼请求"释明在实践中曾遇到一审、二审法院对法律问题认识不一的尴尬，确有必要取消明确告知的规定要求。过去，二审法院认为一审法院释明法律关系性质或法律行为效力有偏差时，否定当事人基于一审错误释明依据的请求权基础，直接判决驳回原告的诉讼请求，较容易引起当事人对司法公正的质疑。现在，二审法院倾向于向当事人释明法院不同的法律观点，比如：合同效力、合同性质、主体资格等，在当事人重新调整请求权基础后作出改判，更为妥当。以下通过典型案例予以说明。

在前述8-1案例：成都某城建局与成都某公司合同纠纷一案中，一审期间，原告主张合同解除基础上的财产返还请求，法官释明合同无效，原告变更诉求为基于合同无效的财产返还请求，二审经审理认定合同有效，原审原告以合同目的无法实现为由请求返还财产，并说明合同已协商解除。二审法院支持原审原告的诉求，驳回上诉，维持原判，但也指出一审法院适用法律瑕疵。该案的裁判要旨可归纳为：二审法院对于一审法院释明错误并未认定为违反法定程序，而是直接在查明事实后作出改判，将错误释明视为法律适用错误。

# 第三节 我国法官释明权适用的问题分析

当前形势下，实质性化解矛盾纠纷是当事人与法院在司法审判中共同追求的目标。法官既要保持中立，也要当好正义的引路人，在当事人说不清、理不顺的情况下，通过法官释明与当事人进行有效的沟通，探明其真实的诉讼意图，从而帮助其维护自身合法权益。随着司法改革的深入推进，为了更好地实质性化解纠纷，法官与当事人的沟通日益受到重视，法官释明权的规则内容和裁判观点更加丰富。目前，法官释明权制度体系的内在逻辑不统一、适用范围的宽泛、适用效力不具有约束性，以及配套制度的不完善，是制约制度进步的根本原因，使得法官释明权的适用尚处于不够清晰的状态，有待在今后的研究和实践中进一步探索和完善。

## 一、释明规则之间逻辑基础不统一

综观我国法官释明权规则，在权利主张层面的释明权规则最为集中，但对于追加、变更诉讼请求的看法不一，可以概括为过于积极和相对中立两种理念并存。过于积极的释明理念，以《九民纪要》提出的合同效力释明规则和合同解除释明规则为典型代表，突破了以当事人事实主张为线索的限度，法官有权在当事人诉讼本意之外释明被告提出反诉请求。相对中立的释明，以 2019 年《民事诉讼证据规定》第 53 条为典型代表，删除了 2001 年《民事诉讼证据规定》中告知变更诉讼请求的释明，取而代之的是建立在当事人辩论和案件争议焦点基础上的释明，采取法律观点指出义务与诉的变更释明并行的做法，法官通过开示对现有案件事实形成的法律观点，敦促当事人更加充分地陈述事实及法律意见，补充证据。

### （一）释明统一目的体系缺失

散见于法律及司法解释中的释明规则，尚未形成内在逻辑统一的法官释明权规范体系，背后折射出的是我国尚未形成统一、成熟的释明目的体系。以合同无效与合同解除释明为例，《九民纪要》的制度初衷在于追求纠纷一次性解决，避免案结事不了现象的发生，① 两次《民事诉讼证据规定》则经历了从"告知当事人可以变更诉讼请求"释明追求诉讼效率与诉讼经济、保障当事人权利的释明目的，到"作为争点进行审理"释明兼顾保障当事人合法权益、最大限度节约司法资源及促进法院依法审判的释明目的的转变。②

从散见在各处的释明规则中很难梳理出统一的释明目的，甚至还出现相互矛盾的释明目的。比如：《九民纪要》第 36 条对被告在原告主张合同无效时提出返还财产的反诉请求的释明作出规定，从上下文表述看，并未将被告有相关意思表示或事实陈述作为释明的先决条件，而是从一次性解决纠纷和平等保护合同双方当事人利益的角度规定，法官应当告知被告，引导被告提出反诉请求。从释明的谦抑性角度来看，法官不宜在被告毫无意思表示的前提下主动释明，要求其提出反诉请求。再如：针对起诉的法律关系与审理认定的法律关系不同的情形，2019 年《民事诉讼证据规定》要求法官仅对此作为审理焦点提出即可，不必告知当事人变更为何种具体诉讼请求。《九民纪要》在以物抵债协议、转贴现协议等案件中则要求法官应释明当事人按照原有法律关系诉讼，不必告知和应当告知背后的释明目的也不尽相同。

此外，在是否追加当事人的问题上，司法解释对于侵权案件、公司相关案件、环境公益案件等某些特定类型案件作出了释明规定，但由于缺少原则性的统一规则，在其他尚未明确规定具体释明规则的案件中，法官往往根据自己的判断依职权追加当事人，很少询问当事人意见，其背后的释明目的边界不明确，更多是出于法官追求彻底查明事实的目的。

构建统一的释明目的体系，应当明确以下核心问题：哪些情形应当释

---

① 《最高人民法院民二庭负责人就〈全国法院民商事审判工作会议纪要〉答记者问》，载《〈全国法院民商事审判工作会议纪要〉理解与适用》，人民法院出版社 2020 年版，第 28 页。

② 最高人民法院民事审判第一庭：《最高人民法院新民事诉讼证据规定理解与适用》（下），人民法院出版社 2020 年版，第 501 页。

明，未经释明对法院和当事人将产生何种法律后果，哪些情形可以释明，背后的释明目的何在。

有学者将释明目的分为最上位目的、其他正当目的，并界定不当目的，对释明目的边界进行系统研究。① 本书将释明目的区分为：首要目的、次位目的、三位目的。首要目的是实现当事人构建的案件事实基础上的实质正义，是所有释明均应遵循的边界；次位目的是保障平等程序参与权、避免突袭裁判；三位目的是纠纷一次性解决，后文将逐一详述。

### （二）纠纷一次性解决的理解宽泛

纠纷一次性解决，包含诉讼经济和公平正义的价值追求。从经济角度看，如果在一个程序中一次性解决纠纷，当事人的诉讼成本投入较低，包括时间成本和经济成本，同一纠纷对司法资源的占用也相对较低，法院能够腾出更多时间精力对其他纠纷定分止争。从公正角度看，如果纠纷一次性解决，能够避免前后诉形成的裁判结果冲突，不仅维护了个案公正，也对整体公正产生良性影响。换言之，是否达到纠纷一次性解决目的，应当从诉讼经济和公正角度考量。

为达到这一目的，在两大法系语境下有不同的实现路径，也有必要的限度。英美法系是事实出发型裁判思路，审理对象是纠纷本身。因此，英美法系围绕纠纷将相关的主体及事实纳入一次诉讼，加之诉讼成本计算的因素，更倾向于从宽理解纠纷一次性解决。

大陆法系是规范出发型裁判思路，审理对象是实体法上的权利及法律关系，以实体法权利为中心。无论是"旧实体法说"还是"新诉讼标的说"，都是以实体法请求权基础作为根基，只是诉讼标的识别具体标准存在差异，通过诉讼标的识别实现诉判合一。大陆法系的纠纷一次性解决实现路径可以概括为"诉讼标的识别+诉的合并审理+强化程序保障"，法官

---

① 严仁群：《释明的理论逻辑》，载《法学研究》2012年第4期。

首先从当事人构建的案件事实中识别本案的诉讼标的，固定争议焦点，确定审理对象，通过释明来探明和识别各项独立之诉，在此基础上决定是否进行主观之诉合并和客观之诉合并。同时，在纠纷一次性解决理念的影响下，判决效力所及范围扩大，更加重视保障当事人程序权益。被既判力涉及的各方当事人有机会在此前的诉讼程序中充分发表意见，维护自身权利，从而确保最终的裁判内容更容易被当事人认同。

法官通过释明晓谕利害关系人诉讼参加的权利，赋予其参与到程序中充分发表意见的机会，法官也通过释明开示法律观点，赋予当事人在预测裁判可能结果的基础上对是否追加、变更诉讼请求作出选择，兼顾保护当事人的实体权益和程序权益。如前所述，德国和日本法官向当事人开示对法律关系性质不同认识的法律观点，甚至不以当事人能否以此为据提出新事实为必要条件，重点考虑的是避免突袭裁判，保障程序参与权。

大陆法系在纠纷一次性解决上也是有限度的。其一，以当事人的意愿为底线，不得重构诉讼；其二，是否与本诉有牵连性，普遍对反诉的条件作出限制，将是否造成诉讼迟延作为重要的考量因素；其三，公益性因素，私权保护为主的案件，受当事人处分权限制，合并审理范围较小，允许另诉；公益性较强的案件，合并审理范围较大，在纠纷一次性解决的实现路径上也融合适用非讼法理，增强法官的职权干预。

我国倾向于将纠纷一次性解决视为案结事了的重要衡量标准，制度设计上将纠纷一次性解决作为释明目的，但对于纠纷一次性解决与诉讼经济、公平正义之间的关系并未作出必要限定。我国关于既判力的认知主要停留在理论研究层面，法院对于既判力的认识主要体现在"一事不再理"。[①]

实际上，在民事诉讼中，并没有绝对正确的纠纷解决标准，法官应当尊重当事人意愿，赋予其选择保护实体权益，妥当解决纷争的机会，而不

---

① 张卫平：《既判力相对性原则：根据、例外与制度化》，载《法学研究》2015年第1期。

是代替当事人选择解决纷争的途径。由于制度上缺乏对实现纠纷一次性解决的程序设置，纠纷一次性解决的裁量权完全在于法官。实践中，有些类型的案件在合并审理或者追加当事人方面的裁判思路已经统一，对于尚未统一裁判思路的案件，法官通常倾向于引导当事人另行起诉、另行主张权利。

## 二、法官释明权规范的非约束性

诉讼结构是一个由法官与双方当事人共同构成的三角结构，包括法官与当事人、双方当事人两组主要诉讼关系。法官释明权具有调节两组关系的基本功能，通过探明当事人诉讼真意和法官观点，调整法官与当事人之间的关系，努力达成共识，避免诉讼请求与诉讼目的相悖。法官通过引导和督促当事人关注原本疏忽的主张及观点，平衡双方当事人诉讼能力，约束一方当事人策略性行为，调整当事人之间的关系。

法官释明权是法官职权的有限扩张，一旦逾越当事人意愿的界限，就可能形成新的不公正。因此，必要的法官职权干预有利于实现实质正义。法官释明应当是有限度的，受到当事人权利处分的约束。其一，法官释明范围应当受辩论主义和处分权主义的限制，法官不能超出当事人意愿释明，以法官的观点替代当事人的意思自治。其二，法官释明内容不能替代当事人意见，如果当事人拒绝作出改变，法官应尊重其处分权，以当事人主张内容作为裁判依据，不得自认自判。其三，法官应当释明而未释明的，或过度越位释明的，应赋予当事人程序救济权利，法律上应对此作出程序违法的否定性评价，产生相应的法律后果。对照上述三项内容检视我国的法官释明权规范，一定程度上具有非约束性的特征。

### （一）释明内容可以不受当事人意思表示限制

法官应当提醒、引导当事人作出正确的决定，但不应代替当事人作出决定。在举证释明规则中，我国初步确立了"确有必要"限制，但在诉讼主体领域则有不受当事人意思表示限制的情形。比如：人身损害赔偿案件中，法院有义务依职权追加共同侵权人。共同侵权人在当事人分类上应属于类似必要共同诉讼人，不是必须参加诉讼的，被侵权人有权放弃对部分侵权人追究责任，只是法院作出的合一确定裁判对其产生效力，权利人不得另行起诉首次未参诉的侵权人。鉴于权利人可以部分放弃实体权利，那么是否追加其参加诉讼，应属于其处分权范畴。当事人可能因疏忽而未全面起诉所有侵权人，导致丧失司法救济机会，无法另诉主张，在这种情况下，法官应当释明当事人是否追加其他侵权人，如果当事人表示不予追加，法院应释明其放弃部分诉求的法律后果。值得关注的是，《民法典侵权责任编解释（一）》开始承认当事人对参诉主体的选择权，对于未成年人侵权案件及校园伤害案件设置了释明规则，在上述案件中，法官不是依职权直接追加当事人，而是释明原告追加作为全部赔偿责任人的原监护人或者实际侵权人。①

这里有个例外，那就是公益诉讼，法官如认为诉讼请求不足以维护公益的，可以不受当事人意思表示的约束直接释明其增加或变更诉求，当事人拒绝作出改变的，其处分权受到公益性限制，法官有权根据案件事实和保护公益的需要作出超出其诉求的裁判。此处的释明更多是避免突袭裁判，赋予当事人程序参与权，以公开透明的释明保障当事人有补充举证、陈述意见的权利。

### （二）法官可以不受当事人意思约束自认自判

在当事人起诉内容与法院认定不一致时，我国司法解释经历了从告知变更诉讼请求到作为审理焦点进行审理，但对于法院认定与当事人主张不

---

① 《民法典侵权责任编解释（一）》第6条第2款，前款规定情形，被侵权人仅起诉行为人的，人民法院应当向原告释明申请追加原监护人为共同被告。第14条第2款，被侵权人仅起诉教育机构的，人民法院应当向原告释明申请追加实施侵权行为的第三人为共同被告。

一致的裁判方式，实务中因认识不同先后出现了三种做法：自认自判、裁定驳回起诉和判决驳回诉讼请求。其中，自认自判的适用理由为，法官应当适用正确的法律对当事人诉争的法律关系作出定性，对案件事实作出法律评价，不受当事人主张的约束。这种做法表面上看是法官有权依法作出裁判，但实际上未经释明开示观点，剥夺了当事人的处分权和辩论权，构成诉外裁判。近年来，司法解释开始在合同、侵权、公司治理等领域建立具体释明规则，为法官释明明确了方向，也赋予了当事人实质性参与诉讼的机会。

### （三）整个规范体系缺少不当释明的救济途径

我国的法官释明权规范中多次出现"应当"字眼，但并不意味着法官被赋予法定释明义务，法官应释明未释明的认定及其法律后果，完全取决于二审法院对释明的理解。在最高人民法院裁判中，有观点认为不宜在《民事诉讼法》的发回重审法定事由之外做扩大解释。[①] 整个法官释明权规范体系中缺少对怠于释明、过度释明和错误释明的救济途径，没有统一的程序保障机制真正形成对法官释明的适度约束。

针对权利主张未释明的情形，当事人上诉理由中提及一审法院未释明，如前所述，个别二审判决对此未作回应，在作出回应的二审观点中，二审法院多数意见倾向于以"是否引起诉讼请求的变化"作为释明必要性的判断标准。换言之，诉讼请求所依据的请求权基础不同，不是释明的条件。少数意见认为，对于不同请求权基础未予释明构成程序违法，但在现行法框架内只能以剥夺当事人辩论权作为发回重审事由。无论哪种观点，

---

[①] 最高人民法院（2019）最高法民终44号文书指出，不宜对发回重审的适用条件做扩大解释，一审法院未释明并不必然导致本案发回重审；最高人民法院（2018）最高法民申2046号文书指出，法院是否向当事人释明继续举证不属于法定再审事由，本案中即使原审法院未向当事人释明继续举证，也不导致本案进入再审。案例来源：中国裁判文书网，https://wenshu.court.gov.cn/，最后访问时间：2025年2月26日。

均未鉴于处分权原则而考虑适用法官释明权。

针对一审未予释明的二审裁判方式，《九民纪要》在合同效力释明规则中提出，对于一审未予释明的，可以直接释明并改判，财产部分争议较大的，可以另诉解决。按照释明约束性原理，一审未释明的内容如果涉及权利主张的根本性改变，未经过当事人充分辩论，除非当事人同意放弃审级利益，二审法院不宜直接释明作出改判。至于争议较大的情形，也可以考虑发回重审的裁判方式，既保证当事人审级利益，也体现对一审未予释明的程序性否定。

过度释明的程序保障机制，亦是反映法官释明应受当事人主张的约束。我国未规定明确的释明启动条件和适用范围，是否过度释明本就难以判断，即使认为过度释明，也没有相应的程序设置保障。以错误释明为例，一审中法官释明观点与当事人观点不同，并判决支持原告变更请求权基础后的诉讼请求，二审法官则认为一审认定有误，往往直接根据新的认定作出改判，对于错误释明本身并未作出相关程序性评价。

法官释明权规范的非约束性，在司法实践中主要表现为法官凭借自身审判经验和主观判断决定是否释明。天津市红桥区法院课题组曾向 10 个基层法院发放调查问卷 100 份，回收有效问卷 89 份，46 人表示经常适用法官释明权，36 人选择有时适用法官释明权，有 7 人表明很少适用。① 个别情况下，对于当事人的陈述和主张存在明显缺陷，法官未予必要的解释说明和提示指导，对于当事人举证存在明显缺失，法官未进行必要的询问，在证据链不完整的情况下作出事实认定。

## 三、举证释明的形式化

按照辩论主义的基本要求，当事人提出什么主张和证据，是当事人的

---

① 天津市红桥区人民法院课题组：《天津调研组关于法官释明权制度运行情况的调研报告》，载张卫平、齐树洁主编：《司法改革论评》（第十九辑），厦门大学出版社 2015 年版，第 74—86 页。

责任，裁判以当事人提出的诉讼资料作为依据，主要事实真伪不明时，当事人承担举证不能的败诉风险。当事人的诉讼能力等因素决定了当事人难以全面准确完成举证，必要时，法官应指导当事人补充举证。

举证释明制度的实质性推进意义在于，随着提供证据责任的转移和待证事实证明状态的变化，法官启发当事人补充相应证据，赋予当事人调整攻击防御的机会，促使接近案件真相。

我国的举证释明更多停留在一般性告知阶段，法官通常在举证通知书中作出一般性告知，具体举证释明集中体现在鉴定事项上，二审法院对于一审未予举证释明不作出否定性评价，而是直接释明后查明事实，或者以事实不清发回重审，与是否释明无关。举证释明形式化可以归结为受以下四个方面因素的影响。

其一，释明权制度依据尚不明确。根据2019年《民事诉讼证据规定》规定，法院应向当事人说明举证的要求和法律后果，促使其在合理期限内积极、全面、正确、诚实地完成举证。该规定包含两层含义，一是法院说明的内容是举证要求和法律后果，二是说明要达到促使当事人及时、积极、全面、正确、诚实举证。泛泛告知当事人实施举证的诉讼行为，或者泛泛告知不举证的法律后果，都无法达到这一目的。因此，法官举证释明的基本要求是，法官应当针对本次诉讼中的特定诉辩主张具体指导当事人举证，在当事人没有全面、正确举证时提示其继续举证。如何能做到实质性地提出具体的举证释明内容，启动条件、适用范围如何，现行规定并未给出答案。

其二，证据裁判理念转变尚需时日。在过去很长一段时间内，我国民事诉讼采用"行为责任说"，将法院调查证据与当事人证明责任对立，将证明责任制度从裁判方法论意义完全演变成当事人的风险责任，实质上是"转移司法正义的经济成本和正义得不到发现而发生的风险，把发现案件真实的风险交给当事人",① 偏离民事诉讼发现案件事实的目的,容易导致实质正义的旁落。举证证明案件事实被完全视为当事人的责任,完全消极中立的法官无须查证,更无须释明当事人补充举证,当事人稍有不慎就可能承担举证不能,逾期失权等不利后果。2019年《民事诉讼证据规定》强调法官有义务与当事人共同探求案件真实,但矫正后的证据裁判理念从纸面规定到植根于法官理念,尚需适应过程。

其三,辩论主义适用范围宽泛。笼统强调当事人没有主张的事实不得作为法官的裁判基础,忽视法官必要的举证释明义务。具体表现在:第一,对于适用辩论主义的案件类型不做区分;第二,对于适用辩论主义的事实类型不做区分,将间接事实、辅助事实囊括到辩论主义适用范围;第三,当事人负有证明责任,法院无权干涉。法官释明是在辩论主义的框架内搭建法官与当事人沟通的平台,如果阻隔了当事人与法官的必要沟通,一方面使得审判权缺位,另一方面使得法官未经释明而否定当事人的事实主张,产生审判权的失范。

其四,面临当事人能力欠缺和保持法官中立性的两难境地。否认举证释明的理由主要是:就未达到证明标准的案件进行释明,可能破坏法官的中立性,还将导致案件审理周期延长。诚然,如何举证属诉讼策略技术范畴,法官指导太具体、太主动,会有损法官的中立性,产生以帮助一方实现正义而牺牲另一方利益的新的不公平。然而,实践中确实存在当事人不了解如何达到全面、正确举证,或者当事人疏于举证的情形,直接影响当事人的事实主张无法成立,使得本应胜诉的当事人败诉,实质正义旁落。虽然受当事人处分权影响,案件事实与生活世界的事实真相有出入,但在双方当事人对抗激烈的情况下,法院不能听任事实认定偏离真实,而是有责任为社会输出看得见的实质正义。

---

① 肖建华:《审判权缺位和失范之检讨——中国民事诉讼发展路向的思考》,载《政法论坛》2005年第6期。

## 四、诉讼主体改变的单向性

共同诉讼中的当事人基于实体法上的处分权有权决定是否追加当事人，但法官考虑到查明全案事实真相和裁判结果的影响，往往依职权追加当事人，以确保裁判结果对所有参加诉讼的当事人产生影响。那么，法官为何以职权追加取代当事人选择追加？如果当事人不申请追加，是否构成遗漏当事人？裁判结果的效力如何？更多应从裁判效力与诉讼结构上作深层次分析。

其一，不承认既判力有条件的扩张。我国立法未专门区分固有必要共同诉讼和类似必要共同诉讼，实践中将所有必要共同诉讼均视为固有必要共同诉讼，认为如果缺少共同诉讼人就构成遗漏当事人，就应当追加当事人，否则裁判结果对于未参加诉讼的当事人不公平。可以考虑借鉴类似必要共同诉讼制度，承认既判力的有条件扩张，一方面授权当事人选择起诉范围，允许权利主体选择是否参加诉讼，法院不强制其作为整体起诉应诉；另一方面承认裁判结果效力及于最终未参诉的其他共同权利主体，不得就同一法律关系另行起诉。

其二，忽视法官释明权的运用。实践中，法官释明主要集中在诉讼风险及权利义务告知，明确当事人诉讼请求、事实陈述、证据材料以及法律观点，法官认为追加当事人是依职权决定的法律事项，如果允许当事人选择不予追加，将导致共同诉讼当事人不适格，法院无法继续审理，裁判结果对未参诉的共同权利义务人是不公平的。民事诉讼法赋予当事人程序选择权，当事人对诉讼标的、诉讼请求的选择往往与其对诉讼主体、诉讼地位的选择密切相关。诉讼主体及诉讼地位的选择既包含当事人对实体权益的处分，也包含其对相关法律观点的认识。当事人可能因信息不对称或法律知识欠缺而出现不明确、不妥当的选择，经法官释明后可以重新作出选择。忽视诉讼主体释明在共同诉讼中的运用，可能导致突袭裁判，或导致依职权追加当事人的扩大化，以查清事实为目的，将其他法律关系主体追加为无独立请求权第三人。

我国 2015 年启动立案登记制改革，程序当事人概念取代原有的"利害关系说"。程序当事人，是指当事人只要具备三个程序要件即可进入诉讼程序，即"以自己的名义起诉应诉并进行诉讼行为，向法院请求确定私权或其他民事权益的一方及其对方，在诉状中明确表示出来"。[1] 适格当事人的确定，以诉的利益为基础，即"有关当事人可以通过审判请求获得一定的利益"。[2] 未经实体审理，法官无从知晓哪些是权利义务主体。随着调查的深入，法官在甄别适格当事人，确定权利义务主体的过程中，应当与当事人互动交流，在尊重当事人处分权的范围内进行必要、适度释明，最终确定裁判结果的主观范围。

根据处分权主义原则，权利人有权放弃对部分责任主体的权利主张，相应地有权选择诉讼主体范围。而究竟是主动放弃还是疏忽遗漏，法官应当探明当事人本意。对于已列为诉讼主体的，当事人也可能存在认识偏差。据调查，当事人不适格案件中，形式当事人与适格当事人关系密切的比例高达 60%，容易将单位与员工、公司与股东、法定代表人与负责人、子公司与分公司等主体混淆。[3]

法官围绕审理中呈现的要件事实进行请求权检索，找寻适用于本案的裁判依据，请求权基础不同，则权利依据和要件事实不同，当事人诉讼地位不同。因此，法官有义务提醒和启发当事人变更、追加当事人、排除明显没有权利义务关系的当事人，澄清诉讼地位是共同被告还是第三人。在

---

[1] 肖建华：《民事诉讼当事人研究》，中国政法大学出版社 2002 年版，第 27—28 页。
[2] 肖建华：《民事诉讼立法研讨与理论探索》，法律出版社 2008 年版，第 56 页。
[3] 熊洋：《论民事诉讼中任意的当事人变更——适法性探讨与类型化划分》，载万鄂湘主编：《探索社会主义司法规律与完善民商事法律制度研究——全国法院第 23 届学术讨论会获奖论文集》（上），人民法院出版社 2011 年版，第 448—450 页。

针对诉讼主体问题出现不同观点时，法官应释明给予当事人调整诉讼攻防方法的机会，组织当事人围绕诉讼主体适格问题充分辩论，以期对裁判结果产生实质性影响。

法官有义务释明提醒变更当事人，让正当当事人进入诉讼。在共同诉讼中，法官释明的作用更为凸显，法官应当释明追加必须参加诉讼的共同诉讼人，避免驳回不适格之诉的突袭裁判结果，也可以释明提醒其他共同诉讼人充分参与程序，彻底查明事实，避免相互矛盾的裁判结果。对于无独立请求权第三人，法官释明其作为辅助参加人参加诉讼，协助被辅助的被告提供更充分的攻防措施，一次性解决纠纷。

## 五、法官法律观点的单向输出

当事人起诉主张的法律关系性质或民事行为效力与法官认定的不一致，法官是否应当释明，曾经存在很大争议。2001年《民事诉讼证据规定》第35条的法官告知当事人变更诉讼请求，通常被认为是法官释明事项，也有观点认为应归为法院判断结果的认定性告知，类似于中间判决。[1]一审和二审法院对于是否有变更诉讼请求的需要，释明达到什么程度存在认识不一的情况，操作不当将导致对当事人处分权和审判中立原则的冲击。

近年来，最高人民法院裁判观点倾向于认为，只要法律关系性质对诉讼请求和裁判结果没有影响，即使法官未告知变更诉讼请求，也不认为违背释明义务。对于法律行为效力，针对合同效力的释明，有学者将其界定为法律释明，[2] 实务界倾向于认为，法院应当对合同效力主动审查，主动作出相应释明，还可以释明原告提出备选诉求，使纠纷一次性得到实质

---

[1] 张卫平：《民事诉讼"释明"概念的展开》，载《中外法学》2006年第2期。
[2] 任重：《释明变更诉讼请求的标准——兼论"证据规定"第35条第1款的规范目的》，载《法学研究》2019年第4期。

解决。

2019年《民事诉讼证据规定》删去法官告知变更诉讼请求的规定，改为规定法院应当将其作为焦点问题进行审理，但法律关系性质对裁判理由及结果没有影响的除外。那么，何为"法律关系性质对裁判理由及结果没有影响"，起草者认为，当事人的诉讼权利和实体权利并不因法院的认定受到影响，就没有让当事人对此问题进行辩论的必要，也没有将其作为焦点问题审理的必要。在制度起草中，对于当事人是否能够在诉讼中变更对于法律关系性质或民事行为效力的主张进行充分论证，从保障当事人诉讼权利、提高审判效率的角度出发，认为应当允许变更，简单地驳回其诉讼请求，增加当事人诉累，也造成司法资源过度消耗。①

比较两次规定的制度初衷，两者的根本区别在于诉讼标的识别标准不同。2001年《民事诉讼证据规定》采取"旧实体法说"，法律关系本身是诉讼标的，2019年《民事诉讼证据规定》采用新诉讼标的理论，法律关系是声明主张的理由。

在"旧实体法说"框架内，法律关系性质直接关系到请求权基础的动摇，关系到当事人的主张理由是否成立。因此，要求法官明确告知法律关系性质的认定，并引导当事人根据法官的认定变更诉讼请求。如果不提醒当事人引起注意，当事人将失去重新斟酌和主动调整法律关系的机会，可能遭遇败诉结果，也可能遭遇突袭裁判。

在新诉讼标的理论框架内，只要诉讼请求不发生改变，即使法律关系性质发生变化，只是诉讼理由的变化，不必然发生诉讼标的变更，法官有权不释明而作出裁判，裁判结果在否定当事人提出的法律关系性质的基础上作出新的认定，既判力及于前后两种法律关系，当事人不得以不同法律关系重复起诉。

---

① 最高人民法院民事审判第一庭：《最高人民法院新民事诉讼证据规定理解与适用》（上），人民法院出版社2020年版，第502页。

诉讼请求不能离开请求权基础而孤立存在，二者不宜割裂地看待，诉讼请求不是可以脱离请求权基础而恒定存在的声明主张。从程序设置来看，不同请求权基础对应不同权利构成要件，不同的证明责任分配，法官虽有权对法律问题作出判断，但不能推导出法官可以未经释明径行变更当事人预设的请求权基础，应赋予当事人充分阐述事实和法律意见，充分举证的机会，在探明案件真相的基础上作出认定。

在大陆法系的法官释明权规范体系中，采取哪种诉讼标的理论，是随着最高裁判机构的判例观点变化而变化的。即使是在"旧实体法说"体系下，法官也有义务释明诉之变更，辅之以预备之诉的客观合并。法官不是直接告知当事人变更结论，而是开示法律关系性质的法律观点，促使当事人进一步向法官证明原有主张，也赋予当事人权衡是否变更的机会，避免同一纷争因法律技术而形成反复诉讼。各国通过最高裁判机构的大量案例摸索释明界限，法官对诉讼标的识别的精准度决定了释明诉之变更的效果。由此可见，大陆法系为平衡尊重当事人处分权和法官中立，在诉讼请求领域采取的是法律观点释明。

我国无论是过去的法官告知变更诉讼请求，还是现在的作为焦点问题进行审理，都倾向于强调法官对法律关系性质认定的绝对权威性，实质上是法官法律观点的单向输出。2019年《民事诉讼证据规定》之所以认为只要不影响裁判理由及结果，不引起诉讼请求的变化就没必要释明，是因为其预设前提是法官的初步法律判断就是绝对正确的。实际上，法律观点有赖于事实基础，案件事实的发现是渐进和反复的，如果当事人向法庭呈现的事实有所欠缺，就可能影响法官正确的法律判断。只有当事人最清楚全部事实，他可能根据自身的法律观点预测提出新的事实和意见，推翻法官原有的法律观点，这符合共同发现法的释明目的。

在前述8-1案例中我们注意到，一审法院初次释明将案涉土地认定为经营性土地，以交付土地前手续不全为由认定转让合同无效，但经过双方进一步举证后，法院认定案涉土地为医疗用地，以出让主体不适格为由认定合同无效。虽然均得出合同无效的结论，但土地性质认定的差异，将影响权利认定、责任分配等内容的裁判基础。

2019年《民事诉讼证据规定》未明确作为焦点问题进行审理的具体操作方式，如果法官不明确开示自己认定的法律关系性质结论，即使当事人充分辩论，仍有可能疏忽或误解法律观点，无法提出有针对性的主张和证据，从而失去主动调整攻击防御方法的机会，有可能偏离其诉讼本意。完善我国权利主张释明和法律观点释明，可以借鉴动态沟通的做法，法官开示法律观点，敦促当事人与法官就法律问题充分讨论，再由当事人自行判断是否作出调整，更有利于保障当事人的程序参与权，也保证了法官的中立立场。

#  第五章
## 我国法官释明权规范的制度完善

法官释明权的行使，为法官与当事人之间的双向沟通搭建了桥梁，既有利于避免当事人感叹"早知如此，何必当初"，减少实质上的不公正结果，有效防范"程序空转"带来新的不公正，也有利于避免法官陷入"帮与不帮"的两难境地，既能保持客观中立地位，又能为社会输出看得见的公平正义。我国法官释明权的规范行使，应当建立内在统一的逻辑基础，与当事人制度、证据制度等诉讼制度密切配合，并辅之以丰富的判例作为统一裁判尺度的智库，才能更好地发挥其作用。

# 第一节 我国法官释明权规范的逻辑基础

## 一、建立法官释明的目的体系

法官释明权制度的设立最初是"对辩论主义的补充和修正"，[1] 逐渐发展到"法院的一个旨在谋求审理充实化、促进化及公平审理实质化的手段"。[2] 法官释明权制度所要达到的目的，取决于释明的多元化价值取向和社会需要，也决定了法官释明权适用范围的边界。根据释明目的承载的不同价值，可以区分为应当释明、不应释明和自由裁量可以释明，违反义务性规定的，构成程序瑕疵。

### （一）首要目的

法官释明权的首要目的，是实现当事人构建案件事实基础上的实质正

---

[1] [日] 中村英郎：《新民事诉讼法讲义》，陈刚译，法律出版社2001年版，第178页。
[2] [日] 新堂幸司：《新民事诉讼法》，林剑锋译，法律出版社2008年版，第314页。

义。理想的处分权主义充分尊重当事人依据实体处分权而决定审理对象和主导诉讼进程,理想的辩论主义将当事人经过辩论的事实作为裁判依据,非经当事人提供的证据不得作为判案基础。而当事人的诉讼能力客观上存在差距,追逐的诉讼利益亦非完全正当。法官不宜任由当事人拖延诉讼,不能眼看着本应胜诉的案件因当事人认知不足而败诉,导致实质正义旁落。适用于处分权主义和辩论主义的案件,法官不宜以审判权代替当事人诉权,抛开当事人意思表示而重构诉讼,更不能以牺牲一方当事人利益为代价而帮助另一方当事人实现权益。

因此,法官释明成为追求实质正义的重要方式。比如:对于澄清不明了的诉讼请求、补充完善诉讼请求具体内容、要件事实遗漏、必须参加诉讼的当事人遗漏等,法官具有释明义务,未予释明可能导致当事人无法另行主张权利,正义得不到伸张。法官释明权的适用范围虽在逐渐扩大,但尊重当事人意愿始终是底线,超出当事人意愿则不应释明。法官释明旨在给予当事人对权利及事实主张内容予以足够重视的机会,当事人仍具有自主选择权,决定是否围绕释明内容开展攻防辩论,辩论内容对裁判具有约束力。法院的裁判基础只能来自当事人的辩论,除不适用诉讼法理的案件外,法院不能径行以当事人未接受的释明内容作为裁判基础。

## (二) 次位目的

法官释明权的第二顺位目的,是以保障当事人听审请求权为核心,衍生出的避免突袭裁判、保障平等程序参与权。法官释明权搭建了法官与当事人之间的沟通平台,法官不再是独白式思考,也不再隐匿自己对事实认定形成的临时心证和案件事实的基本法律判断,而是通过开示临时心证和法律观点,赋予当事人对裁判结果预判的机会,提出可能影响裁判结果的事实、证据和法律意见,当事人通过更加充分的攻击防御方法弥合法官与当事人的认知差异,双方均有机会修正自身的认知,避免突袭裁判。避免突袭裁判具体可分为以下两个层面。

其一，在事实认定方面，当事人虽然有权决定审理范围和提交诉讼的事实范围，但作为裁判依据的是法律事实而非生活事实，法官的事实认定至关重要。当事人可能由于疏忽或认识误区而未提出所有于己有利的事实，导致权利要件难以得到支持。

其二，在法律适用方面，法官虽有知法职权，但并未排除当事人的参与权，且事实与法律牵连难分，当事人的法律见解决定了辩论和举证的方向，如果与法官的法律观点不同，则不可能自由支配事实和充分辩论。

因此，法官释明某种程度上能够缓解当事人处分权与法官的事实法律决定权之间的矛盾，避免突袭裁判带来的不意打击。比如：去除不当诉讼请求释明、法律观点释明，主要是从避免突袭裁判的目的出发，赋予当事人实质性影响裁判的机会，在预测法官观点的基础上调整攻击防御方法和陈述意见，法官与当事人协同可更加接近案件真实和纠纷妥当解决。

应当关注的是，避免突袭裁判的释明目的，不仅适用于辩论主义和处分权主义领域，也适用于职权探知主义领域。典型代表是公益诉讼，法官有义务释明当事人追加诉求、补充事实及证据，当事人经释明拒绝的，法官仍可依职权作出裁判，因其公益性适用非讼法理，不局限于当事人主张范围，但基于避免突袭裁判，仍参照诉讼法理赋予当事人程序参与权，敦促其展开事实和法律的讨论。

法官释明权在设立之初承载救济弱势当事人的功能，通过晓谕启发弱势当事人，达到平衡双方当事人的诉讼能力和约束一方当事人策略性行为的目的。就公正程序请求权保障而言，法院应确保当事人之间的实质平等，避免因为当事人法律、经济或诉讼能力方面的差距，导致发生诉讼上不平等结果。当事人因举证能力、法律认知等方面的缺陷可能影响其准确表达主张和意见，如果诉讼中有线索表明当事人的意思表示还有补正机会，法官应在公开临时心证的基础上指导当事人补充事实与证据，在公开法律观点的基础上释明当事人可以追加、变更诉求，这是以平等保护双方当事人利益为目的，法官有义务释明，并给予对方充分辩论的机会。法官有义务探明当事人是主观有意识放弃某项权利还是基于误解而疏忽某些事实、证据及观点，在敦促当事人就支持诉讼请求对主要事实及时完整说明这一点上，法官释明同样适用于有律师和没有律师的当事人，法官应当要求当事人就未予陈述的事由作出事实上和法律上的说明。

### （三）三位目的

在既判力扩张的背景下，纠纷一次性解决也成为法官释明的衍生目的。纠纷一次性解决，承载着诉讼经济和实质正义的价值，既保障以最小的成本投入实现权益，也避免相互冲突的裁判。平衡既判力扩张和当事人处分权的理想做法就是保障当事人的程序参与权，法官释明能够帮助当事人实质性参与到程序中。基于扩大诉讼制度的纠纷解决功能，释明不仅适用于变更追加诉讼请求，也适用于法官告知当事人参加诉讼。但纠纷一次性解决并非万能之策，如果将联结并不紧密的诉在一个程序中合并审理，可能产生新的诉讼迟延。因此，纠纷一次性解决可作为释明第三顺位的目的，赋予法官自由裁量权。比如：可以释明当事人追加诉讼请求，提出反诉请求，可以释明追加不是必须参加诉讼的当事人，即使未释明也不构成违法程序，当事人可以另行起诉主张权利。

大陆法系的纠纷一次性解决实现路径可以概括为"诉讼标的识别+诉的合并审理+强化程序保障"，在承认既判力范围扩大的同时，法官释明赋予当事人及利害关系人参与到程序中充分发表意见的机会，允许适度的诉之变更与追加。但这种实现路径是有限度的，仍以当事人意愿为底线，不得逾越当事人意思表示释明，也不得强行合并牵连性不强的主观之诉或客观之诉。

我国民事诉讼对于纠纷一次性解决的理解有些宽泛，实践操作中既缺乏启动条件，也缺乏必要的界限，法官可能将其视为兜底条款，或怠于释明，直接判决驳回诉讼请求，或过度释明，超出当事人意愿释明。比如：合同无效和合同解除诉讼中，如果在没有当事人最低暗示线索的情况下释明，有超越不告不理原则之嫌。

今后的制度设计上，可以考虑以当事人意愿为底线，且具有一定牵连性，不至于形成新的诉讼不经济。比如：合同无效诉讼中，只有在被告的答辩及呈现的事实主张中暗含反诉请求的情况下，法官才能询问被告是否提出反诉请求。比如：无独立请求权第三人，应当是与本诉诉讼标的有利害关系的人，而不是为查明事实将没有直接利害关系的案外人追加到本诉中。当然，公益诉讼例外，合并审理范围较大，纠纷一次性解决的适用范围更大。

## 二、确立法官释明权规范的基本原则

### （一）有线索可寻原则

1. 能推知当事人隐含的意思表示

法官释明权旨在保障当事人充分辩论，尽可能实现实体权益，避免因法律技术障碍而丧失胜诉机会。当事人向法庭呈现的不是简单的生活世界事实，而是经过法律价值筛选的法律事实，目的在于支持其权利主张，实现其实体权益。当事人陈述中包含了某种对诉讼有意义的意思表示，但因知识或能力欠缺而无法明确表达的，法官有义务按照线索探知当事人的诉讼本意，通过释明揭示。

（1）涉及权利主张的释明

针对权利主张，法官应当以当事人呈现给法庭的声明主张、事实陈述为推断基础，以暗含当事人的意思表示为释明前提。如前所述，大陆法系各国均以事实基础作为探求权利主张线索的范围，排除证据资料中间接呈现出的其他权利可能。

最典型的是明确诉讼请求的释明，也是实践中最为常见的释明类型。具体包括：要求当事人说明诉讼请求所依据的请求权基础，要求当事人对具体请求事项及请求金额予以补正，要求当事人对于同时提出但不能并存的诉讼请求或请求权基础进行取舍等。请求权基础需要明确时，法官不是简单地以立案案由作为审理对象，应释明引导当事人正确表达真实意愿。请求具体事项及金额需要明确时，法官应根据现有信息探明当事人本意。

变更、追加诉讼请求的释明，理论界和实务界争议较大。本书认为，可以转换为法律观点释明，法官不直接告知当事人变更、追加诉讼请求，而是根据当事人的意思表示说明同一事实基础还有主张其他权利的可能，大陆法系的判例中也有这样的做法。

抗辩权的释明，应当格外谨慎，法官不得主动援引也不得主动释明，除非当事人的朴素表述中已暗含抗辩内容。与之相关联，针对诉讼主体，法官应以请求权基础为线索，探明是否存在必须参加诉讼的当事人，遗漏必须参加的当事人将导致整个诉不适格或产生失权后果，与当事人诉讼本意不符，但何为必须参加诉讼的当事人，应当予以必要的限缩，后文将展开阐述。

（2）涉及事实主张的释明

针对案件事实，法官应当以当事人提出的诉讼请求和事实陈述所依据的请求权基础规范为线索，检索其是否就该规范的全部要件事实完整陈述，不完整或不明确的，释明要求当事人作出补正或说明，对于辅助事实等非要件事实，则不在释明范围内。

针对具体证据，抽象说明举证的一般性要求及其法律后果，不结合个案作出具体指导，不是真正意义上的释明，不能达到敦促当事人更加充分辩论的目的。本书认为，法官可以根据现有庭审信息公开临时心证，针对关系到裁判结果的要件事实提醒当事人尚未达到证明标准。比如：侵权行为与损害后果之间的因果关系，原告的举证尚未说服法官内心确信其事实主张，举证责任未发生转移，法官应释明其可以补充哪方面证据，至于本案有哪些证据，则由当事人自行判断并提供。比如：当事人提出合同签名不是本人书写的质证意见，笔迹比对只能交由专业机构判断，法官应释明其考虑申请笔迹鉴定予以佐证。

（3）涉及法律观点的释明

针对法律观点，不直接影响法官中立，且法官最终适用法律不受当事人意愿约束。法律观点释明主要侧重于保障当事人程序参与权，在反映当事人意愿的线索上可从宽掌握，只要是当事人的权利主张、事实陈述及证据内容指向某法律规范的，法官都可以释明。

从审理集中化和诉讼经济考虑，释明的法律观点，主要集中在与事实认定和权利主张密切相关的，且当事人忽略或理解有误的内容。开示法律观点，很大程度上与权利主张层面的释明有交叉，应优先适用后者更为严苛的线索范围，比如，对于法官不得主动援引的抗辩权内容，不得在没有当事人意愿表示的情况下主动释明。

2. 不得逾越当事人意愿

纠纷一次性解决的价值目标，拓宽了法官释明的范围。即使是积极释明，仍应以当事人意愿作为裁判基础，受辩论主义和处分权主义的限制，不允许"让法官的理智取代当事人的意志，超出当事人意愿范围改变当事人提交纠纷的性质而重构诉讼"。①

我国司法实践将一次性解决纠纷解读为案结事了，顶层设计希望通过一次诉讼程序彻底解决纠纷，避免相互冲突的裁判，也减少诉讼成本投入和司法资源投入。在一般性规则上，要求法官以提示争议焦点的方式提请

---

① ［德］鲁道夫·瓦瑟尔曼：《从辩论主义到合作主义》，载［德］米夏埃尔·施蒂尔纳编：《德国民事诉讼法学文萃》，赵秀举译，中国政法大学出版社 2005 年版，第 380 页。

当事人注意。

针对权利主张,法官应以当事人陈述事实为基础,不得脱离事实释明变更诉讼请求、提出抗辩或反诉请求。针对案件事实,法官应以当事人提出的请求权基础为限,不宜以其他请求权的要件事实作为裁判依据,即使该事实作为证据已呈现给法庭,也"不存在促使当事人提起与建立在目前陈述事实基础不同的基础上的另外的申请",[①] 否则就改变了当事人提交纠纷的性质。针对法律观点,法官可以提醒当事人注意其忽略的观点,引导其就事实和法律问题进行充分讨论。

### (二) 真诚理性原则

法官释明权在法官与当事人之间搭建交往平台,促进更有效的沟通。真诚交往的前提是没有权力话语的介入,各方在平等的基础上相互承认和相互尊重,是相互理解达成共识的前提。以权力施加影响,就破坏了这种对称性的交互主体性条件,由此产生的所谓责任与义务,具有不对等性。[②]

法官代表国家行使审判权,具有天然强势地位。真诚理性交往,是要在法官与当事人之间达成相互理解与沟通基础上的共识。"凡是有意通过外部影响,或运用暴力所形成的同意,在主观上都不能算作同意,同意是以共同信任为基础的。"[③] 因此,理性交往并达成共识,至少应满足两个条件。

其一,以真诚交往为前提,要求法官与当事人之间能够对等交往,法官有权要求当事人就事实和法律问题作出说明,也有义务向当事人开示自己的观点,并不以外部压力强迫当事人接受之。

其二,鼓励法官与当事人理性沟通,法官发现当事人可能存在疏漏

---

① [德] 奥特马·尧厄尼希:《民事诉讼法》,周翠译,法律出版社 2003 年版,第 129 页。
② 龚群:《道德乌托邦的重构——哈贝马斯交往伦理思想研究》,商务印书馆 2003 年版,第 145 页。
③ [德] 哈贝马斯:《公共领域的结构转型》,曹卫东等译,学林出版社 1999 年版,第 27 页。

时，有义务引导、协助其更充分地辩论，给予其修正调整的机会，也有义务开示临时心证和法律观点，在与当事人的共同讨论中反思自身是否有修正调整的必要，法官与当事人趋向于达成理性共识，以此为基础作出的裁判也更能得到当事人的理解和认同。

法官释明权制度通常规定法官启发、提醒当事人，当事人可就事实和法律问题与法官讨论，实质性影响裁判结果。因此，法官释明权规范应秉承真诚平等原则，法官既不能将当事人陈述作为信息来源之一，进行自认自判，也不能将自己意志强加于当事人，将释明异化为教化。

我国的法官释明权制度要实现平等基础上的真诚理性沟通，应当关注以下三方面。

首先，为法官释明权设置严格的适用条件。无论其适用范围如何扩大，也不得超出当事人主导形成实体的约束范围，即应以当事人目前陈述的事实为基础，以当事人目前提供的证据为线索，不得超范围释明。

其次，法官释明权的行使方式应当去职权化。以发问、晓谕、讨论法律观点等方式，以商谈的口吻提示当事人引起注意，赋予其作出调整的机会，而不是将法官意见强加给当事人。

最后，法官释明的内容不必然成为裁判内容，仅供当事人参考。在权利主张和事实主张领域，如果当事人没有听从法官的建议或提示，没有完善自己的陈述，法官不得依职权补充，而是只能依照当事人的意愿作出裁判，由当事人对自己的诉讼行为和处分决定负责。

### （三）约束性原则

如前所述，法官释明权的约束性概括为三层含义，即（1）释明内容应限制在当事人意愿范围内；（2）裁判结果原则上受当事人处分权和辩论权约束；（3）法官释明不当的，当事人有权行使程序救济权。在我国法官释明权规范确立约束性原则，同样应满足三项要求。

其一，释明内容受当事人意愿约束。法官应以有线索可寻作为判断基准。换言之，当事人的事实陈述和法律意见中包含有相关意思表示，法官不得引导当事人提出其没有表示的申请内容。尤其应注意的是，正确看待纠纷一次性解决和尊重当事人意思自治的关系，始终坚守当事人意思自治的底线，即使既判力的适度扩张有利于避免诉讼不经济和裁判冲突，也不能以法官意志取代当事人意愿，只有在推断其有暗含的意思表示时，才能释明其予以明确。我国举证释明规则已初步具备受当事人意愿约束的基本形态，有必要对权利主张、事实陈述和诉讼主体释明进行完善。诚然，针对可能发生失权后果的情形及不可分之诉，对暗含意思表示的理解不宜过于严苛，可以适当从宽掌握。比如：当事人提出概括性的追究合同无效法律后果，可以理解为当事人对合同无效后产生的返还财产等具体权利主张有所期待，只是因法律知识欠缺无法准确表达。比如：当事人陈述事实表示有其他共有权人，可以理解为当事人对必须参加诉讼的案外人提出线索，只是因未能准确理解法律规定而疏忽了共同起诉或应诉。以当事人意愿为释明边界，应当满足案件受辩论主义和处分权主义影响的条件，而在某些公益性较强案件中，法官释明可以不受当事人意愿约束，法官有权依法审查，释明旨在避免突袭裁判。

其二，法官裁判内容受当事人回应内容的约束。针对权利主张和诉讼主体，经法官释明，当事人回应拒绝接受释明内容，仍坚持原有主张的，法官不得自认自判，而是综合案件作出驳回或部分驳回诉讼请求的裁判。针对事实及证据主张，经法官释明后，当事人回应拒绝接受释明内容，未补充相关要件事实及证据的，法官应综合全案证据作出事实认定，因证据不足而事实真伪不明的，由当事人承担证明责任。比如：经法官释明，当事人拒绝申请鉴定的，则承担待证事实真伪不明的不利后果。针对法律观点，经法官释明，当事人仍坚持自己观点，如法律认定直接关系到请求权基础性质或基础行为效力，则参照权利主张释明作出裁判，如属于其他法律观点,则法官有权作出符合法律价值判断的裁判,不受当事人观点约束。

其三,建立法官释明权适用的约束机制。法官释明权的适用是对当事人主导进行必要的职权干预,掌握不好尺度将打破法官与当事人、当事人之间的平衡诉讼结构。我国建立约束机制,旨在约束法官释明权的正当行使。对于不当释明的,应当作为程序违法问题,赋予当事人请求上诉审等救济权利。二审法院经审查认为一审确有不当释明行为的,应当发回重审,既是对不当释明的否定性评价,也是保护当事人的审级利益。约束机制的启动,关键在于释明范围的界定,应释明未释明的,构成怠于释明;超出释明范围的,构成过度释明。

## 第二节 我国权利主张释明的制度完善

大陆法系国家在理论上力推新诉讼标的理论,但实务界通常倾向于适用旧诉讼标的理论,有担心当事人失权的考虑,也有减轻自身负担的原因,在制度设计上将法官释明作为折中方式,综合运用法律观点释明和权利主张释明,赋予当事人选择追加、变更诉讼请求的机会,允许当事人提出预备合并之诉,从而克服新旧诉讼标的理论的固有弊端。

我国的权利主张释明在追加、变更诉讼请求上相继出现过于积极和相对中立两种释明理念,对于诉讼标的、诉讼请求等概念认识不一致,可以考虑综合运用法律观点和权利主张释明的方法,最大限度保障当事人的实体与程序合法权益。

# 一、诉讼标的理论的发展演进

## （一）诉讼标的理论

诉讼标的是法院审理和裁判的对象，决定了既判力的客观范围，也是判断诉的合并、追加和变更的重要依据。在诉讼标的概念产生之初，诉讼法上的请求权与实体法上的请求权是同一的。德国学者赫尔维希第一个从诉讼法视角提出诉讼标的理论，即"旧实体法说"，以实体法规定的具体权利主张作为诉讼标的识别标准，认为同一事实关系，在实体法上对应不同法律构成要件，产生不同实体请求权，每个请求权形成独立诉讼标的。当请求权竞合时，产生多个诉讼标的，但允许原告以同一事实重复起诉，可能导致一个事实产生多次给付，无法合理解释。二分肢说由德国学者罗森贝克提出，以事实理由与诉之声明作为诉讼标的识别标准，只有事实理由与诉之声明为多数时，产生多个诉讼标的，将诉讼标的与实体法请求权截然分开，针对请求权竞合，诉之声明和事实理由都只有一个，只是法律依据不同而已。二分肢说难以解释给付目的同一但事实理由不同的请求权竞合问题，如买卖与票据关系。一分肢说以诉之声明作为诉讼标的识别标准，只要诉之声明同一，即使存在不同的事实理由，也是一个诉讼标的，对于主张买卖价款的买卖关系和票据关系，诉讼标的被认定为是给付买卖价款的声明。一分肢说的宽泛认定容易导致既判力客观范围的扩大化。"新实体法说"以实体法上请求权作为诉讼标的识别标准，同一事实关系基础上的多个请求权，发生请求权基础竞合，诉讼标的仍为一个，不同事实基础上的多个请求权，发生请求权竞合，行使一个请求权，其他请求权随之消灭，诉讼标的也是单一的。该学说对于请求权与请求权基础竞合难以区分，后来又出现诉讼标的统一概念否认说，认为不宜实行统一的识别标准。

关于采用何种诉讼标的识别标准，大陆法系学界与实务界争论较大。学界强调纠纷一次性解决，主张以新诉讼标的理论为主，实务界则强调应避免不必要的失权后果和过重的诉讼负担，法官释明权制度成为折中两种识别标准的良策。在日本，三月章教授主张以不同诉的诉讼机能作为识别标准，新堂幸司教授主张强化合并审理中的释明作用。① 与之形成鲜明对比的是，以最高裁判所为代表的日本实务界沿袭"旧实体法说"，理由是法院认为实体法的请求权体系化程度高，判决效力范围也应以实体请求权为边界，如果判决效力及于整个纠纷，就可能超越原告请求权范围，也无形中加重法官的释明负担和原告的起诉负担。②

## （二）我国对诉判关系的理解

按照处分权主义要求，法院的审理对象和范围应当与当事人的主张内容保持一致。换言之，诉判应当保持一致。当事人因认识不充分而影响全面主张权利的，法官应当释明其补充、变更。

在我国的法律语境下，首先有必要弄清楚诉讼标的与诉讼请求的关系。我国学界将民事诉讼中诉讼标的与诉讼请求的关系概括为三个认识发展阶段。③ 第一阶段，诉讼标的是指当事人双方争议的民事法律关系，诉讼请求是民事法律关系中的具体权利主张。④ 第二阶段，诉讼标的的范畴被限缩为当事人具体的权利主张，与诉讼请求同义。⑤ 第三阶段将诉讼标的理解为"原告在诉讼上所为一定具体实体法之权利主张"，将诉讼请求界定为"建立在诉讼标的基础上的具体声明"，自 2015 年《民事诉讼法司

---

① ［日］新堂幸司：《新民事诉讼法》，林剑锋译，法律出版社 2008 年版，第 3—6 页。
② 王亚新：《对抗与判定——日本民事诉讼的基本结构》，清华大学出版社 2002 年版，第 90—95 页。
③ 任重：《释明变更诉讼请求的标准——兼论"证据规定"第 35 条第 1 款的规范目的》，载《法学研究》2019 年第 4 期。
④ 常怡主编：《民事诉讼法学》，中国政法大学出版社 1999 年版，第 133 页。
⑤ 张卫平主编：《民事诉讼法》（第四版），法律出版社 2016 年版，第 195 页；李浩：《走向与实体法紧密联系的民事诉讼法学研究》，载《法学研究》2012 年第 5 期。

法解释》起，司法解释采用这种二元理解标准。学界对此有两种解读，一种观点认为诉讼请求就是诉的声明，不因诉讼标的理论的不同而变化，逻辑前提是倡导一分肢说;① 另一种观点认为诉讼请求与诉讼标的是同一事物的不同表述，不能孤立看待。②

本书认为，诉讼请求是诉讼标的基础上的具体声明内容，诉讼请求的变更可能是在同一诉讼标的范围内增加赔偿的数额或者对原因事实作出补正，也可能是基于已经表明原因事实而错误地以他项权利作为诉讼标的，发生法律观点认识上的错误。对于前者，法官应释明当事人补正事实陈述；对于后者，法官应释明当事人补正法律陈述。

我国目前以采用"旧实体法说"为主。本书认为，"旧实体法说"更符合我国国情。我国《民法典》颁布时间不长，系统化的民事请求权基础规范初始形成，当事人和法官对诉争法律关系的认识有个适应过程，若直接适用新诉讼标的理论，可能因考虑不周全，程序保障不完备而导致当事人不应有的失权后果和败诉结果。诉讼请求是诉讼标的的具体化，诉讼标的变更必然引起诉讼请求的变化，但诉讼请求的变化有可能是在同一诉讼标的内的微调。我国2019年《民事诉讼证据规定》明确规定，在当事人与法官就法律关系性质或法律行为效力认识不一致时，法官作为焦点问题进行审理，引起当事人的注意。如果按照"旧实体法说"理解，这涉及诉讼标的的变更，司法解释采取的是法律观点释明，相较于过去告知变更诉讼请求的做法更为妥当。

## 二、权利主张释明的适用规范

我国目前法律的专业化程度与社会公众的法律认知之间还有一定差

---

① 王亚新、陈晓彤：《前诉裁判对后诉的影响——〈民诉法解释〉第93条和第247条解析》，载《华东政法大学学报》2015年第6期。

② 任重：《论中国民事诉讼的理论共识》，载《当代法学》2016年第3期。

距,寻找权利主张对应的请求权基础规范,对于当事人来说是很大的挑战。法官对请求权基础的认识水平不一,如果缺少成熟的庭前准备程序及配套程序保障,直接适用新诉讼标的理论,可能产生两种风险,一种是既判力及于多项权利,当事人面临失权的冲击;另一种是法官超越当事人意愿告知其他权利可能。

因此,本书对于权利主张释明的研究建立在"旧实体法说"的基础上,以"诉讼标的识别+诉的合并审理+强化程序保障"为主要路径,以当事人意愿为底线,在合并审理前考虑与本诉的牵连性及是否造成诉讼迟延,通过法官释明等方式加强程序保障。

权利主张释明,是与当事人处分权关系最为密切的释明事项,在法官根据当事人的陈述内容寻找暗示线索时,应适用最严格的标准。与权利主张相关的释明应严格限制在当事人事实陈述范围内,排除证据材料中无意呈现的其他权利及其要件。法官应当首先固定争议焦点,根据当事人诉讼请求中包含的请求权基础,寻找相应的请求权基础规范,以法律要件对照检索当事人的权利主张是否存在模糊不清、不妥当、不充分等情形,进而对照诉讼标的理论和诉讼结果预判,甄别属于应当释明、可以释明还是不得释明的事项。

### (一) 应当释明的事项

法官释明权的首要目的是实现当事人构建的案件事实基础上的实质正义。当事人的权利主张是法官的审理对象和裁判基础。在已呈现的案件事实和权利主张中,法官发现存在权利主张不明确或者不充分的,应当予以释明,未予释明可能导致当事人无法另行主张权利,正义得不到伸张。

1. 权利主张不明确

权利主张不明确,包括诉讼请求本身不明确,存在相互矛盾的主张,诉讼请求的事实理由不明确,当事人的陈述中呈现其他权利可能或原因事实。实践中比较典型的情形包括：

（1）多项主张相互矛盾

在同一权利体系下，不同的行为效力对应不同的请求权基础，通常情况下应释明当事人择其一，特殊情况下可以适用预备合并之诉。确认之诉与给付之诉可能存在对抗关系，法官应释明当事人择其一主张事项，如：解除或撤销合同，就不能同时主张继续履行合同。给付之诉内部多项权利主张之间也可能存在对抗关系，如退换请求权与修补请求权无法同时满足。

当事人因不了解法律规定的内在逻辑关系，可能出现相互矛盾的主张。比如：当事人既主张合同无效又主张违约责任，法官应向其释明合同效力的法律观点，询问其对合同效力的认识，再选择相应的诉讼请求。原告可能根据被告不同履行形态同时提出相互矛盾的主张。比如：原告主张返还原物的同时提出，如果被告不返还原物就应当赔偿其价金损失，法官不宜直接以请求不明确驳回，应当按照纠纷一次性解决思路，将是否履行返还原物义务作为焦点问题进行审理，引导原告根据被告的抗辩内容作出权利主张的选择，如果因事实或法律上的原因，返还原物不具有履行条件，应提醒原告注意，是否根据实际情况调整诉讼请求。

实践中，合同效力和合同解除案件是容易出现相互矛盾主张的典型类型。但与前述情况不同的是，当事人并非不知晓法律规定，而是法官对合同状态有不同认识。为追求纠纷一次性解决，法官提示其如果是另一种合同状态，是否一并提出相应权利主张，该主张与现有主张相互矛盾。

《九民纪要》规定了释明规则，但对于具体适用并未给出答案，有必要区分情况深入探讨。以合同效力为例，原、被告对合同效力提出相反的主张，有两种情况。

其一，当原告提出合同无效，被告主张合同有效，但原告未附带主张返还财产等权利时，可以认定为其提出了明确的诉讼标的，有概括性的权利主张，但具体声明主张有瑕疵。法官有义务释明，开示其忽略的法律观点，督促其补充不完整的声明主张。

其二，当原告主张合同有效，并要求履行合同义务时，被告以合同无效为由抗辩，一旦抗辩成立，意味着合同权利自始不存在，原告的声明主张将失去意义。原告固然有权另行起诉，但为促进纠纷一次性解决，可以考虑适用法官释明诉的预备合并，即法官有义务释明原告明确合同无效情况下的预备请求，合同效力被确认，则主请求得到支持；合同效力被否认，则预备请求有获得支持的机会。鉴于预备合并之诉在我国尚处于探索阶段，不宜将该类释明作为法官义务，后文在可以释明事项中阐述。

（2）原因事由不明确

当事人诉讼请求对应的原因事由不明确，关系到请求权基础不同，法官应当释明其予以明确。同样是给付价款，在交易过程中出现了多项原因事由，双方订立了买卖合同，又约定票据支付，那么当事人可以自由选择有利于实现自身权利的原因事由，买卖合同和票据行为的原因事由对应的权利要件和证明内容不同，法官应当释明当事人补充陈述，说明诉讼请求依据的事实理由。

（3）同一事实多项权利

同一事实上可能存在多项权利，这也是新旧诉讼标的理论争论最大的内容。我国学界对此亦有不同观点，有主张按照不同的诉适用不同识别标准，给付之诉适用新诉讼标的理论，界定为发生给付请求的具体事件或行为，法律关系视为具体事由，不允许以不同法律关系另诉，确认之诉和变更之诉的识别标准则界定为诉争实体法律关系；[①] 有主张基于同一事实提出不同法律关系项下权利主张的，不构成独立的诉讼请求；[②] 有主张以法律观点指出义务克服新诉讼标的理论不足，反对法律关系不一致不导致诉

---

[①] 张卫平：《论诉讼标的及其识别标准》，载《法学研究》1997年第4期。

[②] 任重：《释明变更诉讼请求的标准——兼论"证据规定"第35条第1款的规范目的》，载《法学研究》2019年第4期。

讼请求变更就无须释明的观点。①

本书认为，现阶段以采用"旧实体法说"为宜，当事人给付请求获得支持后不得以其他法律关系另诉，在此之前应允许当事人有多种救济途径。针对"旧实体法说"不可避免的多次诉讼，法官不宜直接告知变更诉讼请求，而是可以当事人的事实陈述为基础，通过开示法律观点的方式提示当事人还存在其他权利可能，是否变更诉讼请求，是否追加预备之诉，由当事人自主决定。

（4）诉讼请求的具体金额不明确

在请求权同一的前提下，当事人对具体金额计算不明确，这是司法实践中最常见的情况，尤其是民事案件，法官首先审查诉讼请求金额及其计算方式是否明确。比如：在交通事故、医疗事故等侵权之诉中，当事人请求侵权赔偿，但具体金额不明确。这种情况对被告应诉及诉讼进程影响不大，各国通常从宽认定。比如：日本法律规定在举证困难的情况下，法官可不受请求金额限制，根据辩论内容和事实查证认定。② 据笔者观察，这种释明事项是目前法官适用最为普遍也最有自信的，今后的制度完善中可直接吸收固化，保持诉判一致。

2. 权利主张不充分

法官释明权是为探知当事人的诉讼本意，追求当事人处分权与纠纷一次性解决的平衡，而不是帮助其实现利益最大化。在同一法律关系内，当事人应当提出而未提出的，法官释明当事人补充提出诉讼请求，应当严格限制在概括性主张已提出，且从当事人陈述事实中有线索可寻的范围内。对于当事人完全未提及的，如：借款利息主张、精神损害赔偿主张，法官不能主动释明。

---

① 曹云吉：《释明权行使的要件及效果论——对〈证据规定〉第 35 条的规范分析》，载《当代法学》2016 年第 6 期。

② 《日本民事诉讼法典》，曹云吉译，厦门大学出版社 2017 年版，第 77 页。

在同一请求权基础内，当事人只是提出概括性主张，法律规定的相应具体权利主张不完备，不宜割裂二者联系。鉴于当事人已提出明确的权利主张，只是不了解法律规定而请求不充分，法官应当释明其补充完整，不影响法官中立性。比如：劳动合同解除纠纷案件中，劳动者主张合同解除，但未同步提出合同解除赔偿金，法官应释明其补充。

在同一请求事项内，当事人主张的时间区段与事实陈述及证据中证实的实际情况不符，比如：法官经调查事实发现，劳动者在诉状中主张的工资支付区段与实际不符，法官应当释明当事人予以补正。未经释明当事人补正而径行裁判作出调整，虽然不违背原告的诉讼意图，但构成所判非所请。

因诉讼中的事实变化而产生关联权利的，法官应当释明当事人作出补充。比如：房屋租赁合同纠纷案件中，原告起诉主张支付拖欠的租金并腾空房屋交还，向法庭陈述被告在合同终止后仍继续占用房屋的事实，此时产生的是房屋占有使用费，因占用房屋的延续状态而产生，如果当事人另诉形成新的诉累，法官应释明当事人补充房屋占有使用费的诉讼请求。

不同法律关系之间，可能存在具有递进关系的权利，权利A是权利B的补充和延伸，权利B是权利A的先决条件。确认之诉或形成之诉通常是给付之诉的先决条件，当事人提出权利A之诉必须补充权利B之诉作为前提，提出权利B之诉则可以考虑是否同步提出权利A之诉，实现纠纷一次性解决。以合同效力诉讼为例，包含了确认之诉和给付之诉，据学者总结，实践中不同法院先后出现过六种裁判思路：

（1）与当事人认定的效力不同的，释明告知变更诉求，不予变更的判决驳回；（2）效力意见不同的，主张不能成立的情况下法官没有释明义务，直接判决驳回；（3）合同效力无须释明，径行按照法院的认定裁判；（4）对方当事人提起确认合同效力的反诉无须释明；（5）释明提出预备性诉讼请求；（6）有专业律师代理，没有释明必要。①

确认合同无效是追求财产权益的必要前提，当事人若未同步提出先决权利，则可能面临败诉风险，法官应释明其补充诉讼请求。返还价款是实现财产权益的主要手段，确认合同无效是对权利状态的确认，并不必然恢复到合同前的原状，原告若未同步提出返还价金等主张，不符合当事人诉讼本意，法官应以当事人的事实陈述为线索，释明其补充相应的诉讼请求。但被告未作出返还财产的反诉意思表示的，法官不得以纠纷一次性解决为由主动释明其一并解决。又如，解除合同后的财产返还，解除婚姻关系后的财产分割，应释明当事人在一个诉内解决，既避免前后矛盾的裁判，也避免产生新的诉累。

3. 公益诉讼的释明

学界对于公益诉讼是否适用释明，存在一定争议。有学者认为公益诉讼属于适用非讼法理的民事案件，不宜适用法官释明权，② 有学者主张公益诉讼以诉讼法理为主，非讼法理为辅，适用法官释明权。③ 本书认为，公益诉讼是典型的诉讼案件非讼化，完全运用诉讼法理，难以满足公共利益保护要求，但也应保留必要的程序保障内容，可有限度地适用法官释明权。理由如下：

（1）程序保障促进非讼法理与诉讼法理的交错适用。非讼法理强调职权干预和职权探知，但并不意味着忽视当事人程序保障，当事人仍有陈述意见的机会和权利，有预判裁判结果的权利，也不意味着完全排除当事人的协助义务，只是当事人提供的诉讼资料对法院不产生约束力。

（2）扩大法官裁量权与避免突袭裁判。公益诉讼的公共利益保护目的，需要实体法上一定程度的非讼化，扩大了法官对请求权的裁量权，增

---

① 任重：《我国民事诉讼释明边界问题研究》，载《中国法学》2018年第6期。
② 张力：《阐明权研究》，中国政法大学出版社2006年版，第204页。
③ 石春雷：《职权主义非讼法理在民事公益诉讼中的适用》，载《中南大学学报（社会科学版）》2017年第2期。

大了当事人对裁判内容预测的困难，有必要完善预测裁判内容的制度，避免突袭裁判。

在权利主张层面，因公益保护需要而限制当事人处分权，不仅排除反诉、限制撤诉，还要求原告的具体诉讼请求达到"足以保护社会公共利益"的标准。以环境公益诉讼为例，诉讼标的是侵犯社会公共利益或存在损害重大风险的侵权法律关系，法律规定了预防性、恢复性和赔偿性三种责任形式，三者价值目标各有侧重，综合运用更能有效保护公共利益。法官有权衡量当事人诉讼请求是否满足"足以保护社会公共利益"的条件，如果认为请求内容较少，则可以释明当事人变更或追加诉讼请求，促使其在预判裁判结果的基础上提出支持诉讼请求的事实及证据内容，协助法院共同发现事实真相，也促使双方针对新的诉讼请求进行充分辩论，避免突袭裁判。

公益诉讼释明的目的侧重于避免突袭裁判，维护裁判的正当性，法官有义务针对诉讼请求进行释明。不同的是，在当事人经释明拒绝作出改变时，其处分权因公益性受到限制，法院有权根据案件事实和保护公益的需要作出超出或替代其诉求的裁判。

如何平衡维护公共利益与保障当事人的程序权益？司法解释规定释明启动的条件是，法官认为原有诉讼请求不足以保护社会公共利益，并未规定是否要有事实线索可寻。从立法本意分析，只要能够保证诉讼请求更加符合公益保护目的，法官都可以要求当事人作出调整。公益诉讼的非讼化在事实层面体现为法院职权调查的范围扩大，有条件地确认当事人自认，裁判事实不受当事人提供诉讼资料的限制。由此可推知，法官的释明也不受当事人事实主张线索的限制，只要在法院掌握的案件事实范围内发现有增加或变更诉讼请求的事实依据，就可以释明。保障当事人的程序参与权，避免突袭裁判，可以通过法官释明的公开透明性来实现，法官释明改变诉讼请求的内容，在法庭上当面告知，让被告方也知晓相关内容，并赋予其补充举证、陈述意见的机会,将改变后的诉讼请求内容作为争议焦点进行审理,而不是径行作出裁判。

4. 实体抗辩的释明

(1) 诉讼时效抗辩的释明

诉讼时效抗辩,具有阻却请求权的效力,基于辩论主义和时效抗辩直接颠覆诉讼胜败,是一项充分体现当事人意思自治的权利,未经当事人主张,法官不得主动援引,亦不允许法官主动告知当事人,各国对此均有规定。学界有观点认为,将诉讼时效抗辩权定性为法官的权能而非义务,法官未释明不承担责任,法官过度释明则应承担责任;有学者主张司法解释过于严苛,应当根据案情具体判断当事人是否有诉讼时效抗辩的意愿或者抗辩的意思表示不够清晰。[①] 有学者主张诉讼时效制度旨在维护法的安定性,与法官释明制度"保护权利"的主旨相冲突,法官如果主动释明,意味着以消灭一个实体权利为代价来保护另一个实体权利,故不得对时效进行释明,但被告表述中有时效抗辩之意的除外。[②]

从释明的本质特征及法律效果来看,应当以是否有线索可寻作为衡量标准,探求当事人是否有行使抗辩权的明确意思表示。比如:当事人表示,时间过得太长,记不清楚借钱的具体过程,则时间长是记忆模糊的理由,并未暗含经过一定诉讼时效的意思;当事人表示,时间过得太长,以为对方不再主张权利,则时间长暗含了诉讼时效的意思。仅有笼统的表述还不足以体现当事人有暗含的主张诉讼时效的意思表示,暗含当事人意思表示的线索应当是当事人的事实陈述中有明确的抗辩权法律要件事实,且当事人提供了相应的证据予以支持,只是未上升到权利的法律表述而已。只有在这种情况下,法官才能根据被告的意思表示释明,要求其明确是否在抗辩时主张诉讼时效,也提示原告围绕该焦点问题陈述与举证。

---

① 熊跃敏:《民事诉讼中法院释明的实证分析——以释明范围为中心的考察》,载《中国法学》2010 年第 5 期。

② 严仁群:《释明的理论逻辑》,载《法学研究》2012 年第 4 期。

（2）调整违约金的释明

违约金兼具补偿和惩罚的双重属性，是当事人双方意思自治的产物，双方对可能存在的风险是有预期的。最高人民法院近年来的裁判观点，倾向于限缩违约金酌减规则的适用，认为违约金条款是契约自由的体现，体现预先确定性和效率原则。

实践中最常见的抗辩是违约方抗辩不构成违约，司法实务中典型做法是，直接认定根本性抗辩中包含违约方提出违约金过高的抗辩，[①] 或认为抗辩诉讼请求不包含申请违约金调整。[②]

从实体法角度看，免责抗辩是主位抗辩，减责抗辩是次位抗辩，义务人可以择其一抵消或部分抵消其义务。从诉讼法角度看，二者是递进关系，被告主张的免责抗辩如果不成立，不进而主张减责抗辩，则可能面临失权风险。

在违约金调整事项中，应当适用法官释明，体现法官对当事人诉讼能力有限的救济，也是法官释明开示法律观点的具体表现。其一，我国采取当事人申请启动违约金调整审查程序的模式，法律赋予当事人处分权，法官不得随意依职权作出调整。其二，一味强调当事人处分权，忽视法官探明其诉讼本意，可能导致失权后果，与实质正义不符，"不能仅由于当事人不懂法而承担过高违约金这一原本不符合立法主旨的法律后果"。[③] 在当事人的事实陈述中有明确的行使调整申请权意思表示时，法官应当释明，要求其明确抗辩主张。其三，法官释明的适用条件应从严掌握，当事人若泛泛提出违约金过高，计算方式不合理、不公平，法官不宜主动释明其是否作出调整，而是应当在当事人举证证明违约金过高的情况下，考虑当事

---

[①] 该裁判观点参见最高人民法院（2015）民提字第126号案件，参见《中华人民共和国最高人民法院公报》2016年第5期，电子版详见最高人民法院公报网，http：//gongbao.court.gov.cn/，最后访问时间：2024年5月28日。

[②] 该裁判观点参见广东省惠州市中级人民法院（2017）粤13民终1424号案件，详见中国裁判文书网，https：//wenshu.court.gov.cn/，最后访问时间：2025年2月26日。

[③] 王杏飞：《论释明的具体化：兼评〈买卖合同解释〉第27条》，载《中国法学》2014年第3期。

人是否有暗含的行使违约金调整申请权的意思表示，进而释明当事人对申请予以明确。当事人主张不构成违约的，属于根本性抗辩，并不必然包含减责抗辩，此种情况下，当事人认为不构成违约，故并未表达行使调整违约金申请权的意思表示，法官只能就是否构成违约，合同是否有效等内容，向当事人开示其不同的法律观点，引起当事人的注意，从而决定继续坚持主张不构成违约的抗辩，在当事人没有明确意思表示时，法官不得主动释明违约金调整。

### （二）可以释明的事项

可以释明，是赋予法官自由裁量是否释明，未经释明作出裁判，亦不构成程序违法。在权利主张层面，衡量是否属于可以释明范畴，主要考虑两个因素。其一，诉的正当性，属于法官法律判断范畴，未经释明亦能作出裁判，比如，除去不当主张；其二，诉的牵连性，不构成必须在一个诉讼程序内解决的问题，法官可以酌情决定是否释明并合并审理，比如，反诉、预备之诉的合并。

1. 除去不当主张的释明

当事人的主张在法律上可能不正当，存在不符合现行法规定或带有欺诈性内容，法官可以告知其除去不当主张并有权选择其他主张代替。比如，法官向原告释明是否坚持在医疗服务合同之诉中提出赔礼道歉的请求，原告经释明后仍坚持原诉求，法院判决驳回该项诉讼请求。基于法律或事实上的原因，权利主张客观上已不具备履行或确权条件，无法获得司法支持，也属于不当主张。比如：合同项下的特定标的物灭失，当事人仍主张交付标的物；合同项下财产被法院查封，当事人仍主张交付。

2. 追加反诉请求的释明

反诉的必要性在于诉讼经济和避免矛盾裁判，反诉提起条件要求反诉与本诉具有牵连性，适宜在同一诉讼程序中解决，且不至于造成诉讼延迟。

被告的抗辩意见中包含反诉主张的线索，法官询问其是否提出独立的反诉主张，如果被告提出反诉主张，并围绕反诉主张提供相应诉讼资料，则法院合并审理，组织双方针对本诉主张和反诉主张进行辩论，最终一并作出裁判。如果被告表示只是作为抗辩事实对抗原告的诉求，不单独提出反诉主张，则法院应尊重被告意愿，按照不告不理原则仅对本诉主张作出裁判。

在现阶段权利主张体系下，法官可以援用2019年《民事诉讼证据规定》作为焦点问题进行审理，将被告抗辩陈述中包含的反诉请求作为法律观点释明内容，以法律观点开示的方式提醒被告考虑是否提出反诉。

3. 预备之诉合并的释明

大陆法系的预备之诉合并理论及实践相对成熟，允许当事人同时提出先位之诉与后位之诉。对于当事人而言，先后位之诉均产生起诉之效力，有中断时效的效果，对于法院而言，合并审理有利于防止矛盾裁判，符合诉讼经济。我国学界有赞成预备之诉合并的观点，[①] 最高人民法院有适用预备之诉合并释明的案例，[②] 但目前立法及司法解释尚未正式采纳这一制度。最高人民法院2024年发布的司法文件——《实质性化解矛盾纠纷的指导意见》在合同案件释明中提到预备之诉合并的释明，开始关注这一话题。

预备之诉合并审理的适用前提是准确识别不同诉讼标的，我国现阶段不宜将其作为法官释明义务，可以鼓励法官在争议焦点相对明确的案件中

---

[①] 王亚新、陈杭平、刘君博：《中国民事诉讼法重点讲义》，高等教育出版社2017年版，第279—301页；王杏飞：《论释明的具体化：兼评〈买卖合同解释〉第27条》，载《中国法学》2014年第3期；严仁群：《释明的理论逻辑》，载《法学研究》2012年第4期。

[②] 最高人民法院（2016）最高法民申3576号裁定书载明，法官向原告释明，如二审认定租赁合同无效，无权要求支付租金，根据有关房屋租赁合同纠纷的司法解释，出租人有权要求支付房屋占有使用费。原告当庭表示，如果合同无效，将租金请求变更为房屋占有使用费。该案例详见中国裁判文书网，https://wenshu.court.gov.cn/，最后访问时间：2025年2月26日。前述4-1案例也体现了最高人民法院法官鼓励一审法院采用预备之诉合并释明。

酌情尝试适用。以法律观点释明为主，在积累一定案例，释明边界相对清晰后，最高人民法院通过发布案例库典型案例，推行类案检索制度等方式，逐渐将预备之诉合并的释明过渡到释明义务。

法官从当事人提供的诉讼资料及其陈述中能推断其有暗含的意思表示，存在多个权利主张可能，法官可以释明启发当事人自主对相互排斥的数项请求权排序，如果先位之诉被驳回，继续以后位之诉主张权利。需要注意的是，法官释明只是说明有多种权利可能，启发当事人做好两种准备，并非确切告知当事人后位之诉一定胜诉。

有两种常见的情况，法官可以考虑适用预备之诉合并的释明。其一，原告在起诉之初就一次性提出两项不能同时兼容的声明，因对事实情况不明，或顾虑举证困难，或担心法律见解不一，或者是因权利除斥期或诉讼时效短，法官可以释明当事人究竟主张择其一还是作为预备之诉一并提出。

其二，诉讼中受被告抗辩的影响，原告陈述实际对自身声明作出了调整，可能是直接以新的诉讼请求代替原有诉讼请求，也可能是提出诉之追加。具体可分为确认之诉（形成之诉）和给付之诉，如果先前提出的是确认之诉或者形成之诉，则属于先位之诉，后追加的给付之诉，可视为后位之诉；如果基于不同理由提出新的给付之诉，则首次提出的给付之诉属于先位之诉，后追加的视为后位之诉。

前述案例提及，实践中对于合同效力及关联的给付权利主张有两种审理思路，一种是只确认合同效力，其他权利主张另行解决；另一种是同时解决合同效力和其他权利主张。第二种处理方式更符合纠纷一次性解决要求。如果在当事人坚持认为合同有效的情况下，法官可以释明其预备之诉合并，告知其可以继续保留合同有效的主张，作为先位之诉，同时将合同无效作为后位之诉。

### (三) 不得释明的事项

权利主张释明，直接关系到当事人处分权和法官中立性，应严格限制在当事人事实陈述范围内，证据无意呈现其他权利可能，不得释明。"法官推动事实陈述演变成一个全新的诉讼标的，或者使得当事人注意到根本无法从迄今为止的当事人陈述中推断出来的反对权，那么就违反了法官中立的要求。"① 比如：当事人主张返还本金，其请求权基础是所有权，利息是基于占有权产生的，当事人未明确提出，法官不得主动释明。

## 第三节　我国事实证据释明的制度完善

### 一、法律要件事实的核心地位

法律要件事实是指与权利的发生、妨碍、消灭、阻止法律要件相关的具体事实。大陆法系采用规范出发型裁判思路，法律要件事实在事实认定过程中具有核心地位。

其一，法律要件事实是寻求请求权基础规范的关键所在。我国采用大陆法系的规范出发型裁判思路，事实认定围绕请求权基础规范进行，审判活动是运用三段论进行法律推理的过程，"在小前提的判断过程中，实际

---

① ［德］罗尔夫·施蒂尔纳、阿斯特里德·施塔德勒：《法官的积极角色》，载［德］米夏埃尔·施蒂尔纳编：《德国民事诉讼法学文萃》，赵秀举译，中国政法大学出版社2005年版，第424—427页。

是规范适用过程，也是规范具体化的过程"。① 法律推理承载着事实判断和价值判断，现实中存在案件事实价值判断不同而导致同案不同判的现象。尽管法律通过"简化情境和固化强度方式排除裁判者的通盘自行判断"，② 尽可能排除独断和非理性的意志干预，但法律推理毕竟区别于科学推理的唯一确定性，与社会生活世界有着密切联系。法律判断的最终形成，要经历个案事实一般化和法律规范具体化之间的多次审视过程，事实与法律规范并非天然完全相互适应。③ 法官在规范出发型裁判思路的指引下，以当事人提供的事实为基础，努力在多项法律规范中寻找最契合的规范，个案事实决定法律规范选取方向，事实认定也应满足相应法律规范的全部权利要件，否则不能发生权利发生或消灭的法律效果。

其二，法律要件事实是法官释明的重要内容。辩论主义适用于法律要件事实，直接决定法律效果发生或消灭的事实应经当事人辩论，否则不能作为裁判依据，间接事实和辅助事实不适用辩论主义。进入司法视野的事实，包含着当事人的法律价值取向，虽然辩论主义允许当事人自主决定呈交法庭的要件事实，但法律高度的逻辑升华和严密的逻辑推理给当事人带来极大挑战，未向法庭提交的事实可能是在不知情的情况下被疏忽了。当事人如果因为法律知识的欠缺导致事实陈述不全面准确，将直接影响到权利主张或抗辩能否获得支持。

事实释明是法官释明的最初形态，旨在将当事人陈述之自然历史事实归纳为法律事实，并探寻当事人的真意如何。因此，法律要件事实是法官事实释明的重要对象，未经释明作为裁判依据，不仅违背辩论主义，也构成突袭裁判，而未予释明导致当事人因法律要件事实缺失而败诉的，则有违实质正义。实践中，对于事实及举证的释明范围争论较大，很多法官认

---

① ［德］卡尔·拉伦茨:《法学方法论》，陈爱娥译，商务印书馆2003年版，第163页。
② 陈景辉:《规则、道德衡量与法律推理》，载《中国法学》2008年第5期。
③ 郑永流:《法律判断形成的模式》，载《法学研究》2004年第1期。

为稍有不慎就可能有损法官中立性，二审法院对于是否尽到释明义务也往往持宽松态度，认为法官不宜过多干涉事实主张。这种现象的根源在于，事实释明缺乏必要的制度依据，而实践中法官对法律要件事实的认识也存在不一致。

## 二、事实证据释明的适用规范

### （一）事实释明的适用规范

进入诉讼的事实，不仅包括涵摄于权利要件的法律要件事实，还包括证明要件事实的间接事实和辅助事实等内容。法院的出发点并不仅仅是为了查明事实真相，而更加注重赋予当事人提供证据的机会，从而避免来自法院的突袭裁判。①

事实释明是以法律要件事实为核心展开的释明活动。其一，应明确两项基本任务，一是确定或修复案件事实与权利要件的匹配度，二是说明要件事实的证明程度，与举证释明密切相关。前者是狭义上的事实释明，包括根据争议焦点确定待证事实，要求当事人对于模糊、前后矛盾的事实陈述予以明确，补充不完整的要件事实。后者是指说明要件事实是否达到让法官内心确信的程度，避免当事人自认为举证充足而丧失继续主张的机会，从广义上看，举证释明也是事实释明的组成部分。

其二，应明确纳入事实释明范围的事实。主要包括：当事人已主张的事实，当事人虽未主张但属于明显缺失的要件事实，当事人虽未主张但提交的诉讼资料中已呈现的事实。可根据事实与法律要件、辩论主义的关系，区分是释明义务还是有权酌情决定释明。

---

① ［日］波多野雅子：《诉讼当事人视域中的民事诉讼》，日本法律文化社 2006 年版，第 224 页。转引自熊跃敏：《民事诉讼中法院释明的实证分析——以释明范围为中心的考察》，载《中国法学》2010 年第 5 期。

1. 不明确的事实主张，应释明明确

当事人为支持己方主张，有选择地将社会生活中的自然事实纳入诉讼，承载着当事人对法律价值和法律构成的理解。因当事人诉讼能力的差异，法律本身的复杂性，当事人提出的事实主张未必能准确地反映其真实想法，可能会影响其主张权利。法官应当释明，启发当事人作出必要说明，消除法官裁判前的疑虑，使法官能探知当事人的本意。因当事人已提出事实主张，法官释明是以此为基础启发其具体说明，属于消极释明范畴，没有超越当事人意愿的风险，可以适当放宽释明边界，只要是作为裁判依据的事实均应当释明，既包括直接匹配于权利要件的法律要件事实，也包括间接证明要件事实的间接事实和辅助事实。不明确的事实主张具体包括以下三种情形：

（1）模糊不清的事实主张。当事人不懂得用法言法语陈述事实主张，往往是以朴素的语言向法庭陈述，对于关键要素内容的表达有歧义或者不完整，也可能出现诉讼意图不明的事实陈述。因此，法官难以准确地寻找事实与法律规范的连接点，对本案的请求权基础作出准确判断。法官应当释明提示当事人明确事实主张，如果当事人拒绝补充陈述的，将承担与之相关的权利主张或抗辩得不到法院支持的法律后果。目前立法及司法解释未明确规定该释明事项，但法官办案中广泛适用，有必要通过制度规范予以吸收固化。

（2）前后矛盾的事实主张。当事人有义务完全而真实地陈述事实，但受到记忆力、认知能力的影响，或者诉讼中发生新事实、履行状态发生变化，当事人可能在不同诉讼阶段出现前后不一致的事实陈述，不宜一概按照禁反言处理。法官应当释明提示当事人注意自身前后矛盾的事实主张，询问理由后要求其重新明确。2019年《民事诉讼证据规定》和2022年《民事诉讼法司法解释》对此作出规定，法官应当责令其说明不一致的理由，并结合当事人的诉讼能力、证据和案件的具体情况进行审查。必要时可责令其提供相应证据。如果当事人拒绝说明理由的，法官应以缺乏事实根据对相关的权利主张或抗辩不予支持。针对推翻已自认事实，法官应释明其说明理由，并给予双方当事人对新的争议事实举证和辩论的机会。针对二审出现前后矛盾的事实陈述，法官在释明的基础上，应更严格审查，除非有新证据或有新情况，否则适用禁反言。

（3）拟制自认的事实主张。事实调查建立在双方抗辩的基础上，对于一方提出的事实主张，对方可以选择承认、否认或提出新的抗辩事实，如果不明确表达意见，则导致陷入僵局。立法规定的拟制自认，就是在对方当事人主张于己不利事实时，经法官说明诉讼行为后果并再次询问意见，当事人仍不明确发表意见的，则视为自认，同样适用于共同诉讼。释明的内容是启发当事人对于己不利的事实作出明确的回应，拟制自认是当事人拒绝给出明确意见的法律效果。

这里有两个问题，其一，法官对拟制自认的释明程度。拟制自认将产生免除对方当事人证明责任的效力，如果当事人在不了解诉讼行为法律后果的情况下产生自认效果，并不尽合理。在一方当事人不表态沉默时，法官释明应告知其沉默的法律后果，而不是积极促成当事人对于己不利的内容作出肯定或否定的反应，否则，势必造成以牺牲一方当事人的利益为代价而维护了另一方当事人的利益，有失公平和法官中立性。因此，2019年《民事诉讼证据规定》将"充分说明并询问"改为"说明并询问"，就是避免审判人员不好把握"充分说明"的限度，因过度说明影响中立立场。经法官说明拟制自认的法律后果并询问，当事人仍不表态的，产生拟制自认的法律效力。

其二，必要共同诉讼人之间的拟制自认如何认定。必要共同诉讼基于同一诉讼标的，是不可分之诉，共同诉讼人之间的权利义务具有牵连性，我国立法采用承认原则认定各共同诉讼人的内部关系，一方的行为经其他共同诉讼人的承认后才能对全体产生法律效力。那么，如果某一共同诉讼人既不承认也不否认,法官释明作为前提,法官说明法律后果并询问,探明该共同诉讼人的诉讼本意,如果仍消极沉默,则产生拟制自认效果。换言之,未经法官说明并询问,不产生拟制自认的效力。在当事人消极沉默时,不必然产生接受其他共同诉讼人自认的结果,而是通过法官释明赋予其重新表态的机会,不仅减轻了其他共同诉讼人的证明责任,也减轻了相对方的证明责任。

2. 不完整的事实主张,应当释明补充

辩论主义下,当事人有责任就法律要件事实进行完整陈述,"各当事人应对其有利自己的法律规范要件加以主张和举证",① 否则,未经辩论的事实不得作为裁判依据,当事人可能面临败诉风险。法官在审理中如果发现当事人陈述的事实与其提出的权利主张不完全匹配,有必要释明提示当事人予以修复。这是对当事人未曾提出的事实主张进行释明,属于积极释明的范畴。在适用边界上应更为严格,关系到裁判依据的法律要件事实缺失,可能产生失权后果,法官应当释明提醒当事人补充完整,对于其他事实如何主张,属诉讼策略范畴,法官不宜释明,否则有帮助一方当事人的倾向性。

法律要件事实的检索基础是确定的诉讼标的,应当以当事人诉讼请求和事实陈述所依据的请求权基础规范为线索,围绕争议焦点展开事实调查,比如:侵权责任的承担通常应具备侵权行为、损害结果及因果关系要件,当事人如遗漏因果关系事实,法官应释明其补充,而不能直接判决驳回诉讼请求。诉讼标的可能受原告的意愿、对方抗辩及事实主张等因素影响而发生改变,法官应当尽早固定争议焦点,明确补充事实的释明内容。

3. 无意呈现的事实,可酌情释明提示

无意呈现的事实是介于当事人主动提出和法院依职权获取之间的事

---

① [德] 莱奥·罗森贝克:《证明责任论》,庄敬华译,中国法制出版社2002年版,第5页。

实，包括经由证据材料呈现的事实和法官司法认知事实。① 大陆法系国家通常规定法官可以不经辩论而直接斟酌考虑，如：《法国民事诉讼法》第7条第2款规定，法官可以考虑当事人可能未特别加以援述但证据呈现的事实。

针对证据材料呈现的事实，法官可以酌情考虑该事实，出于避免突袭裁判的目的，法官可以释明双方对此引起注意，给予其辩论机会。比如：合同履行的证据呈现出原告亦有过错，虽然双方未说明这一事实，但关系到是否适用过失相抵原则，被告未主张可能是疏忽遗漏，而非主动放弃主张，是否考虑该事实直接决定了审理方向和裁判结果。需要说明的是，证据呈现只能适用于事实本身，通过当事人补充事实来查明案件全貌，但不能直接推导当事人未提出的权利主张，否则属于重构诉讼，这在大陆法系国家也是达成共识的。

针对司法认知事实，我国现行证据规则规定了七种情形，对于众所周知、依经验法则推定等事实，当事人可以相反证据反驳，对于经生效裁判确认的基本事实及公证文书证明的事实，当事人可以相反证据推翻，否则就无须证明直接被采纳。反驳或推翻的前提是当事人对该事实可能作为裁判依据是知情的，如果属于法律要件事实，法官应当释明当事人注意，并询问其是否有相反证据，如果是间接事实或辅助事实，法官可以根据案情和调查需要酌情释明。

4. 无线索可寻的事实，不得释明

事实释明的基本前提是在辩论主义范围内，不超越当事人构建的事实基础，应以有线索可寻为限，对于既不是当事人主张也没有在诉讼中呈现的事实，除非是不可缺少的法律要件事实，法官不得对渺茫存在的事实进行释明。国外对此曾出现争论，协同主义倡导者主张法官与当事人共同寻

---

① 严仁群：《释明的理论逻辑》，载《法学研究》2012年第4期。

找事实，认为即使是已经完整陈述侵权各项要件事实，法官仍应询问是否还有其他损害结果发生，询问否认借款的被告是否存在合同无效、变更等情形。

我国司法实践中曾出现就债权债务、房屋转让等问题主动询问当事人，配偶对此是否知情或参与，就不属于必须审查的事项，是基于夫妻共同债务、共同财产处置等规定不详，法官为避免将来出现相互矛盾的裁判或者裁判内容的可执行性问题，主动进行审查。《民法典》对此已作出明确规定，法官没必要对当事人完全未提及的事实进行释明。

### （二）举证释明的适用规范

改变举证释明流于形式，是举证释明制度完善的重点。如何能做到实质性地提出具体的举证释明内容，启动条件、适用范围如何，法律及司法解释未给出答案。反对举证释明具体化的主要理由是认为举证是当事人的义务，法官过多介入则失去中立性，成为一方当事人的代言人，有损司法公正公信。

证明责任理论与主张责任理论是要件事实论的两大理论支柱。举证释明是事实释明的有益补充，失去了关键证据的依托，法律要件事实可能无法得到证明。法官隐藏心证的做法，阻隔了当事人与法官共同讨论事实的沟通，可能导致当事人提供过多证据或遗漏关键证据的极端情形，造成诉讼迟延或证据失权。因此，举证释明是法官的义务，应当针对要件事实有具体的释明内容，通过释明明确当事人的证明责任分配和举证责任转移，能更接近案件真实。

针对举证释明的完善，曾有观点主张，对于不同当事人区别对待，如追索赡养费、抚育费、扶养费、劳动报酬等案件权利人可以考虑举证释明，并以程序设置为基础提出折中的技术处理方案，在简易程序中强调举证释明权，因为适用简易程序的案件大多是未聘请律师的案件，而在普通程序淡化甚至不强调法官释明权的行使。① 近年来，随着繁简分流改革的深入推进，《民事诉讼法》亦作出相应修改，适用简易程序案件占绝大多数，不宜再以程序类型作为区别适用的标准。

同时，我们应当看到，我国的民事审判方式改革更加关注当事人的程序主体地位，以证据领域为切入点，逐步强化当事人的自我责任。因此，主动教导当事人如何具体举证的职权干预只能限于救济个别弱势当事人，不宜上升为普遍原则。举证释明的一般性规则应当包含以下要素：

1. 以公开临时心证为核心

释明的首要目的是实现当事人构建的案件事实基础上的实质正义，法官具有接近案件真实的共同责任。公开临时心证，是促进法官与当事人就事实问题共同讨论的前提，也符合举证责任动态转移的释明需要，应当将其作为举证释明的核心。

从比较法角度看，公开临时心证是事实释明的重要方式。比如，德国判例将证明责任分配作为法官释明义务。日本学者认为，公开临时心证属于法官权力，而实务界更鼓励法官公开心证。

如前所述，我国司法实践中已出现法官就待证事实的举证责任转移进行释明，就负有证明责任的一方当事人已完成初步举证的状态予以明示，敦促当事人继续举证。法官应在辩论主义范围内对待证法律要件事实的临时心证予以公开，敦促双方当事人在预测法官事实认定的基础上自行决定是否补充证据，补充哪些证据，促使举证责任多次转移后达到法官形成内心确信的证明程度。

我国学界有观点认为公开心证是法官的权力，法官有权根据案情判断是否有进一步举证的可能性，决定是否公开。② 对于法律要件事实的证明程度，直接关系到权利主张是否成立，法官应当释明公开临时心证，但要

---

① 张卫平：《民事诉讼"释明"概念的展开》，载《中外法学》2006年第2期。
② 熊跃敏：《民事诉讼中法院释明的实证分析——以释明范围为中心的考察》，载《中国法学》2010年第5期。

严格限定在必要范围内，不仅可避免突袭裁判，也可避免本不该有的败诉。例如：原告提出要求被告支付货款的主张，被告辩称原告未曾向其主张，超过诉讼时效，原告提供差旅发票证明曾派出员工去被告所在城市催要货款。该证据属于证明诉讼时效中断的关键证据，时效中断是关系到权利是否能够寻求司法救济的主要事实，被告质证表示发票缺乏关联性，证明主要事实的证据链条明显不完整，法官虽不能代替原告举证，但应释明公开其临时心证，询问原告是否还要补充可以证明催要货款的证据，至于有哪些证据可以证明这一事实，则由当事人自行判断和选择。

2. 以确有证明必要为条件

举证释明不是盲目、无休止的，而应根据事实的证明程度动态判断是否确有证明必要，对于没有证明必要的，即使举证也是徒劳，举证释明就更没有必要。

在立案登记阶段，立案法官检查当事人提供的证据材料，只要符合法律基本规定即可，材料不全的，一次性告知当事人补齐。

在审理阶段，比较典型的有三种情况：其一，与法律要件事实相关的关键证据未提出，可能导致主要事实不清，法官应当就法律要件事实的证明是否形成了完整的证据链作出说明，提醒当事人可以根据事实预测决定是否补充举证。目前，我国司法解释在鉴定事项释明上，要求法官应当释明鉴定，当事人一审期间经释明而未申请鉴定的，将当事人在二审提出的鉴定申请视为逾期提出的证据，二审认为确有必要的，可以发回重审或查清事实后改判。由此可推知，举证不充分导致待证法律要件事实真伪不明的，法官应当释明，证明对象不属于这个范围的，当事人自行决定举证策略。需要说明的是，我国对于新证据的认定相对宽松，2015年《民事诉讼法司法解释》开始将"重要证据不失权"规则适用于所有程序，不考虑逾期举证是否存在过错，现行司法解释保留该规定。这一规定旨在协调实践中证据失权与实质正义的冲突，如果能够通过举证释明启发当事人尽早提供与案件基本事实有关的证据，能更好地平衡公正与效率的关系。

其二，被告积极否认的，法官应当释明其可以提出反证。否认是指一方当事人认为对方当事人所主张的事实为不真实或不存在的事实上的陈述，① 不属于阻却权利发生的新要件事实，是针对请求原因事实本身的否定性评价。被告的积极否认，否认理由包含明确的意思表示，法官应当释明其可以提出反证佐证自身观点，否则将认定原告主张的事实为真。如果被告提出消极否认，因没有具体否认理由，缺乏证明必要性，法官不得帮助其寻找理由或事实，也没有必要举证释明。

其三，鉴定事项暂不具备证明价值的，法官不必就鉴定进行释明。比如：当事人提出合同签名不是本人书写的质证意见，笔迹比对只能交由专业机构判断，法官应释明其考虑申请笔迹鉴定予以佐证，但如果双方就合同成立与否尚存在分歧，合同签名真实性就不是争议焦点，法官没有义务就鉴定进行释明。实践中存在当事人败诉后将法官未释明鉴定作为上诉事由的案例，二审法院应当审查鉴定事项释明与裁判结果的关联性。

## 第四节　我国诉讼主体释明的制度完善

### 一、诉讼主体释明的基本内涵

诉讼主体的确定是法官职权审查的程序性事项，法官对此有最终决定权。法官职权审查不受当事人事实陈述限制，其审查结果不受当事人影

---

① 陈刚：《抗辩与否认在证明责任法学领域中的意义》，载《政法论坛》2001 年第 3 期。

响，但对于当事人基于实体权处分明确表示放弃参加诉讼或追加参加诉讼的，不得代为作出决定。因此，诉讼主体释明类似于法律观点释明，法官在作出最终决定前有必要与当事人共同确定诉讼主体。

对于不可分之诉，法官有义务开示法律观点，避免当事人遭受诉讼主体不全带来的诉不适格或失权后果。对于可分之诉，法官可以释明提示当事人权利主张范围与起诉主体及起诉对象范围是否一致，是否有利于纠纷一次性解决。

### （一）当事人对诉讼主体的确定有处分权

处分权主义尊重当事人对诉讼进程和审理对象的处分权利，审理对象包含声明主张，而声明主张与请求权主体、责任主体和诉讼主体密切相关。因此，诉讼主体及其地位的选择，既包含当事人对实体权益的处分，也包含其对法律关系的认识。具体而言，当事人对诉讼主体的处分权包括：

1. 被诉主体范围的选择，如：共同诉讼人的选定，是否追加或放弃对部分共同诉讼人的主张，是否对其另行诉讼，是否变更当事人。

2. 诉讼主体地位的选择，如：具有共同原告、有独立请求权第三人等资格的案外人，是否主动参加诉讼，是否另行主张或放弃实体权利。

### （二）法官应适当干预当事人的选择

纯粹的处分权主义不利于实现实质正义，当事人诉讼地位的选择与确定，直接关系到当事人程序参与权和实体权益，关系到既判力的主观范围扩张，法官有必要释明当事人作出妥当的选择。[①] 获得法院的裁判支持，首先应具备正确的实体法请求权基础及权利义务相对方。权利人若错过诉讼，或发生被诉对象的错漏，可能面临败诉或失权风险。当事人因法律知

---

① 陈琳：《论当事人诉讼地位释明在共同诉讼中的适用》，载《法律适用》2019 年第 19 期。

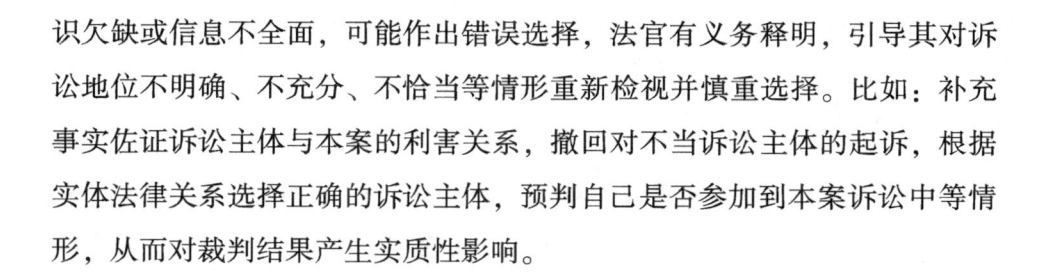

识欠缺或信息不全面，可能作出错误选择，法官有义务释明，引导其对诉讼地位不明确、不充分、不恰当等情形重新检视并慎重选择。比如：补充事实佐证诉讼主体与本案的利害关系，撤回对不当诉讼主体的起诉，根据实体法律关系选择正确的诉讼主体，预判自己是否参加到本案诉讼中等情形，从而对裁判结果产生实质性影响。

### （三）法官对诉讼主体的确定有最终决定权

诉讼主体的确定，包含法律规则的理解适用，选择权在当事人，最终决定权在法官。当事人可能根据法官释明内容作出追加或变更当事人，决定参诉等新的主张，也可能坚持原有主张。法官有权根据诉的性质、法律关系和当事人最终主张，决定诉讼主体范围及其诉讼地位。合理地确定当事人诉讼地位，不仅有利于彻底查明案件事实，避免相互矛盾的事实认定，也有利于一次性解决纠纷，避免相互矛盾的裁判。

综上所述，诉讼主体释明，是指针对当事人关于诉讼主体的范围及地位不明确、不充分、不妥当的选择，法官提醒启发其就变更、追加诉讼主体，明确当事人诉讼地位、参加诉讼等事项作出真实明确的意思表示，确保在当事人充分预知和参与的基础上作出裁判。

## 二、诉讼主体释明的适用规范

自立案登记制改革以来，程序意义上的当事人进入诉讼，极大拓宽了司法对私权的保护空间，很大程度上缓解了"立案难"。当事人具有选择诉讼主体及诉讼地位的处分权，但可能存在意思表示不明确、不妥当或不充分的情形，直接影响诉的适格或裁判结果。释明边界不清，容易导致法官与当事人的角色分配不清，法官怠于释明将导致纠纷解决偏离实质正义，或出现突袭裁判。因此，有必要根据法官释明的价值目的与诉的性质划定诉讼主体释明的适用边界。

## (一) 应当释明的事项

实现当事人构建的案件事实基础上的实质正义,使得实体上享有权利的人不因诉讼能力欠缺而丧失胜诉机会,是法官释明的首要目的。若不释明,当事人实体权益在本次诉讼中可能面临颠覆性改变,当事人无法就遗漏部分另行救济甚至直接面临诉讼被驳回,属于应当释明事项。法官应释明而未释明,构成重大程序违法事项,当事人有救济权,可以上诉或提出异议。

1. 两类必要共同诉讼的共同诉讼人遗漏

共同诉讼制度起源于古罗马法,是基于民事权利义务关系涉及多数主体,在诉讼中形成共同诉讼,承认当事人适格要件的缓和与既判力的主观范围扩张,旨在实现纠纷一次性解决,也避免相互矛盾的裁判。英美法系中,美国联邦民事诉讼规则和英国最高法院规则规定,法院可以就共同事实或法律问题的诉讼选择合并或分开审理。[①] 德国、日本等大陆法系国家民事诉讼法规定,根据当事人实体权利义务关系的牵连程度,逐步发展出三种主要的共同诉讼形态,即固有必要共同诉讼、类似必要共同诉讼和普通共同诉讼。[②]

固有必要共同诉讼,诉讼标的是同一的,共同诉讼人有实体法上的共同利害关系,其实体争议必须在一个诉讼中解决,法院必须作出合一确定的裁判,共有产权人是典型的固有必要共同诉讼人。在诉讼结构上,固有必要共同诉讼人具有合一不可分的诉讼实施权,必须共同参诉,同时参加调查和辩论,法院必须合并审理并作出裁判,否则发生诉不适格的法律后果,法院将作出驳回起诉的裁定。目前,现行司法解释确定了法官依职权

---

① 肖建华:《民事诉讼当事人研究》,中国政法大学出版社2002年版,第202页。
② 杨荣馨:《民事诉讼原理》,法律出版社2003年版,第154页。

通知参诉和当事人申请追加两种形式。①

固有必要共同诉讼，如果因当事人不了解法律常识而遗漏必须参加诉讼的固有必要共同诉讼人，法官根据本案诉讼资料或法律规定能判断出可能有遗漏，应当主动释明当事人申请追加或释明共同诉讼人申请参加诉讼，既确保诉讼符合当事人本意，又避免直接驳回起诉的诉讼不经济后果。若法官未经释明径行驳回起诉，则纠纷解决偏离实质正义。若当事人经法官释明后拒绝追加必要共同被告，法院可裁定驳回起诉；若当事人拒绝申请追加必要共同原告，法院可依职权通知，被通知人不愿参加诉讼又未明确表示放弃实体权利的，法院仍应列为共同原告，全面调查事实，裁判效力及于全部参诉人。

类似必要共同诉讼，是承认共同诉讼中既判力扩张和对当事人适格要件让步的产物，诉讼标的具有牵连性，基于同一法律或事实原因，其实体争议不必须在同一个诉讼中解决。在诉讼结构上，共同诉讼人具有相对独立的诉讼实施权，可以选择共同参诉或单独主张，均是当事人适格，如果部分共同诉讼人一旦选择共同参诉，其内部形成固有必要共同诉讼关系，法院必须对此作出合一确定的裁判，既判力范围及于全体共同诉讼人，未参诉的共同诉讼人不得另行起诉。类似必要共同诉讼人遗漏不会直接导致整个诉不适格，但鉴于既判力范围可能扩张至未参诉的他人，应当赋予其选择是否参与诉讼的权利，保护其程序参与权。若因类似必要共同诉讼人不知晓而错过本次诉讼，失去发表意见的机会，也无法另行主张权利，不利于保障当事人实体和程序权益。

因此，法官如果从诉讼材料中发现还有其他类似必要共同诉讼人存在，应释明当事人追加该共同诉讼人，或提醒该共同诉讼人有权选择参

---

① 《民事诉讼法司法解释》（2022年修正）第73条规定，必须共同进行诉讼的当事人没有参加诉讼的，人民法院应当依照《民事诉讼法》第135条的规定，通知其参加；当事人也可以向人民法院申请追加。人民法院对当事人提出的申请，应当进行审查，申请理由不成立的，裁定驳回；申请理由成立的，书面通知被追加的当事人参加诉讼。

共同诉讼，并明确告知其裁判结果将及于全体共同诉讼人，不得另行诉讼的法律后果。若当事人经法官释明明确表示拒绝追加共同被告，则法院综合本案事实作出合一确定裁判，当事人将来不得另行向未追加的共同义务人主张权利；若共同权利人经法官释明明确拒绝申请参加诉讼作为共同原告，并表示放弃实体权利的，则法院作出合一确定的裁判，权利人将来不得另行起诉主张相关权利。鉴于我国传统理论将连带责任引起的诉讼和同一事实或法律原因引起的诉讼视为固有必要共同诉讼，时至今日也存在不同认识，有必要在讨论释明问题前先厘清其诉的性质。

（1）连带责任引起的诉讼。传统理论认为，只要共同诉讼人之间存在连带关系，就构成固有必要共同诉讼，学理上对连带责任的诉讼类型归属存在争议。① 从实体法依据看，普通连带责任关系中，债权人有权要求部分或全部债务人清偿。诉讼法上赋予债权人选择权，不必然要求所有债务人一同应诉，法院作出合一确定的裁判，既判力及于未参加诉讼的共同诉讼人。补充连带责任关系中，债权人可以起诉主债务人，也可以起诉主债务人和补充连带责任人，补充连带责任人有先诉抗辩权。综上所述，连带责任引起的诉讼，连带责任人未全部参加诉讼不影响当事人适格，但如果部分连带责任人已参加，则内部形成必要共同诉讼，权利人不得另行起诉向其他责任人主张权利。

因此，连带责任引起的诉讼构成类似必要共同诉讼。实体法允许权利人选择追责对象，但不宜做绝对化理解，诉讼法上不允许数次分别起诉不同责任主体。当权利人仅起诉部分普通连带责任人时，法官应通过释明了解当事人的本意，告知其将来不得另行起诉的法律后果。当权利人仅起诉

---

① 有学者主张属于可分之诉，有的则主张属于不可分之诉，也有的主张根据是否为真正连带责任区分为固有必要共同诉讼和类似必要共同诉讼两种类型。参见李杏园：《共同侵权诉讼形式探析》，载《河北学刊》2008年第2期；张景良、黄砚丽：《连带责任人之共同诉讼地位探究》，载万鄂湘主编：《审判权运行与行政法适用问题研究——全国法院第22届学术讨论会论文集》（上），人民法院出版社2011年版，第441页。

补充连带责任人时，法官应向其开示先诉抗辩权的法律观点，释明其是否追加主债务人。

（2）同一事实或法律原因引起的诉讼。该诉讼形态是诉讼标的有牵连关系的共同诉讼，即多数当事人分别与对方当事人争议的民事法律关系存在紧密联系，法院作出合一确定的裁判。[①] 从实体法依据看，以共同侵权为例，权利人有权要求部分或全体侵权人承担责任，在诉讼中也有权选择起诉范围，法院作出合一确定裁判，权利人将来不得就同一侵权事实另行起诉其他人。因此，同一事实或法律原因引起的诉讼构成类似必要共同诉讼。具有独立诉讼实施权的共同诉讼人一旦进入诉讼，法官就要作出合一确定的裁判，及于全体共同诉讼人。

因此，法官在调查事实时掌握到其他共同诉讼人的线索，应当释明通知其参加诉讼，并告知其不参加诉讼的法律后果，将来不得另行起诉。以同一法律事实产生的继承诉讼为例，遗产份额明确可分，多个继承人指向的诉讼标的不尽相同，有必要在一次诉讼中解决，但允许部分继承人放弃权利，仍属于当事人适格，构成类似必要共同诉讼，法院裁判效力将及于全体继承人，故法院应当释明确认放弃实体权利是疏忽大意还是真实意愿，否则失权后果对当事人有失公平。

2. 辅助参加的第三人缺失

我国无独立请求权第三人实质上包含类似大陆法系的辅助参加，类似英美法系的第三人之诉的被告，二者的主要区别在于是否为当事人，是否承担责任。按照我国《民事诉讼法》规定，无独立请求权第三人的法律地位，到一审终结才确定。有学者建议将无独立请求权第三人分解为准独立当事人和辅助参加人，前者以诉的主观合并方式赋予其准独立当事人地位。[②]

---

[①] 谭兵主编：《民事诉讼法学》，法律出版社1997年版，第218—220页。
[②] 肖建华：《论我国无独立请求权第三人制度的重构》，载《政法论坛》2000年第1期。

辅助参加人，即在本诉中案件处理结果与其有法律上的利害关系，对其辅助支持的主当事人胜败诉具有法律利益。大陆法系确立辅助参加制度，辅助参加人是为保护自己的利益而参诉，本诉裁判结果在主当事人与辅助参加人之间发生参加效力，将来不得作出与裁判结果相抵触的权利主张。鉴于程序安定性和查明全案事实的目的，为避免有法律上利害关系的第三人不知晓诉讼系属，大陆法系设置诉讼告知制度，当事人可以将诉讼告知因自己败诉而有法律上利害关系的第三人，敦促其参加诉讼。[1]

由此可见，辅助参加人如果因不知晓诉讼事件而没有参加诉讼，将来可能面临主当事人败诉后的被追索诉讼风险。虽然法律规定了第三人撤销之诉作为救济程序，但可能发生新诉主张的事实与原裁判认定事实不一致的情形，造成原裁判可能被撤销的不安定性。因此，法官根据诉讼资料如果明知存在具有法律上利害关系的辅助参加人，应当释明本诉的主当事人告知其参加诉讼，或提醒该辅助参加人参加诉讼，并告知其裁判可能对其发生参加效力的法律后果，敦促其申请参加诉讼，从而在本诉中一次性查明事实和解决纠纷，避免相互矛盾的事实认定及裁判结果。

### （二）可以释明的事项

纠纷一次性解决，承载着诉讼经济和实质正义的价值，大陆法系通过既判力扩张和扩大释明范围实现。对于可分之诉，如果合并审理能一次性解决纠纷，避免出现矛盾裁判，不会产生诉讼迟延等不经济后果，法官可以释明当事人选择是否参加到本诉中，也可以酌情不予释明，由当事人另行主张，不影响当事人诉权，不构成程序违法。

1. 普通共同诉讼追加当事人

普通共同诉讼的诉讼标的是同一种类，是可分之诉，其法律关系不必

---

[1] 比如：《德国民事诉讼法》第72—74条规定辅助参加及诉讼告知制度，参见［德］奥特马·尧厄尼希：《民事诉讼法》，周翠译，法律出版社2003年版，第432—433页。

然在一个诉讼中解决,共同诉讼一方享有独立的诉讼实施权,可以选择单独起诉,也可以选择共同起诉。法院可以选择分别审理,也可以经当事人同意后合并审理。法院对各共同诉讼人的证据调查及辩论意见综合考量,可以作出合并裁判,也可以先对部分共同诉讼人作出终局裁判,裁判的既判力不及于未参加诉讼的共同诉讼人。因此,法官有权选择是否释明普通共同诉讼人参加诉讼,如果释明,不超越当事人意愿;如果不释明,也不违背程序正义。权利人可选择另行起诉,其诉权和实体权利通常不受本次诉讼裁判结果影响。

有一种例外情形是,普通共同诉讼构成人数不确定的代表人诉讼,本次诉讼的裁判结果对未参加登记的权利人有预决效力,即权利人在诉讼时效内提起诉讼,法院认为诉求成立,直接裁定适用原裁判,法院的登记公告即为向权利人公示参加诉讼的机会。

2. 有独立请求权第三人

有独立请求权第三人,是指对原、被告争议的诉讼标的有独立请求权而参加诉讼的人。有独立请求权第三人具有相对于本诉的独立请求权,与本诉不是同一诉讼标的,既有权选择以本诉当事人为被告提出独立的诉讼请求,在本诉中保护自身实体权益,也有权另行起诉主张权利。因此,法院在审理中发现有牵连关系的权利人存在时,既可以释明确认其是否参加本诉,也可以直接作出裁判,第三人将来有权另行诉讼,其诉权和实体权利不受本诉裁判结果影响。

3. 被告的被告

无独立请求权第三人中,除了具有辅助参加身份的第三人,还包含具有被告的被告身份的第三人,如雇佣者与受雇人,前者对后者享有追偿权。本诉中的被告不是最终责任人,在诉讼中可能缺乏积极性,第三人参加本次诉讼,能节约重复调查时间,避免不一致的裁判结果,消除时间间隔可能引发的对原诉被告的严重损害。① 美国联邦民事诉讼规则规定交互诉讼，允许被告把第三人作为他的被告引入诉讼，第三人是被告对原告的请求负有全部或部分责任，或者有这种可能性的人。②

法官可酌情释明被告追加第三人被告，有助于在不同法律关系之间发现真正的责任人，也有助于第三人参与到程序中充分辩论，在同一诉讼中查明事实，分清责任。如果法官未释明，被告可以另行起诉，不影响其权利实现。若当事人拒绝追加，法院不宜直接列为第三人，可直接作出裁判，后诉可以前诉生效裁判确定的部分事实作为免证事实，避免相互矛盾的裁判。

4. 变更当事人

诉状上被告可能与真正适格被告存在从属、管理等密切关系，法院的通常做法是以不存在直接法律关系为由，裁定驳回起诉。学界主张法官有权调查诉讼要件，更换当事人有助于一次性解决纠纷，维护当事人权益和法的安定性。③

为避免原告不当扩大被告范围，追求不正当管辖权利益等情形，也避免给无关人员造成诉累，法官应主动审查诉讼主体是否适格。如果普通共同诉讼中部分当事人不适格，法官可以酌情释明原告真正的义务人，启发提示其是否更换当事人，如果原告拒绝更换，则直接裁定驳回该部分起诉，法官也可以不作释明直接驳回对不适格当事人的起诉。如果更换当事人不会导致全部重新准备诉讼资料，且归本院管辖，法官可释明原告自行选择是更换还是另诉。从诉讼经济的角度，如果本案诉讼资料无法直接沿用，对于当事人而言，则与另行起诉无异。

例外的情形是，固有必要共同诉讼中部分当事人不适格，法官有义务

---

① ［美］杰克·H. 弗兰德泰尔等著：《民事诉讼法》，夏登峻等译，中国政法大学出版社 2003 年版，第 349 页。
② 参见章武生：《我国无独立请求权第三人制度的改革与完善》，载《法学研究》2006 年第 3 期。
③ 杨荣馨：《民事诉讼原理》，法律出版社 2003 年版，第 115 页。

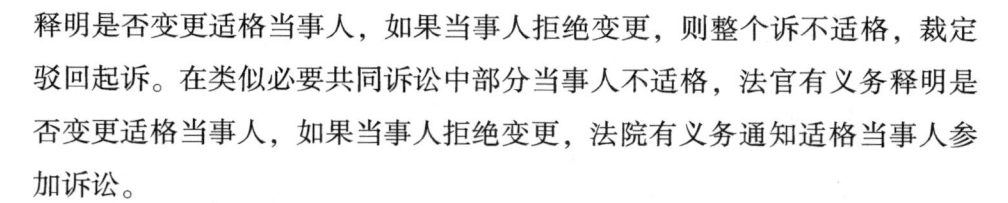

释明是否变更适格当事人，如果当事人拒绝变更，则整个诉不适格，裁定驳回起诉。在类似必要共同诉讼中部分当事人不适格，法官有义务释明是否变更适格当事人，如果当事人拒绝变更，法院有义务通知适格当事人参加诉讼。

5. 错列诉讼地位

诉讼地位关系到权利义务关系及责任承担比例，是否将责任人列为被诉对象，是当事人处分权范畴，承担何种责任，是法官适用法律范畴。当事人可能混淆共同被告和第三人，法官可以释明开示法律观点，提醒当事人变更被诉对象的诉讼地位，也可以在明确当事人诉讼请求后，说明本案实体法律关系，直接作出诉讼地位的变更，不影响当事人实体权益的实现。

### （三）不得释明的事项

法官释明应当以呈现在法官面前的案件事实及当事人陈述中有线索可寻为界限，法官既没必要探讨"其他陈述渺茫的可能性"，[①] 更不能"让法官的理智取代当事人的意志"，[②] 超出当事人意愿范围而改变当事人提交纠纷的性质重构诉讼。因此，法官不得释明的情形主要包括：

其一，超出本案事实线索范围的，法官从本案事实和当事人陈述中无从判断有其他当事人存在的，不予释明。比如：对于诉讼标的物主张所有权或其他请求权的案外人，将来可以通过第三人撤销之诉等途径救济。

其二，请求权竞合，同一事实基础，当事人已选择权利主张 A，法官不能违背当事人本意重构诉讼，按照权利主张 B 释明变更、追加当事人。比如：旅游途中发生车祸，当事人选择了起诉旅游合同的相对方，法官应按照合同之诉审理，不得释明是否起诉侵权人。

---

[①] ［德］奥特马·尧厄尼希：《民事诉讼法》，周翠译，法律出版社 2003 年版，第 131 页。

[②] ［德］鲁道夫·瓦瑟尔曼：《从辩论主义到合作主义》，载［德］米夏埃尔·施蒂尔纳编：《德国民事诉讼法学文萃》，赵秀举译，中国政法大学出版社 2005 年版，第 380 页。

# 第五节 我国法律观点释明的制度完善

## 一、法律观点释明的立法根据

"法官知法"原理被各国广泛承认和适用,"你给我事实,我给你法律"确立了当事人与法院在诉讼中的权能分工和作用分担规则,赋予法官适用法律的最终决定权,旨在减轻当事人适用法律的负担,但并不意味着剥夺当事人对法律问题的参与权。法官在审理中如果隐藏法律观点,将直接导致法律适用上的突袭裁判,也会影响当事人的充分举证,间接导致事实认定上的突袭裁判。法律观点释明应运而生,大陆法系代表性国家将法官释明范围扩大至法律适用领域,赋予法官法律观点指出义务,要求法官就法律观点予以释明,与当事人就事实和法律问题进行讨论。

我国正处于全面依法治国,推进国家治理体系和治理能力现代化的发展时期,法律体系日益完善,特别是作为"社会生活百科全书"的《民法典》正式颁布,奠定了调整民事权利确认和保护的基础性法律体系。"在司法层面,由于司法是适用法律、评价和实现法律价值的过程,而且作为形成和维持社会秩序的手段,司法必须在普遍价值评价的基础上进行。"[①] 为避免当事人因法律技术欠缺而丧失本应享有的实体权益,法官有义务引导当事人,共同探寻法律价值在个案中的认知和评价。

---

① 刘荣军:《程序保障的理论视角》,法律出版社1999年版,第159—160页。

## （一）保障辩论主义的工具价值

法律观点释明最初源自保障辩论主义，聚焦于对辩论主义的影响，避免事实上的突袭裁判。法官开示法律观点，促使当事人尽早形成争议焦点，启发当事人能够预判法院认为的重点问题，有针对性地开展攻击防御和充分发表意见。当事人主张权利、陈述事实及提出证据，是在一定法律观点支配下进行的，"如果法院尽早开示法律观点，当事人就能将案件陈述限制在对裁判显著的、重要的事实上"，[1] 有助于当事人围绕争议焦点展开更为充分的辩论，提供更为充足的攻击防御资料。

## （二）保障听审请求权的独立价值

法律观点释明是听审请求权在法律适用领域的具体表现，要求当事人不仅享有主动陈述法律见解的权利，更重要的是，法官应赋予其充分表达意见的机会。"法律的判断权并非法官独占，应为当事人提供对法官的法律判断权施加影响的机会，保障当事人在法领域的程序参与权，协同发现法之所在。"[2]

法官和当事人充分讨论本案应适用的法律，双方都有修正自身观点的可能，当事人可以根据对法律观点的预判提交新的证据，作出诉之变更，当事人的新辩论意见也对法官的裁判意见产生实质性影响，促使法官修正法律适用上可能存在的疏漏，避免突袭裁判带来的程序不利益。在法律观点的交锋讨论中，法律规范对社会生活的示范引领价值也得以充分发挥。从这个角度看，判后释法的事后性不能从根本上解决当事人未能充分辩论的不足，无法取代审理阶段的法律观点释明。

---

[1] ［德］罗尔夫·施蒂尔纳、阿斯特里德·施塔德勒：《法官的积极角色》，载［德］米夏埃尔·施蒂尔纳编：《德国民事诉讼法学文萃》，赵秀举译，中国政法大学出版社2005年版，第427页。

[2] ［日］高桥宏志：《重点讲义民事诉讼法》，有斐阁1997年版，第385页。转引自熊跃敏：《民事诉讼中法院的法律观点指出义务：法理、规则与判例——以德国民事诉讼为中心的考察》，载《中国法学》2008年第4期。

## 二、法律观点释明的适用规范

法律观点释明既是当事人探知法官法律判断的重要方式，也是法官给予当事人充分辩论的机会。2019年《民事诉讼证据规定》删除告知变更诉讼请求的内容，保留法律观点释明内容，实质上是回归释明理性。承认法律观点是动态变化的，法律观点释明是商谈性质的，摒弃法官向当事人告知唯一正确法律意见的做法，并以焦点问题审理形式明确释明的边界和方式，可以看作法律观点释明的一般性规则。在具体规则上，司法解释及《九民纪要》在当事人误解、虚构、忽略法律观点的情况下要求法官应当释明，在法律观点释明方面进行了有益探索。

在今后的制度完善与适用中，亟待解决的问题有二，其一是法律观点释明与法律知识解释说明的混同，其二是法律观点释明的法官单向输出。本书尝试从释明范围及方式、与其他释明事项的衔接等多维度，为制度完善提出建设性意见。

### （一）法律观点释明的范围

法律观点释明旨在促使法官与当事人加强法律问题的双向沟通交流，其适用范围应满足以下条件：

1. 建立在当事人提供的事实基础上

法律观点释明不同于法律知识的解释说明，是建立在当事人提供事实基础上的具体法律观点开示，随着事实调查的深入而发生动态调整。法律适用本身虽不受当事人意愿限制，但当事人提供的事实是裁判基础，法官应以当事人有线索可寻的意思表示为限，否则就是重构诉讼的过度释明。例外的是，法院依职权审查的程序性事项不受当事人事实陈述限制，即使当事人未提出相关事实，法官也应主动释明法律观点，避免突袭裁判。

# 第五章
## 我国法官释明权规范的制度完善

基于法律与事实密不可分的关系，法律观点释明在权利主张和事实证据之间发挥着承上启下的作用。具体法律观点的形成有赖于案件事实与法律构成要件的填充，经历多次"请求→抗辩→再抗辩→再再抗辩"后得出裁判结果。① 当事人受法律观点的影响，可能继续坚持自己的主张，并补充举证和发表法律意见，也可能对权利主张及抗辩作出调整。

区别于其他释明事项的是，法律适用最终结果不受当事人意愿约束，在反映当事人意愿的线索上可从宽掌握。只要是当事人的权利主张、事实陈述及证据内容指向某项法律规范，法官都可以释明。然而，法律观点释明与权利主张释明出现交叉的，则应从严适用权利主张释明规则，不得以证据中反映出的当事人未曾提出事实及权利主张的内容释明提示。

比如：法官不得在合同解除诉讼中主动向没有意思表示的被告提出与反诉请求相关的法律观点。又如：合同约定内容，我国法律并未赋予合同与法律同等地位，故应将其作为当事人提交的证据材料，在双方当事人未主动陈述相关内容的情况下，法官不得直接援引约定内容作出裁判，也不得主动释明约定中包含的其他法律观点，否则就是重构诉讼。

例外的是，法律观点涉及公序良俗或诚实信用原则，法官应当主动释明。比如：我国规定的虚构转贴现协议释明规则，当事人之间不存在真实的转贴现合同关系或虚构事实的，关系到维护正常的交易秩序，法官从当事人提供的事实或证据中获知，应当释明其按照真实交易关系提出诉求，当事人拒绝变更的，法院不予支持其诉讼请求。

2. 可能成为裁判依据的内容

法律观点释明是针对可能成为裁判依据的重要法律观点，不要求法官对当事人主张的所有内容进行判断和开示，"也不得强迫法官公布全面的判决预告"。② 我国素有普法教育传统，在"谁执法，谁普法"的理念指

---

① 任重：《法律释明与法律观点释明之辨》，载《国家检察官学院学报》2020年第6期。
② ［德］罗尔夫·施蒂尔纳、阿斯特里德·施塔德勒：《法官的积极角色》，载［德］米夏埃尔·施蒂尔纳编：《德国民事诉讼法学文萃》，赵秀举译，中国政法大学出版社2005年版，第425页。

引下,将释明理解为"解释说明",广泛运用于法律知识普及领域,立法及司法解释中要求法官对于不符合起诉条件、诉讼风险等法律规定明确告知。然而,这些内容是法律一般性规定,不是建立在个案事实基础上的特定法律观点,也不能引起当事人实质性参与法律适用,不宜纳入法律观点释明范围,有学者将其概括为"本土法律释明",认为我国形成法律释明和法律观点释明的二元格局。①

从促进共同发现法,避免突袭裁判的释明目的来看,我国的法律观点释明事项大致可包含以下三类:当事人忽略的法律观点、当事人与法官不一致的法律观点、当事人认为不重要的法律观点。

(1)当事人忽略的法律观点。当事人因不了解法律或其他原因,不知道事实中包含该法律观点而未提出,属于忽略的法律观点,既包括实体法内容,也包括影响诉讼权利处分的程序法内容。

比如:不安抗辩权观点,当事人陈述中表达了对方存在财产状况恶化情况,故不愿意先履行合同义务,法官应当告知其不安抗辩权的法律构成要件,包括合同约定的履行顺序、后履行一方难以对待给付、后履行一方债务未届履行期等内容,当事人如果选择接受该法律观点,就要证明相应的法律要件事实,如果认为不具备法律要件,也有机会选择放弃该抗辩内容,改变诉讼策略。又如,离婚诉讼中的无过错方损害赔偿权,关系到公序良俗,但又有别于公益诉讼的直接释明追加诉求,司法解释要求法官书面告知无过错方有该项权利。程序法领域中,比如证明责任分配,法官运用法律思维优势拆解法律要件,结合案件事实向双方当事人分配证明责任;又如部分程序性事项,《九民纪要》中提及的股东大会不可诉事项,是初步审查案件事实后得出的具体指向性内容,且直接影响到当事人行使处分权,构成法律观点释明,区别于法律知识告知,类似的还有法院管辖等内容。

(2)当事人与法官不一致的法律观点。只有双方当事人的法律观点均

---

① 任重:《法律释明与法律观点释明之辨》,载《国家检察官学院学报》2020年第6期。

与可能作为裁判依据的法官观点不一致时，法官才应当释明，如果法官所持观点已由一方当事人提出并经过双方充分辩论，则不属于释明范围。法律观点释明往往与权利主张释明有交叉，无论是大陆法系国家诉的变更释明，还是我国的"作为焦点问题进行审理"释明，都以法官开示不同的法律观点为基础。"作为焦点问题进行审理"释明不要求法官作出唯一确切的告知，但并未明确规定法官是否开示法律观点，且认为不会引起诉讼请求变化无须释明。这种推断是基于法官自身的法律判断，以法官观点绝对正确为逻辑前提，倾向于法官单向输出法律观点。

从释明的双向沟通性来看，法律观点的开示，可能促使当事人或法官改变最初判断，前文已介绍我国法官调整法律观点的案例。建议今后明确要求法官开示自身的法律观点，当事人无论是赞同还是反对，其辩论都有明确目标，取消不引起诉讼请求变化就不予释明的限制。

不一致的法律观点，被界定在民事行为效力或法律关系性质不统一范围内。对于民事行为效力，法院裁判不受当事人意愿约束，释明更侧重于避免突袭裁判，也是对效力认定相关的权利主张的提示，可以允许当事人就不同效力认定结果提出预备之诉。比如：《九民纪要》对于双方均未提出合同无效的主张而法官形成无效认定未作出规定，在将合同无效认定限缩在必要范围的前提下，法官可以通过开示法律观点，启发双方围绕合同效力充分辩论和举证，对合同无效有预期认识，选择是否调整权利主张及证据内容。对于法律关系性质，关系到当事人决定审理对象的处分权，法院裁判受当事人意愿约束，当事人如果不接受不同法律关系的观点，法院不得径行裁判。现行规定有关于当事人误解或虚构法律关系导致的不同法律观点释明，今后还可以根据实践积累不断丰富具体类型。

（3）当事人认为不重要的法律观点。在同一事实基础上，当事人提出法律观点A，虽知晓也包含法律观点B，但认为不重要而未向法官提出。这种情形与当事人与法官法律观点不一致类似，法官应以当事人陈述事实为底线进行法律观点释明。还有一种情况，随着诉讼情势的变化，因被告提出实体抗辩或提供证据，致使原告的诉讼请求在原有法律观点下难以获得支持，原告仍坚持原有观点，如合同效力，法官应释明提醒其注意不同法律观点供其参考选择。

3. 不以当事人提出新事实为条件

法律观点释明具有保障听审权的独立价值，大陆法系国家主张不以当事人提出新事实作为释明启动条件。换言之，只要法官拟作为裁判依据的法律观点不为当事人所知，法官就应当开示，赋予其充分表达意见的机会，保障当事人免受突袭裁判的不意打击。我国"作为焦点问题进行审理"释明吸纳了近年来的裁判观点，认为不会引起诉讼请求变化的法律观点就不必释明，这种裁判观点一定程度上能缓解告知变更诉讼请求的制度尴尬，但现在删除告知变更内容后，可以考虑不再设限，不仅不以诉讼请求新变化为限，还可以扩大到不以事实及证据新变化为限，充分保障当事人实质性参与法律适用过程。在国民权利意识高涨与法律知识欠缺的现状下，扩大法律观点释明范围的做法，也有利于帮助当事人提升法律认知水平，提升裁判结果的可接受度。

### （二）法律观点释明的程序规则

1. 法律观点释明的方式

法律观点释明的重心在于法官向当事人开示法律观点，当事人可以围绕赞同或反对意见继续辩论和举证。基于法官中立性地位和法律观点的动态变化，不必过多阐述法律判断过程及理由，只在最终作出裁判时充分阐述理由。当然，法官的法律观点不是一成不变的，会根据当事人发表意见内容和举证作出适时调整。无论是起诉之初还是诉讼情势变更后，法律观点释明只是向当事人说明法律见解及相关情况供其参考。不同于确切地告知变更诉讼请求，当事人有决定审理对象和案件事实范围的处分权，如果当事人想要的诉讼利益就是最初诉讼请求所涵盖的利益，法官不得以其他法律关系认定取代当事人的意愿。

2. 法律观点释明的适用阶段

法官与当事人共同寻找法律是动态过程，法律观点释明应贯穿于整个诉讼阶段，既涵盖从立案到法庭辩论终结，也涵盖一审和二审阶段。我国比较典型的告知另诉或另行主张权利，往往集中在审查起诉条件不符或裁判后作出，不能赋予当事人实质性参与法律适用机会，均不属于法律观点释明。检视现有释明规则，有的提及法律关系性质的释明，但适用阶段并不明确，如：以物抵债协议，释明其按照原有债权债务关系起诉；又如：虚构转贴现协议，释明其按照真实交易关系提出诉求，应统一规定在立案后到法庭辩论终结前进行诉中释明。

二审法官是否可以直接释明不同于一审的法律观点，2019年《民事诉讼证据规定》对此未予以明确。实践中，二审法院有判决驳回诉讼请求、释明后直接改判和发回重审三种做法。第一种做法，未赋予当事人在二审中讨论法律问题的机会，容易给当事人造成新的诉累。第二种做法，在实践中较为普遍，《九民纪要》的合同效力释明规则也体现这一思路，认为二审可以直接释明并改判，但财产部分争议较大的，可以另诉解决。如果二审法律观点释明关系到诉讼标的改变，对双方诉辩主张及举证的影响较大，相关内容未经当事人充分辩论，除非双方当事人均同意放弃审级利益，否则不宜直接改判。第三种做法，将一审未予释明或错误释明作为重大程序瑕疵，以剥夺当事人辩论权利为由发回重审。

在法律观点释明上，应区分对待。如果法律观点释明关系到诉讼标的的改变，应当发回重审，既保护当事人的审级利益，也体现对一审的否定性评价，如果不是动摇诉讼标的的法律观点，一审只是对当事人造成法律适用上的突袭裁判，二审法院可以直接释明后作出改判。如果涉及财产部分争议较大，可另诉解决。

3. 法律观点释明的程序衔接

民事诉讼当事人主张的事实是承载一定法律价值的事实，当事人在确定诉讼标的、提出事实主张及提供证据等方面，都是在一定的法律观点支撑下展开的。因此，法律观点释明具有承上启下的作用，应当关注其与权利主张和事实证据变化的程序衔接。法律观点与权利主张密切相关的，法官仅就当事人未曾注意的法律观点予以提示，是否由此作出诉讼标的的追加或变更，取决于当事人自己的决定。法律观点与事实及证据密切相关，因一审怠于释明法律观点导致当事人未能充分举证的，应允许其在二审继续举证，不被视为逾期举证。

# 第六节 我国法官释明权规范的程序保障机制

## 一、法官释明权规范的约束机制

法官释明权规范的非约束性，集中体现在法官启动释明及释明内容均不受当事人意愿的约束。当事人因释明不当上诉或申请再审，不容易得到上级法院的回应或支持。

今后，在程序设置上可以设置审级内和审级之间的诉讼约束机制，不仅赋予当事人上诉和申请再审的权利，也赋予其在诉讼中随时提出异议或请求的权利，既为当事人提供多元化的救济途径，也为法官释明划定底线。对于不当释明，应当给予程序上的否定评价，但不宜一律发回重审推翻全案，不仅与程序瑕疵程度不符，也影响审理进度，可以考虑构建差异化的约束机制，根据不当释明的程度赋予当事人不同的救济方式，兼顾公正与效率。

### （一）怠于释明的认定标准

应当释明的事项未予释明的，构成怠于释明。我国二审法院在诉讼请求、举证等方面对一审法院怠于释明从宽认定，与释明范围不明确关系很大。甄别是否怠于释明的考虑因素应包括：

1. 释明事项的属性。属于释明义务范畴，未经释明构成怠于释明，属于酌情释明范畴的，未经释明则不构成怠于释明。比如：除去不当声明主张的，追加有独立请求权第三人，是法官视案情酌情释明的事项。释明事项属性的厘清，与健全法官释明权规范体系密切相关，目前在事实认定阶段还存在空白领域，举证释明等内容也未纳入释明义务。建议今后以司法解释、指导案例等形式，逐步明确各领域应当释明的事项。

2. 释明的条件。具备"有线索可寻"的释明条件而未释明的，构成怠于释明。法官在当事人的事实陈述中发现可能影响其实体权利的线索，应当考虑释明。比如，固有必要共同诉讼中，遗漏部分当事人将直接导致整个诉的当事人不适格；类似必要共同诉讼中，遗漏部分当事人可能影响其程序参与权，无法在本诉中实现自身权益，亦无法另行起诉，给权利人带来颠覆性的后果。

3. 释明的内容。针对应当释明的事项，法官应围绕特定事实线索，进行有针对性的发问、提醒和晓谕，必要时开示法律观点，赋予当事人选择的机会，如果笼统询问当事人是否还有其他意见，或者笼统告知不补充举证的法律后果，未就特定事项形成沟通交流，无法达到释明要求，构成怠于释明。

### （二）怠于释明的约束机制

怠于释明的约束机制，包括赋予当事人审级内的发问请求权和审级间的上诉请求权。具体而言，根据释明对当事人及裁判结果的影响程度，可以赋予当事人不同的救济权，适用不同的约束机制。

如果因法官怠于释明，导致主要事实不清，判决结果可能发生颠覆性变化，甚至产生失权后果，无法另行主张权利，这是怠于释明的最高程度。比如，因未释明必须参加诉讼的当事人，导致整个诉不适格，因未释明鉴定导致法律要件事实真伪不明，应赋予当事人上诉请求权，二审法院也可以在审理中依职权作出认定，将这种怠于释明的情形视为剥夺当事人辩论权利的重大程序瑕疵，撤销原判决，发回重审。

如果法官怠于释明的内容，侧重于避免突袭裁判，比如，开示的法律观点并不必然引起当事人根据释明内容提出新主张或新事实的，不宜直接发回重审。当事人可以在一审阶段请求法官适时地进行必要的发问，或请求法官开示法律观点，保障一审程序内的纠纷一次性解决。如果法官怠于释明的内容，可以通过二审释明补救，在不影响当事人审级利益的情况下，二审法官可以释明并改判，否则就只能释明法律观点。

比如，合同效力释明中一审未释明合同无效的，通常认为二审法院可以直接释明改判，《九民纪要》持此观点，同时指出，财产争议较大或难以确定范围的，告知当事人另行起诉解决。学界有观点认为，合同效力认定不一致，不属于独立的诉讼请求，仍以一审处理过的事实证据为基础，未损害对方的审级利益，没有发回重审的必要，当事人经释明变更诉讼请求的，法院可直接进行判决。[①] 合同效力关系到当事人的攻击防御方向，如果二审法官开示合同无效的观点，当事人可能会提出补充事实和证据，还会提出合同无效的返还财产等主张，是一审未经辩论实质性变更诉求的内容，二审直接改判有损审级利益，可以参照《民事诉讼法》对二审新增独立诉求的处理方式，二审可以释明，当事人如果提出新主张或事实证据，法官经调解不成的，告知其另行起诉。

---

① 任重：《我国民事诉讼释明边界问题研究》，载《中国法学》2018年第6期。

## （三）过度释明的判断标准

法官释明超出当事人诉讼意愿范围，或打破双方当事人平衡关系，构成过度释明。判断是否过度释明的标准有三：

其一，释明的事项。对于法律明确规定不得主动援引的，比如，诉讼时效抗辩权，法官在当事人没有明确意思表示的情况下主动释明，构成过度释明。对于公益诉讼案件，不适用辩论主义，法官释明是非讼案件加强程序保障的体现，侧重于避免突袭裁判，故释明内容服务于实现公益最大化，通常不构成过度释明。对于其他案件，法官通过释明探知当事人是主动放弃还是疏忽提出权利主张。

其二，是否超出当事人意思表示。换言之，释明应以当事人表述中有线索可寻为前提，针对不同释明事项，对线索的范围掌握有所差异。(1)针对权利主张释明，线索的标准最为严格，释明应严格限制在当事人的事实陈述范围内。同一事实中包含多种权利主张的可能，法官可以释明提醒当事人注意，作为焦点问题进行审理，但法官不能从当事人提交法庭的证据材料中直接推导出当事人未提出的权利主张，否则就改变了当事人提交纠纷的性质。在合同案件审理中，尤其应注意，不宜从合同条款中直接推导当事人事实陈述中未提及的内容。(2)针对事实释明及举证释明，线索的标准限于已提出的事实与权利主张指向的法律规范。如果法律要件事实或证明要件事实的关键证据缺失，法官释明当事人补充，不属于过度释明，但如果脱离请求权基础规范内容探知其他权利的要件事实，就构成过度释明。(3)针对法律观点释明，因法律适用决定权不受当事人处分权限制，故释明线索的标准相对宽松，只要以当事人陈述及证据为线索，法官可能有新的法律观点，就可以释明。但如果法律观点关系到改变权利主张性质的，应遵循权利主张释明的严格标准进行释明。(4)针对诉讼主体释明，根据是否为必须参加诉讼有所区别。遗漏不可分之诉的当事人导致诉不适格的，法官只要发现有案外人存在，就应当释明，促成纠纷一次性解决。可分之诉的当事人，法官释明应限定在当事人的事实陈述内，且法官可以酌情决定是否释明其参加诉讼。

其三，是否有失中立。如果释明以牺牲一方当事人利益为代价，帮助另一方当事人实现权益，就构成过度释明。过去的告知变更诉讼请求，就有偏向一方的可能，现在改为法律观点释明，实现了由明确告知原告"是什么"到与原告探讨"还有什么"的转变，法官更为中立。以举证释明为例，法官释明某要件事实的证据链不完整，尚未达到让法官内心确信，是对举证方向的指导，符合释明要求，但如果法官直接询问是否有具体的人证物证，就超出释明限度，有失中立立场。

从法官释明权的发展趋势来看，释明的功能趋于多元化，释明范围逐渐扩大。大陆法系学界及判例通常主张从宽对待过度释明，有一派观点认为只要释明符合真相，就不构成诉讼法上的违法。[①] 这实质上是手段论的观点，将释明视为发现真实的手段，把握不好容易超越当事人意愿，在我国初步实现诉讼模式转型的阶段，不宜采取这一标准。这里存在一个评价规范和行为规范的差异问题，从评价规范的角度看，确实无法控制法官过度释明带来的不良后果。但从行为规范角度看，法官应当公开透明地释明，不偏不倚地向双方当事人释明相关内容，对于时效抗辩权等内容，不得向没有意思表示的当事人释明。

## （四）过度释明的约束机制

法官过度释明，可能造成无可挽回的后果，即使案件被发回重审或法官被回避，也不能排除当事人自发地再次提出释明的内容。

现行法对于过度释明没有约束性规定，如前所述，最高人民法院的裁判观点中有反对将其作为发回重审的，理由是不属于发回重审的法定情

---

① ［日］高桥宏志：《民事诉讼法：制度与理论的深层分析》，林剑锋译，法律出版社2003年版，第362页。

形。学界有观点主张通过回避制度救济，① 有观点主张当事人提出异议，由合议庭或独任法官评判。②

过度释明在一次诉讼中可能反复随时发生，仅依赖发回重审一种方式有一定滞后性，审级内的救济程序也应同步确立。根据其程度轻重，可以赋予当事人不同的程序救济权利，包括申请回避和申请异议的权利。在法庭辩论终结前，当事人认为法官过度释明的，有权提出申请法官回避，经审查认为过度释明成立的，另行组成合议庭或分配独任法官；当事人也有权提出异议，请求法官对释明的合法性和必要性作出合理解释，并记录在案。当事人如果仍认为存在过度释明的，有权提出书面复议，法官对此作出决定。该决定内容不能上诉，否则与上诉请求权有重复，不符合诉讼效益。一审宣判后，当事人有权以释明不当为由提起上诉，二审法院经审理认定构成过度释明，如果不涉及提出新主张和事实的，因没有与一审不同的审理内容，只是过度释明打破了诉讼结构平衡，二审可在经当事人充分辩论后直接改判。

## 二、法官释明权规范的配套机制

目前，我国法律及司法解释基本没有规定法官释明的记录制度，仅在审理人身损害案件的司法解释中对当事人放弃部分诉求的释明要求记录。实践中，主要通过口头询问，释明内容是否记入笔录，是否在裁判文书中予以说明，均没有统一标准。法院实证调研显示，法官对释明笔录重视不足，特别是关系到失权或影响案件处理结果的内容，存在内容简单、没有当事人签字确认等问题。③ 当事人上诉提出不当释明的，二审

---

① 王杏飞：《论释明的具体化：兼评〈买卖合同解释〉第 27 条》，载《中国法学》2014 年第 3 期。
② 任重：《我国民事诉讼释明边界问题研究》，载《中国法学》2018 年第 6 期。
③ 天津市红桥区人民法院课题组：《天津调研组关于法官释明权制度运行情况的调研报告》，载张卫平、齐树洁主编：《司法改革论评》（第十九辑），厦门大学出版社 2015 年版，第 74—86 页。

苦于没有一审释明过程记录而无法判断，这也是法官释明权规范非约束性的必然结果。

我国建立释明记录制度，是健全法官释明权规范约束机制的配套保障内容。二审法院可以依当事人申请或依职权审查一审法院的释明是否正当，审查的重要依据就是释明的书面记录，记录能够真实、直观地反映庭审中法官与当事人的沟通经过，包括是否有实质性释明内容，是否超出当事人陈述范围释明，释明时机是否恰当等。

实践中，二审法院往往以当事人提出释明不当没有事实依据为由不予回应，而要求当事人举证证明法官释明状况。该项内容属于程序性的职权审查事项，证明责任不宜分配给当事人。释明记录可以完整记录在庭审笔录中，经参加庭审的法官及当事人签字确认，也可以在裁判文书中就关系到裁判依据的重要释明事项予以记载说明，既接受当事人的查阅，也方便上级法院审查。对于典型问题的裁判观点，还可以通过指导案例发布和类案检索予以固定，为进一步明确释明边界统一标准。目前，裁判文书记载释明内容逐渐增多，各级法院开始关注，尤其关系到失权、拟制自认等内容的，在文书中记录释明内容及当事人对此的反应。庭审笔录是当庭形成且经过当事人签字确认的，当事人有实质性参与，对于文书记录是个很好的补充。

文至结尾，仍深感法官释明权制度研究任重而道远，法官释明权更多需要在实践中积累丰富的典型案例，既要在诉讼制度层面完善程序设置，解决法官"能释明"和"会释明"问题，还应考虑从法官考核管理角度解决法官"愿释明"问题，比如优化对合并审理案件的质量与效率的差异化考核，进一步激励法官在诉讼中就纠纷一次性解决的问题进行释明，从而推动纠纷的实质性化解。此外，法官的法律思维养成、当事人对法官的信任、法律文化的基础，都是法官释明权更好运行的基础。本书抛砖引玉，希望引起学界和实务界对我国法官释明权制度更多关注和思考。

# 主要参考文献

## 一、著作

### (一) 中文著作

1. 崔建远：《合同解释论》，中国人民大学出版社 2020 年版；
2. 龚群：《道德乌托邦的重构——哈贝马斯交往伦理思想研究》，商务印书馆 2003 年版；
3. 刘荣军：《程序保障的理论视角》，法律出版社 1999 年版；
4. 刘学在：《民事诉讼辩论原则研究》，武汉大学出版社 2007 年版；
5. 马原：《民事诉讼法的修改与适用》，人民法院出版社 1991 年版；
6. 王亚新：《对抗与判定——日本民事诉讼的基本结构》，清华大学出版社 2002 年版；
7. 王亚新、陈杭平、刘君博：《中国民事诉讼法重点讲义》，高等教育出版社 2017 年版；
8. 汪行福：《通向话语民主之路：与哈贝马斯对话》，四川人民出版社 2002 年版；
9. 肖建华：《民事诉讼当事人研究》，中国政法大学出版社 2002 年版；
10. 肖建华：《民事诉讼立法研讨与理论探索》，法律出版社 2008 年版；
11. 肖建国：《民事诉讼程序价值论》，中国人民大学出版社 2000 年版；
12. 杨荣馨：《民事诉讼原理》，法律出版社 2003 年版；
13. 张卫平：《程序公正实现中的冲突与衡平——外国民事诉讼研究引论》，成都出版社 1993 年版；

14. 张卫平、陈刚：《法国民事诉讼法导论》，中国政法大学出版社1997年版；

15. 张卫平：《诉讼构架与程式——民事诉讼的法理分析》，清华大学出版社2000年版；

16. 张卫平：《民事诉讼：关键词展开》，中国人民大学出版社2005年版；

17. 张力：《阐明权研究》，中国政法大学出版社2006年版；

18. 章武生：《模拟法律诊所实验教程》，法律出版社2013年版；

19. 郑永流：《商谈的再思——哈贝马斯〈在事实与规范之间〉导读》，法律出版社2010年版；

20. 周枏：《罗马法原论》（下册），商务印书馆1994年版。

（二）中文译著

1. ［德］奥特马·尧厄尼希：《民事诉讼法》，周翠译，法律出版社2003年版；

2. ［德］米夏埃尔·施蒂尔纳编：《德国民事诉讼法学文萃》，赵秀举译，中国政法大学出版社2005年版；

3. ［德］罗森贝克、施瓦布、戈特瓦尔德：《德国民事诉讼法》，李大雪译，中国法制出版社2007年版；

4. ［德］卡尔·拉伦茨：《法学方法论》，陈爱娥译，商务印书馆2003年版；

5. ［德］拉德布鲁赫：《法学导论》，米健、朱林译，中国大百科全书出版社2003年版；

6. ［德］哈贝马斯：《交往行为理论：行为合理性与社会合理化（第一卷）》，曹卫东译，世纪出版集团、上海人民出版社2004年版；

7. ［德］哈贝马斯：《在事实与规范之间——关于法律和民主法治国的商谈理论》，童世骏译，生活·读书·新知三联书店2003年版；

8. ［法］让·文森、塞尔日·金沙尔：《法国民事诉讼法要义》（上），罗结珍译，中国法制出版社 2001 年版；

9. ［英］阿德里安·A. S. 朱克曼主编：《危机中的民事司法——民事诉讼程序的比较视角》，傅郁林等译，中国政法大学出版社 2005 年版；

10. ［英］J. A. 乔罗威茨：《民事诉讼程序研究》，吴泽勇译，中国政法大学出版社 2008 年版；

11. ［日］中村英郎：《新民事诉讼法讲义》，陈刚译，法律出版社 2001 年版；

12. ［日］谷口安平：《程序的正义与诉讼》，刘荣军、王亚新译，中国政法大学出版社 2002 年版；

13. ［日］高桥宏志：《民事诉讼法：制度与理论的深层分析》，林剑锋译，法律出版社 2003 年版；

14. ［日］新堂幸司：《新民事诉讼法》，林剑锋译，法律出版社 2008 年版；

15. ［美］杰克·H. 弗兰德泰尔等著：《民事诉讼法》，夏登峻等译，中国政法大学出版社 2003 年版。

## 二、论文

（一）期刊等论文

1. 白绿铉：《论现代民事诉讼的基本法理——对我国民事诉讼制度改革的浅见》，载《中外法学》1999 年第 1 期；

2. 蔡虹：《释明权：基础透视与制度构建》，载《法学评论》2005 年第 1 期；

3. 曹云吉：《释明权行使的要件及效果论——对〈证据规定〉第 35 条的规范分析》，载《当代法学》2016 年第 6 期；

4. 陈光中：《关于刑事证据立法的若干问题》，载《南京大学法律评论》2000 年春季号；

5. 陈光中、李玉华、陈学权：《诉讼真实与证明标准改革》，载《政法论坛》2009 年第 2 期；

6. 陈刚：《抗辩与否认在证明责任法学领域中的意义》，载《政法论坛》2001 年第 3 期；

7. 陈景辉：《规则、道德衡量与法律推理》，载《中国法学》2008 年第 5 期；

8. 陈琳：《论当事人诉讼地位释明在共同诉讼中的适用》，载《法律适用》2019 年第 19 期；

9. 陈琳：《完善执行转破产程序衔接中的信息双向沟通机制》，载《人民司法》2020 年第 28 期；

10. 丁启明：《德国民事诉讼法百年发展述评》，载齐树洁主编：《东南司法评论》（2015 年卷），厦门大学出版社 2015 年版；

11. 傅永军：《交往行为的意义及其解释》，载《武汉大学学报（人文科学版）》2011 年第 2 期；

12. 江伟、刘荣军：《民事诉讼中当事人与法院的作用分担——兼论民事诉讼模式》，载《法学家》1999 年第 3 期；

13. 江伟、吴泽勇：《证据法若干基本问题的法哲学分析》，载《中国法学》2002 年第 1 期；

14. 纪格非、刘佳洁：《〈民事证据规定〉实施效果的实证考察与分析》，载《中国司法》2007 年第 10 期；

15. 蒋德明：《法律因何合法、怎样合理？——法律商谈理论语境中的考察》，载《法制与社会发展》2006 年第 2 期；

16. 李浩：《走向与实体法紧密联系的民事诉讼法学研究》，载《法学研究》2012 年第 5 期；

17. 李杏园：《共同侵权诉讼形式探析》，载《河北学刊》2008 年第

2 期；

18. 任重：《我国民事诉讼释明边界问题研究》，载《中国法学》2018年第 6 期；

19. 任重：《释明变更诉讼请求的标准——兼论"证据规定"第 35 条第 1 款的规范目的》，载《法学研究》2019 年第 4 期；

20. 任重：《论中国民事诉讼的理论共识》，载《当代法学》2016 年第 3 期；

21. 任重：《法律释明与法律观点释明之辨》，载《国家检察官学院学报》2020 年第 6 期；

22. 石冠彬：《民法典合同编违约金调减制度的立法完善——以裁判立场的考察为基础》，载《法学论坛》2019 年第 6 期；

23. 石春雷：《职权主义非讼法理在民事公益诉讼中的适用》，载《中南大学学报（社会科学版）》2017 年第 2 期；

24. 孙永全、成晓明：《论释明权》，载《人民司法》2002 年第 8 期；

25. 孙桂林：《哈贝马斯的法律商谈理论及其中国化的意义》，载《法学杂志》2010 年第 3 期；

26. 孙国东：《哈贝马斯的商谈合法化理论》，载《学术探索》2024 年第 11 期；

27. 王亚新、陈晓彤：《前诉裁判对后诉的影响——〈民诉法解释〉第 93 条和第 247 条解析》，载《华东政法大学学报》2015 年第 6 期；

28. 王杏飞：《论释明的具体化：兼评〈买卖合同解释〉第 27 条》，载《中国法学》2014 年第 3 期；

29. 武胜建、叶新火：《从阐明看法官请求变更告知义务》，载《法学》2003 年第 3 期；

30. 熊跃敏：《民事诉讼中法院的释明、法理、规则与判例——以日本民事诉讼为中心的考察》，载《比较法研究》2004 年第 6 期；

31. 熊跃敏：《民事诉讼中法院的法律观点指出义务：法理、规则与判例——以德国民事诉讼为中心的考察》，载《中国法学》2008 年第 4 期；

32. 熊跃敏：《民事诉讼中法院释明的实证分析——以释明范围为中心的考察》，载《中国法学》2010 年第 5 期；

33. 熊洋：《论民事诉讼中任意的当事人变更——适法性探讨与类型化划分》，载万鄂湘主编：《探索社会主义司法规律与完善民商事法律制度研究——全国法院第 23 届学术讨论会获奖论文集》（上），人民法院出版社 2011 年版；

34. 肖建华、陈琳：《法官释明权之理论阐释与立法完善》，载《北方法学》2007 年第 2 期；

35. 肖建华：《论我国无独立请求权第三人制度的重构》，载《政法论坛》2000 年第 1 期；

36. 肖建华：《审判权缺位和失范之检讨——中国民事诉讼发展路向的思考》，载《政法论坛》2005 年第 6 期；

37. 肖建华：《回归真实：民事诉讼法的真谛——对〈关于民事诉讼证据的若干规定〉的批判》，载《河南省政法管理干部学院学报》2006 年第 1 期；

38. 肖建华：《民事诉讼案件事实发现的路径——评〈关于民事诉讼证据的若干规定〉》，载《证据科学》2020 年第 3 期；

39. 严仁群：《释明的理论逻辑》，载《法学研究》2012 年第 4 期；

40. 杨严炎：《论民事诉讼突袭性裁判的防止：以现代庭审理论的应用为中心》，载《中国法学》2016 年第 4 期；

41. 尹腊梅：《抗辩权的法官释明问题》，载《比较法研究》2006 年第 5 期；

42. 张卫平：《民事诉讼基本模式：转换与选择之根据》，载《现代法学》1996 年第 6 期；

43. 张卫平：《我国民事诉讼辩论原则重述》，载《法学研究》1996 年第 6 期；

44. 张卫平：《论诉讼标的及其识别标准》，载《法学研究》1997 年第 4 期；

45. 张卫平：《论民事诉讼中失权的正义性》，载《法学研究》1999 年第 6 期；

46. 张卫平：《民事诉讼模式的历史分析——以外国民事诉讼模式为素材》，载《河南省政法管理干部学院学报》2000 年第 4 期；

47. 张卫平：《法庭调查与辩论：分与合之探究》，载《法学》2001 年第 4 期；

48. 张卫平：《民事诉讼处分原则重述》，载《现代法学》2001 年第 6 期；

49. 张卫平、李旺：《日本司法改革审议会意见书——支撑 21 世纪日本的司法制度》，载张卫平、齐树洁主编：《司法改革论评》（第三辑），中国法制出版社 2002 年版；

50. 张卫平：《民事诉讼"释明"概念的展开》，载《中外法学》2006 年第 2 期；

51. 张卫平：《既判力相对性原则：根据、例外与制度化》，载《法学研究》2015 年第 1 期；

52. 张景良、黄砚丽：《连带责任人之共同诉讼地位探究》，载万鄂湘主编：《审判权运行与行政法适用问题研究——全国法院第 22 届学术讨论会论文集》（上），人民法院出版社 2011 年版；

53. 章武生：《我国民事案件开庭审理程序与方式之检讨与重塑》，载《中国法学》2015 年第 2 期；

54. 章武生：《我国无独立请求权第三人制度的改革与完善》，载《法学研究》2006 年第 3 期；

55. 郑永流：《经由民主商谈的合法性——〈哈贝马斯《在事实与规范之间》导读〉的导言》，载郑永流主编：《法哲学与法社会学论丛》，北京大学出版社 2010 年版；

56. 郑永流：《法律判断形成的模式》，载《法学研究》2004 年第 1 期；

57. 周翠：《2002 年〈德国民事诉讼法〉修订理由书》，载陈刚主编：《比较民事诉讼法（2003 年卷）》，中国人民大学出版社 2004 年版；

58. 周寓先、黄穗：《告知变更诉讼请求的正当界址——〈民事证据规定〉第 35 条实践之于文本的背离与回归》，载贺荣主编：《深化司法改革与行政审判实践研究——全国法院第 28 届学术讨论会获奖论文集》（上），人民法院出版社 2017 年版。

（二）学位论文

1. 韩红俊：《释明义务研究》，西南政法大学 2006 年博士学位论文；

2. 刘薇：《日本第三次司法改革研究》，吉林大学 2006 年博士学位论文；

3. 蒋建湘：《公司诉讼研究》，中南大学 2007 年博士学位论文；

4. 李大雪：《二战后德国民事诉讼法之改革研究》，西南政法大学 2007 年博士学位论文；

5. 钟淑健：《民事抗辩权及其基本规则研究》，山东大学 2011 年博士学位论文；

6. 朱刚：《民事公益诉讼程序研究》，西南政法大学 2019 年博士学位论文。

## 三、工具书、主要外国法律文件

1. 最高人民法院民事审判第二庭：《最高人民法院关于民事案件诉讼时效司法解释理解与适用》，人民法院出版社 2008 年版；

2. 最高人民法院民事审判第一庭：《最高人民法院新民事诉讼证据规

定理解与适用》，人民法院出版社 2020 年版；

3. 最高人民法院民法典贯彻实施工作领导小组：《中华人民共和国民法典合同编理解与适用（二）》，人民法院出版社 2021 年版；

4. 《德汉词典》，王昭仁编译，商务印书馆 2000 年版；

5. 《罗贝尔法汉词典》，商务印书馆辞书研究中心编译，商务印书馆 2003 年版；

6. 《现代日汉大词典》，宋文军主编，商务印书馆 1987 年版；

7. 《德国民事诉讼法》，丁启明译，厦门大学出版社 2016 年版；

8. 《法国新民事诉讼法典》，罗结珍译，中国法制出版社 1999 年版；

9. 《法国新民事诉讼法典——附判例解释》（上册），罗结珍译，法律出版社 2008 年版；

10. 《日本民事诉讼法典》，曹云吉译，厦门大学出版社 2017 年版。

图书在版编目（CIP）数据

法官释明：从独白走向沟通 / 陈琳著. -- 北京：中国法治出版社，2025.4. -- ISBN 978-7-5216-5129-4

Ⅰ．D926.204

中国国家版本馆 CIP 数据核字第 2025EF7912 号

策划编辑：舒丹　　　　　　责任编辑：舒丹　　　　　　封面设计：李宁

**法官释明：从独白走向沟通**
FAGUAN SHIMING：CONG DUBAI ZOUXIANG GOUTONG

著者/陈琳
经销/新华书店
印刷/北京虎彩文化传播有限公司
开本/710 毫米×1000 毫米　16 开　　　　　　　　印张/17　字数/196 千
版次/2025 年 4 月第 1 版　　　　　　　　　　　　2025 年 4 月第 1 次印刷

中国法治出版社出版
书号 ISBN 978-7-5216-5129-4　　　　　　　　　　定价：68.00 元

北京市西城区西便门西里甲 16 号西便门办公区
邮政编码：100053　　　　　　　　　　　　　　　传真：010-63141600
网址：http://www.zgfzs.com　　　　　　　　　　编辑部电话：010-63141866
市场营销部电话：010-63141612　　　　　　　　　印务部电话：010-63141606

（如有印装质量问题，请与本社印务部联系。）